研教兼優的史學家

李守孔先生傳

Lee, Shou-kung:
An Outstanding Historian

先生傳

胡平生 著
Hu, Peing-sheng

目錄

緒言

　　中國近代史的研究風氣，起始於 1920 年代蔣廷黻、
羅家倫的大力提倡。他們曾同時留學於美國哥倫比亞大
學，深受哥大「新史學派」的影響。1923 年，蔣廷黻學
成返國，先後任天津南開大學、北京清華大學教授，清華
大學文學院院長、歷史系主任；並在國立北京大學歷史系
兼授中國近代史課程。羅家倫則於 1926 年返國，任教於
南京國立東南大學歷史系，1928 年，任國立清華大學首
任校長。他們有志一同地呼籲，主張將中國近代史研究納
入主流史學的範疇。

　　由於他們的推動，中國近代史的研究逐漸為學界所
重視。蔣廷黻在北平任教雖僅有六年，但建樹極豐，他不
僅是清華史學近代化的首要推動者，也被公認為是當時中
國近代史學界的首席權威。他在人才培養方面貢獻尤大，
成就突出的弟子有何炳棣、邵循正、郭廷以、夏鼐、費
正清（John King Fairbank）、吳相湘等。這些弟子大都在
1930 年代中前期開始起步，並迅速成長；由於政權鼎革，
他們在 1948 年分別成為中國大陸、臺灣、美國等地中國
近代史學界的主要頭面人物。[1]

　　1949 年 10 月，中華人民共和國成立，蔣廷黻、羅家

1　劉超，〈蔣廷黻的得意弟子們〉，《社會科學論壇》，2013 年第 10 期，
　　頁 208。

倫則追隨中華民國政府遷臺。蔣廷黻因任駐聯合國代表、駐美國大使，長期在國外，與臺灣中國近代史學界脫節，於 1965 年逝世。羅家倫則長期在臺從政，歷任國民黨黨史會主任委員、考試院副院長、國史館館長等職，與臺灣中國近代史學界雖仍有所往來，但已不從事這方面的研究撰述，於 1969 年逝世。被大陸學界目為臺灣研究中國近現代史的第一代，則是他們的弟子輩郭廷以、吳相湘、沈雲龍等人。第二代則以張玉法、張朋園、李雲漢、蔣永敬等人為代表。第三代則幾乎都是第一、二代培養出的博士、碩士，另有極少數在國外取得博士學位者。[2] 如依此說法，目前引領風騷的則為第四代。

在這些從事中國近現代史教學或研究的臺灣各代學者中，介於第一、二代之間的李守孔先生，是頗負盛名的一位。他二十四歲自國立河南大學文史系歷史組畢業，即前來臺灣。二十五歲，至國立臺灣大學歷史系擔任助教，三十二歲升任講師，三十六歲升任副教授，四十二歲升任教授；在臺大任職長達四十二年，至六十七歲方始退休。他撰述極勤，著作等身；教學卓越，育才良多；稱得上是研究和教學兼優，對於臺灣的中國近現代史研教卓著貢獻；是本書所要述說的。

由於守孔先生並未撰有詳述一生的自傳、回憶錄或

2　伍野春、華國梁、謝世誠，〈臺灣研究中國近現代史的第三代學者〉，《揚州師院學報（社會科學版）》，1992 年第 2 期，頁 126。

日記，[3] 可資參閱引據，即連一般憶往的文章也很少。而且半生均專職任教於國立臺灣大學歷史學系，從事教學和研究，一以貫之，迄於退休。如此的「條件」，實無法寫成一本守孔先生詳盡的生平傳記。2020 年 2 月，筆者接到民國歷史文化學社寄來的邀約函，及其「史家薪傳」叢書出版計畫，謂該「學術傳記，由本學社與特約作者簽約，傳記內容除述個人簡要生平外，偏重其史學成就與貢獻等」。筆者雖躊躇再三，還是決定勉力為之，共襄盛舉。書名原定為「李守孔先生的史學生涯」，偏重於守孔先生的史學研究與貢獻，並及於其教學指導與績效等。惟完稿後，為配合該叢書各學術傳記命名的一致性，本書茲定名為「研教兼優的史學家：李守孔先生傳」。單就書名，似乎看不出它只是一本「學術傳記」。

3　守孔先生晚年曾撰有《不逾矩自述——我的奮鬥歷程》，類似家訓，非生平自傳，供子孫存閱，作為待人接物之借鏡。

第一章 生平介述——
從河大到臺大

　　守孔先生，1923 年 8 月 4 日（陰曆 6 月 22 日）出生
於河南省臨汝縣。該縣雖然民風保守，卻是洛陽到南陽、
許昌到洛陽的必經要道。李家在當地是一個典型的舊式家
庭，家中略有田產，算是富家，但仍保有中國傳統的儉樸
家風。祖父秀才出身，樂善好施，在地方上具有名聲。父
親畢業於舊制中學，是一位典型的地方士紳，叔父畢業於
河南大學法律系，曾擔任過法官、軍法處處長等職。守孔
先生係家中獨子，幼年時零丁孤立，出生不及一載，慈母
過世，父親再娶，遂由祖母一手撫養長大。當時河南一帶
盜匪猖獗，他幼年時候即曾遭當地土匪綁票，多日才由家
中贖回，飽受精神創傷。1937 年，他畢業於臨汝縣立第
一小學，隨後進入當地的河南省立臨汝初級中學就讀。畢
業後，赴洛陽中學讀高中，至 1943 年夏畢業。同年秋，
考入國立河南大學文史系歷史組就讀。[1]

　　國立河南大學，一般簡稱河大。初名中州大學，創
始於 1923 年，係由河南留學歐美預備學校（創立於 1912
年）改組而成，先設文、理兩科，首任校長為張鴻烈。當

----

[1]　林能士，〈李守孔〉，《近代中國史研究通訊》，第 11 期（1991.3），頁
　　90-91。

時國內大學稀少，在京、津者僅有國立北京大學、天津北洋大學；而南京的東南大學、武昌的武漢大學均尚未成立。1927 年 7 月國民革命軍北伐期間，該校合併河南公立法政專門學校、河南省立農業專門學校為法、農兩科，成為文、理、法、農四科（後均改為學院）之綜合大學，改名為國立開封中山大學（又名國立第五中山大學；廣州為第一中山大學，依序排列）；同月，改名為河南省立中山大學。1928 年，並增設醫科。1930 年 9 月，又改名為省立河南大學。1942 年改為國立，乃定名為國立河南大學。歷任校長，張鴻烈之後依序為凌冰、查良釗（一任）、鄧萃英、查良釗（再任）、黃際遇、張廣輿（即張仲魯，一任）、李敬齋、許心武、張廣輿（再任）、楊震文、劉季洪、王廣慶、張廣輿（三任）、田培林、姚從吾。[2]

國立河南大學巍峨的校門
《中央日報周刊》，第 5 卷第 3 期（1948）。

2　姚從吾，〈國立河南大學志〉，中州文化論集編輯委員會編，《中州文化論集》（臺北：1967），頁 37、38、42、43。河南大學校史編寫組編纂，《河南大學校史》（開封：河南大學出版社，2002），頁 17、27。其中張廣輿曾三度出任校長；徐謙曾於 1927 年 7 月被任命為第五中山大學校長，但未到任。

　　1937 年 10 月間，抗日戰爭南展，開封緊急，河南大學決定西遷，將文、理、法三學院遷往豫南雞公山（豫、鄂交界處），農、醫兩學院遷至宛西鎮平（河南西南部），校中圖書、儀器及教職員眷屬等，則分批起程。次年秋，新任校長王廣慶接事後，首先將羈留雞公山之文、理、法三學院遷至鎮平。[3] 1939 年 5 月，戰事逼近，警報時聞，河南大學奉省政府命令，由鎮平遷至嵩縣西南的潭頭鎮，須歷經方城、葉縣、寶豐、臨汝、伊陽（汝陽之舊名）而抵嵩縣，旅程三百餘公里。惟嵩縣縣城至潭頭，雖距離僅百里之遙，其間高峰聳列，深澗幽谷，羊腸小徑，行走困難，運輸工具，除馱子外，難覓其他代步。[4]

抗戰期間河南大學內遷路線圖
民國歷史文化學社編輯部重繪。

3　周恆，〈河南大學概述〉，董霈總編輯，《學府紀聞：國立河南大學》（臺北：南京出版公司，1981），頁 9-10；周恆係河大森林學系系友，1939 年畢業後，留校任助教、講師。括號中的補充說明，係見河南大學校史編寫組編纂，《河南大學校史》，頁 84。

4　周恆，〈河南大學概述〉，《學府紀聞：國立河南大學》，頁 12。

　　當時尚在臨汝讀初中的守孔先生，看到從大街經過
裝載圖書儀器的車隊，和寄養在公園中的荷蘭牛，聽老師
們說：河南大學因戰事關係已經從豫南鎮平遷到臨汝以西
二百多里的嵩縣了，這些都是屬於河大的。他當時雖猜不
出河大規模有多大，已經覺得讀大學該是最神氣的了。
1943 年夏，他在日機轟炸聲中完成了洛陽中學高中部的
學業，由於家境不算富裕，加上幼失慈愛，零丁孤立，遠
到昆明、重慶報考大學既不可能，只有呆在家裡任憑命運
之神去安排。卻料想不到這一年暑假，河大竟在臨汝招收
新生，也是唯一的一年有大學在臨汝設立考區。在三千多
名考生中，他是被錄取一百二十名內的一個幸運者，九月
開學後，他已經是河大文史系歷史組的新鮮人。[5] 這時河
大已遷到嵩縣潭頭鎮四年多了。

　　潭頭鎮是伏牛山脈高山叢中伊水沖積成的一個小平
原；東西長約七八里，南北寬約四里。鎮為一座小土寨，
居民約五百戶。村落六七，周圍散佈。每村居民均在百戶
以內，但各村土地肥沃，小而富庶，實為躲避外寇的一個
理想地區。河大的校本部及文、理、農三學院（河大已於
1939 年 5 月，將法學院的政治、經濟、法律合為經濟系，
併入文學院），即分設於潭頭鎮及附近各村落，醫學院及
附設醫院與高級護士學校助產學校，則設置嵩縣城內。[6]

5　李守孔，〈我的大學時代〉，《中原文獻》，第 13 卷第 2 期（1981.2），
　　頁 22。

6　姚從吾，〈國立河南大學志〉，《中州文化論集》，頁 38。

在當時河大的熱門學系中，文學院的文史學系是其中之一。它不僅是學生人數多，而且素質高，加以師資陣容堅強，藏書豐富，歷史悠久，為一般青年學子所嚮往。師資方面較為突出者，如嵇文甫、朱芳圃、張長弓、段凌辰、張邃青、丁迺通、胡改庵、熊伯履等。[7] 從 1943 年 9 月，到第二年 5 月，是守孔先生大學時代最安定的歲月，家中有錢接濟，師生們生活樸實，和外界社會隔絕，大家都非常用功。晨曦中，夕陽下，山徑上，林溪間，讀書之聲相聞，碰上星期天，約幾位知交去溫泉洗一次澡，家中錢匯到時彼此請吃一頓小館子，已經算是很大的享受了。[8]

1944 年 5 月，日軍為打通平漢鐵路，向豫中地區發動猛攻，於攻佔嵩縣後，直撲潭頭鎮而來。河大師生倉皇結隊渡伊水南逃，攀登熊耳山、伏牛山主峰，每日急走一百餘里。一星期的行程，所經盡是窮山惡水，人跡罕見之處，老界嶺（海拔 2212.5 公尺）更是險峻萬狀。途中守孔先生曾遇土匪攔路搶劫，因同學絡繹而來，得以幸免；卒能安抵豫、陝、鄂三省交界處的荊紫關。[9] 遺憾的是，由於此次變故過於倉促，學校各種設備，如珍貴圖書、儀器等，損失慘重，尤其是部分絕版書籍，乃是永遠無法補

7　曹世昌，〈河南大學之文學院與文史學系〉，國立河南大學編輯委員會編印，《國立河南大學校誌》（臺北：國立河南大學校友會，1976），頁 78。曹係河大文史學系友，1945 年畢業。

8　李守孔，〈我的大學時代〉，頁 23-24。

9　李守孔，〈我的大學時代〉，頁 24。

償的損失。[10] 而少數師生員工因走避不及，竟慘遭日軍殺
害，被俘逃出者數十人，是為「潭頭慘案」。[11]

荊紫關屬河南淅川縣，南濱丹江，附近山青水綠，
田野一碧，頗有江南風光。河大初遷至荊紫關時，正值夏
天，學生們無書可讀，大多數一文不名，只有到水澈沙軟
的丹江裡去游泳，到附近的廟宇、名勝去流連，來打發時
間。這年 10 月，王廣慶校長去職，由曾任河南省建設廳
長的張廣輿出長河大。緊接著，學校籌備開學，借用附近
的國民學校為教室，沒有課桌椅，每一學生只發小木板一
方，小竹凳一隻供使用，學業遂得以繼續。河大在荊紫關
停留了十個月，期間值得守孔先生記述的事情，一為過新
年時同學們自組國（京）劇隊，在馬家廟前廣場演唱兩
天，吸引了不少民眾。二為鬨動全國的青年從軍運動，河
大學生響應者數十人，送行場面悲壯而感人。三為哲學大
師馮友蘭來河大講學兩週，場場室無虛席。[12]

1945 年 3 月，日軍進犯豫南，宛西戰事復吃緊，河
大乃決定遷往陝西寶雞。因陝南交通不便，師生徒步西行
八百里，經商南、龍駒寨、商縣、黑龍口，橫度秦嶺，過
藍田，沿途所經都是陡峻道路，於 4 月中旬抵達西安，

---

10 曹世昌，〈母校四年兩邊記〉，《學府紀聞：國立河南大學》，頁 110。
11 關於「潭頭慘案」發生的時間，師生員工被害的人數，以往有不同的記
述。最新發表的研究論著，於細閱新近出版的河大史料長編等多種可信度
高的資料後，做出結論：其發生的確切時間為 1944 年 5 月 16 日，被殺害
的師生員工 9 人，被擄劫的有 32 人。見孫功奇，〈河南大學"潭頭慘案"
考略〉，《河南大學學報》（社會科學版），2022 年第 2 期，頁 59-61。
12 李守孔，〈我的大學時代〉，頁 24-25。

暫住河南會館。期間空軍官校在河南會館招考新生，守孔先生跟很多同學都報了名，當場檢查身體不合格，被淘汰。5 月初，學校安排師生們坐隴海鐵路專車前往寶雞（醫學院則獨自遷往漢中）。校方已選定寶雞的武城寺為辦公處及圖書館，石羊廟為教室。師生們下車後乃散住於附近的關帝廟、陳娘娘廟和民宅窯洞中。當時全體學生雖都享有公費待遇，但因物價膨脹太快，主要佐食品僅黃豆芽、冬瓜、韭菜數種，晚上讀書每人一盞菜油燈，大家衣衫襤褸，穿草鞋，習以為常。計自潭頭倉皇出逃，中經荊紫關、西安而至寶雞，一年間席不暇暖，食不得飽，河大西遷期間要以這一年最為艱苦。6 月，田培林繼任河大校長，田校長和教育部長朱家驊私交甚深，到校後教職員待遇增加，學生們公費提高，人人喜形於色，很快就恢復上課了。仍然每人小木板一方，小竹凳一隻，繼續弦歌。[13]

　　1945 年 8 月 10 日深夜，守孔先生和同學們在窯洞中被寶雞連天的鞭炮聲所驚醒，次晨看報紙才知日本已經表示要無條件投降了。師生們歡騰萬分，特別在石羊廟內開慶祝會，請段凌辰教授作專題講演。師生們雖然歸心似箭，但必須有所準備。故這年暑假仍未放假，星期例假照常上課，直到 12 月中旬才結束。12 月底，全校師生搭乘隴海鐵路接掛專車，凱旋東歸，車過西安不停，直到河南閿鄉站下車，以東則因鐵路破壞，尚未修復，要靠自

13　參見李守孔，〈我的大學時代〉，頁 25、26。姚從吾，〈國立河南大學志〉，頁 39。

已雇騾車了。學校預先和師生約定，到此解散，各自回家探親，下學期在開封恢復上課。[14] 至此，河南大學結束了八年的遷徙流亡，從「流動的校園」，[15] 重返原本的校園中。

　　1946 年 3 月，守孔先生乘火車到了多年嚮往的河南省會開封，坐人力車回河大報到，看到廣闊的校園，巍峨的校門、圖書館、六號樓、大禮堂、東六齋等建築，和背後雄峙孤立千年的鐵塔，不愧為中原最高學府。這時，他已經是三年級下學期的學生。同年 12 月，河大校長田培林升任教育部常務次長，校長由姚從吾接任。姚曾留學德國甚久，主持北京大學歷史系有年，是國際間史學方法和遼金元史權威學者。1947 年 2 月，學校開學後，姚以校長之尊，在該校文史系歷史組講授「歷史方法論」課程，他曾經請來董作賓、勞榦等史學名家到河大講過演，也帶領文史系歷史組學生在開封城內外調查過古蹟。守孔先生受教於姚先生雖僅一學期，師生的名份就此奠下。守孔先生自述「我當時在班上成績平平，但以後竟是河大校友中惟一能追隨姚校長二十餘年的老學生，接受他的薪傳，這是我當時萬萬沒有想到的」。[16]

---

14 李守孔，〈我的大學時代〉，頁 26。

15 曾有大學研究生以此為碩士論文的主標題，詳述河大遷徙中的學生生活，寫實而感人；並比對抗戰期間各高校內遷的經歷，要以河大最為艱苦。見李夢曉，〈流動的校園：抗戰時期河南大學的學生生活〉（武漢：華中師範大學歷史學碩士論文，2020）。

16 李守孔，〈我的大學時代〉，頁 27、28。

　　惟抗戰甫勝利，國共內戰又起，中共利用其職業學生在國內各大專院校製造學潮，河大亦時處於動盪不安中。早在 1925 年「五卅運動」的前夕，河大（中州大學）已經建立有中共支黨部，支部書記于國俊還兼任青年團的工作，積極開展革命活動和維護工人利益的鬥爭。此後，中共在河大從事種種活動，迄未間斷過。[17] 1947 年 4 月間，全國學潮再度爆發，河大職業學生在少數左傾教授指使下，也發生罷課遊行，搗毀報館，侮辱軍警等行動。守孔先生當時是河大國民黨三民主義青年團的幹事，在幹事長陳奇秀（後曾任臺灣省立臺中商業專科學校校長）領導下，和鄭秉權（後曾任臺灣省立花蓮高級農業職業學校校長）、高汶波（後曾任臺北市公園路燈管理處處長）等同學，對中共職業學生展開激烈的反擊行動，卒使校園恢復寧靜，因而遭到對方的敵視，姚校長迭次在晚間召守孔先生到雙龍巷校長宿舍加以慰勉，兩人又增加了進一步的關係。守孔先生曾和同學鄭秉權代表河大直屬三青團部，到南京向總團部報告平息河大學潮經過，受書記長陳誠的招待和獎勵。回學校後補行參加畢業考試，不久教育部在南京舉辦第二次僑教師資講習會，姚校長推薦五位同學參加，守孔先生也在推薦之列，乃惜別了母校，和居住一年半的沙城開封。[18]

17　河南大學校史編寫組編纂，《河南大學校史》，頁 24、169-171、224-232。

18　參見李守孔，〈我的大學時代〉，頁 28。李守孔，〈永憶從吾師〉，《中原文獻》，第 21 卷第 4 期（1989.10），頁 58。

　　1947 年 6 月，守孔先生自河南大學畢業，經河南大
學前校長田培林的介紹，於當年秋天輾轉到臺灣省立彰化
中學任教。任教一學期後，得河大學長王泳（教育系，
1944 年畢業）的介紹，轉任國立臺灣大學歷史系助教。
此時大陸戰事逆轉，傅斯年接長臺大，延攬著名學者日
多，歷史系名師尤極一時之盛，河大前校長姚從吾也於此
時到臺大任教。從 1948 年的 2 月至 1955 年 7 月的七年半
期間，守孔先生在臺大歷史系擔任助教。在協助處理系中
行政工作之餘，開始摸索研究工作。1951 年寫成〈明代
白蓮教考略〉一文，歷經波折，終於在《國立臺灣大學文
史哲學報》第 4 期（1952.12）發表，這是守孔先生正式
發表的第一篇學術論文。[19] 同年，與張潤民女士（山東莒
縣人）結縭，攜手相伴，共六十二年。

國立臺灣大學典雅的文學院，歷史系辦公室及各研究室即在其內。
民國歷史文化學社編輯部攝。

19　林能士，〈李守孔〉，頁 91-92。

　　1954 年 6 月，守孔先生為了準備講師升等，乃根據當時所能找到的資料，寫成《中國最近四十年史》一書，由臺灣中華書局出版。但當時校內升遷制度尚未健全，率由系主任或院長決定，因此至第二年（8 月）才正式升任講師，開始在校內外系開授「中國近代史」必修課，並從事中國近代史的研究。1958 年 9 月，守孔先生編寫的《中國近代史》一書出版，約六十萬字，是臺灣註明出處的第一本「中國近代史」教本。守孔先生原準備以此書作為副教授升等的著作，但系主任劉崇鋐認為升等著作最好是研究論文，於是守孔先生再費一年功夫，將該書最後一章「改革與立憲」擴充為〈清季之立憲運動──兼論梁啟超、張謇之立憲主張〉一文，約十萬字，發表於《幼獅學報》第 2 卷第 2 期（1960.4），分析清末立憲活動及其影響，至為詳盡。1959 年 8 月，守孔先生升任副教授後，專心著述，短短數年之間，完成不少論文。[20]

20　林能士，〈李守孔〉，頁 92。

守孔先生伉儷於臺北市溫州街臺大教職員宿舍前留影（1950年代）。
李文捷女士提供。

　　1965年8月，守孔先生升任教授。是時，負責臺大歷史系中國近、現代史教學十三年的吳相湘教授，甫於1965年7月辭職離系，[21] 系所的中國近、現代史課程，乃由守孔先生負責開授，並開始指導研究生撰寫學位論文。除了在臺大專職任教外，守孔先生也經常被禮聘至他校兼課，還兼任過東海大學歷史研究所主任。[22] 1989年9月，守孔先生因造血機能失調住院治療，1990年8月起乃自臺灣大學歷史學系退休。經一年多的休養後康復，仍未忘懷學術，繼續鑽研，並參加各種學術活動。[23]

21　〈附錄：國立臺灣大學歷史學系大事記〉，國立臺灣大學歷史學系主編，《遨遊於歷史的智慧之海：臺大歷史學系系史》（臺北：國立臺灣大學歷史學系，2002），頁194。

22　林能士，〈李守孔〉，頁94-95。

23　陳立文，〈李守孔〉，《國史研究通訊》，第6期（2014.6），頁106。惟記守孔先生於1990年1月退休；應為8月起。

大陸旅遊——守孔先生伉儷於山東曲阜尼山書院大門前。
李文捷女士提供。

上：夫婦合照。下：歐洲旅遊——於威尼斯聖馬可廣場。
翻攝自張潤民女士著《浮生留痕》。

　　守孔先生退休後，由於子女大多在美國，守孔先生
伉儷乃不時赴美探視，由短留而長居，初落腳於德州之休
士頓，2003 年移居加州洛杉磯郡的阿卡迪亞（Arcadia）
市。守孔先生的夫人張潤民女士曾於 2004 年撰有未刊手
稿〈逆旅搬遷記──蒙恩見證〉一文，文末感懷云：

　　歷史洪流，人為不臧，雖是炎黃子孫、泱泱大國的國
　　民，一生搬遷，何去何從？是否需終老斯土，不勝唏
　　噓感慨！回憶一九四四年迫於無奈，離鄉背井，孤
　　身踏上征途，到了山東濰縣。一九四七年隨眾到了
　　青島，一九四九年乘「海張輪」又到了臺灣。成家立
　　業，幸福安定的五十年。一九九五年搭機到了美國休
　　士頓，來去八個年頭。二○○三年四月十九日，又搬
　　遷到了洛杉磯。回顧漫漫來時路，夠得上精彩熱鬧、
　　縱橫交錯，還幾乎遊歷了全世界，有這種際遇，也算
　　不虛此生了。

　　守孔先生伉儷因係基督教教徒，故經常參與當地教
會的聚會活動。守孔先生教過的學生臺大歷史系的系友
（1969 年畢業）李黎（鮑利黎筆名），曾記述守孔先生
伉儷旅居阿卡迪亞期間的生活片斷：

　　除了教會的「長青團契」，他和師母還參加華人耆英
　　活動中心，生活頗不寂寞。Arcadia 一切都方便，中

西餐館林立，李師在此地過日子相當自在。……二老的家臨近一座孔雀園，院子不小，可以蒔花弄草。據說李師最喜歡的是從家中窗戶就可以看到北邊的山——「悠然見北山」。家中後面還有間小屋作書房、師母的畫室。說到畫室，師母的畫藝在親朋間也是知名的；有一年春節我跟著長輩去教會參加新年活動，師母當眾揮毫，求畫的中西人士絡繹不絕，是那天最受歡迎的一項「表演」。而師母一派閨秀風範，無論索求者多麼擁擠，依然優雅祥和；李師怡然陪伴在旁，和樂情狀令人欣羨。二老留給人們印象最深的，就是「牽手」——兩人無論走到哪裡，總是手牽手。「執子之手，與子偕老」，這個景象感動了老人家也感動了年輕人。[24]

美國加州 Arcadia 市家居留影。
李文捷女士提供。

24　李黎（鮑利黎），〈李守孔老師的晚年〉（2014.4），載「臺大歷史學系李守孔老師紀念網站」（https://homepage.ntu.edu.tw/~history/public_html/leshku/leshku.html）。

守孔先生伉儷（右一、二）參加洛杉磯僑教中心畫展。
李文捷女士提供。

2005 年與孩子們文清（右一）、文捷（左二）、文宣（左四）、文瑩（左
一）全家出遊。
李文捷女士提供。

  2013 年 5 月 19 日，夫人張潤民女士逝世，次年 3 月
3 日，守孔先生逝世，[25] 享年 92 歲。

25　〈李守孔教授事略〉，《李守孔弟兄安息禮拜程序》（Whittier, CA: 2014.
　　3.15）；轉見於國立臺灣大學歷史學系主辦，《李守孔教授追思會》（臺北：
　　2014.4.19），頁 6。

第二章 研究貢獻——著作等身

守孔先生在這方面成就卓著，尤其是撰述方面。其特色為：

（1）**數量極鉅**：粗計編撰有專書十七本（其中一本係共同編撰，一本係史料彙編，一本係他的研究論文彙集），期刊論文六十五篇，論文集之論文或專書之篇章三十篇，未出版的會議論文三篇，報紙文章十四篇，名人傳記叢書中各傳記十五篇。總字數粗估約三百餘萬。

（2）**偏重教科書及單篇論文的撰寫**：出版的十七本專書中，教科書就佔了十一本，書名多同，內容近似，詳略則相差甚大。其他專書僅《李鴻章傳》及《民初之國會》為學術性著作，此二書的部分內容，已於出版前以單篇論文的形式，在學術期刊上發表。單篇論文方為他學術研究成果的精華所在，其篇數之多，著實驚人，並且大部分論文均足具份量、品質亦佳。

（3）**從事研究撰述的時日長而緊密持續**：守孔先生自1952年發表了第一篇學術論著起，至1989年（退休前一年）為止，長達三十七年間，撰述極勤（退休

後 1991 年仍撰有一篇研究論文發表），最難能可
貴的是每年都有專書出版或論文、文章發表，而且
往往還不止一本或一篇，如 1964 年有一本四篇，
1977 年有一本六篇，次年有兩本三篇，1981 年有十
五篇，1984 年有十四篇，次年有十一篇，撰述之
勤，由此可見。

（4）研究撰述的史事人物涵蓋好幾個歷史時段：從〈明
代白蓮教考略〉起，到 1950 年代初之〈中國國民
黨改造之意義與價值：旋乾轉坤開創契機〉，上下
互延甚長，而幾全以晚清民國史為研撰領域，可說
是兼擅中國近代及現代史。

（5）撰述的題旨內涵幾全為政治、軍事史，兼及外交史：
包括教科書在內，亦皆如此。這當然是與他的研
究興趣有關，再者，當時臺灣史界，尤其是 1950、
1960 年代，仍係以政治、外交、軍事史的研究為主
流，1970 年代中期以後，思想史、社會史、文化
史、性別史等的研究次第蔚成風氣，守孔先生早已
積久成習，而一仍舊貫。

（6）秉持傳統中國史學的撰述風格：即講求史料的蒐集
和考訂，著重史事的忠實陳述，不崇尚解釋析論。
尤其是篤信直接史料，非不得已，不用轉手之記載。

（7）具有強烈的國家民族意識：守孔先生中學及大學時
代曾身歷八年抗戰的苦難和離亂，民族意識、國家
觀念甚強。因此他在論著中常常流露對國家民族的

關懷或感喟。

（8）以國民黨為正統來論人敘事：如他撰寫的一些教科
　　書多以「國民革命史」為主流，以及少數論著使
　　用「國父」、「蔣公」等尊稱。反之，對中共的人和
　　事，則多予以貶稱貶評。這主要因他是忠貞的國民
　　黨黨員，及其一貫的反共心態所致。[1]

　　以下茲將守孔先生的研究貢獻分為編寫教科書、發
表研究論著、校訂掛圖圖鑑、監修影視教材、其他的貢獻
五大項，並依序加以論述。

一、編寫教科書

　　教科書是學校指定最官方的讀本書籍，它根據學校
課程內容編寫。世界各國教科書的選定方式大致分為三
種：即認可制（流程為民間編寫後，通過篩檢，再登錄在
選定教科書目錄中才成為供選用的教科書）、自由制（產
生無需經過官方審查，或者僅需要簡單的審查）以及審定
制（需要經過官方審查委員會審查）。1949 年以後的臺
灣，是採取審定制，只及於中、小學，專科以上學校並不
在內。但由於長期以來，中國通史、中國近代史或中國現
代史，均曾被列為臺灣專上學校的共同必修課程，為因應
課程教學，這方面的教科書競相編寫出版，充斥於坊間，
守孔先生在這方面的貢獻，既早且大。

1　參閱胡平生，〈李守孔教授學術和事功綜論〉，《李守孔教授追思會》，
　　頁 7-9。並略加增訂。

（一）中國現代史

　　1928年，國立中山大學史學系教授陳功甫編纂的《最近中國三十年史》一書，由上海的商務印書館出版。1930年，上海太平洋書店出版了一系列以「最近三十年」為題的中國史籍，如李劍農的《最近三十年中國政治史》，劉彥的《最近三十年中國外交史》，文公直的《最近三十年中國軍事史》，陳啟天的《最近三十年中國教育史》，陳炳堃的《最近三十年中國文學史》。影響所及，為後人所仿行。

　　1954年，守孔先生編寫出版的《中國最近四十年史》，即其顯例。由於當時並不流行「現代」此一名詞，多以「近代」稱之，故本書以中國最近四十年史名之，有別於以往多以1840年鴉片戰爭為起始的「中國近代史」的教科書，而是以1911年辛亥革命為起述點。本書除了起述點與以往的中國近代史教科書不同外，所述的「對日抗戰」及「國共戰爭」部分，亦為後者所缺者。故就本書內容的時間範疇而言，不啻一本「中國現代史」或「民國史」，就性質特色而言，亦等同一本「國民革命史」。

　　如守孔先生在書前的「例言」中所說：「本書編述，以發揮國父孫中山先生所領導的國民革命為主旨，並以此統觀與敘述最近四十年來中國的演變大勢」。認為此四十年來中國歷史的本質，「實在是一部中華民族獨立運動與建國運動史。換言之，乃一部愛國者與賣國者的鬥爭史；亦即一部護法者與毀法者的鬥爭史」。「因此本書特別注

重提倡民族氣節，維護民國法統」。[2] 可名之為國民革命史觀。

　　全書約二十四萬字，共分二十章一百節：第一章——國父領導的革命事業，下分四節；其第一節——孫中山先生的幼年及其革命思想；第二十章——反共抗俄的前途。作為一般或大學教科書而言，篇幅適中；全書無一註釋，用字遣詞如稱呼俄國為「俄帝」，中共為「共匪」；孫中山為「國父」，蔣中正為「蔣總統」；足以反映本書出版當時臺灣「反共抗俄」的政治氛圍。

　　1958 年，守孔先生編寫的《中國現代史》出版，是臺灣史學界第一本以「中國現代史」為名的教科書。其書後版權頁標明是 1954 年 6 月初版，1958 年 2 月增訂再版，實則所謂的「初版」指的是《中國最近四十年史》一書，本書是它的增訂再版。守孔先生以本書原名中國最近四十年史，「近年以來大專學校多有採為中國近代史教材，各軍事學校亦有用作中國革命史讀本者。本書原以敘述國父孫中山先生領導之國民革命運動為主旨，而以激發國人重視民族氣節與民族文化為目的，故原定書名似不恰當。頃以教學所需，由光華出版社再版，改名中國現代史，並略加增刪以補不足」。[3]

　　經仔細比對本書與《中國最近四十年史》，發現兩

2　李守孔編著，《中國最近四十年史》（臺北：臺灣中華書局，1954），「例言」，頁 1-2。

3　李守孔編著，《中國現代史》（陽明山：光華出版社，1958），書前之「再版序言」。

者內容幾無差異，連各章節的標題亦完全相同，僅將《中國最近四十年史》最後一章（第二十章——反共抗俄的前途）全章（共兩頁）刪除而已。其後守孔先生尚編寫出版有其他幾種版本的《中國現代史》教科書，內容與本書大同小異，只是篇幅較為精簡而已。

至於中國近代史學者李恩涵，在晚年的回憶錄（2011 年出版）中憶述他 1950 年代初期，就讀臺灣省立師範學院史地系上郭廷以教授的「中國現代史」（自辛亥至抗戰前）課時，所抄錄的郭的授課筆記，「只需稍作整理就是一本絕佳著作」，並以括號補充說明謂「後來台灣大學李守孔教授出版了《中國現代史》有多種版本，其實基本上就是根據郭師在其他大學的講稿而來」。[4]不知其何所指？證據為何？豈能信口言之。當時臺灣僅師院與臺大兩校有歷史（史地）系，郭並未在臺大開課，郭在「其他大學」的講稿，不知是指何校的？而且如前所述，守孔先生於 1954 年 6 月已撰就並出版了二十餘萬言的《中國最近四十年史》（即中國現代史）一書，內容包括郭講稿所無的「對日抗戰」、「國共戰爭」及 1950 年代初期史事，怎能說是「根據」郭的講稿而來！

（二）中國近代史

以中國近代史為題的中國近代通史撰述，起始甚早，

4　李恩涵，《八十憶往：家國與近代外交史學》（臺北：秀威資訊科技公司，2011），頁 57。

約在 20 世紀初，如陳光憲著的《中國近世史》，出版於
1909 年。至 1920 年代，有李泰棻《中國近百年史》、孟
世傑《中國最近世史》、顏昌嶢《中國最近百年史》等書
的出版。1930 年代，有高博彥《中國近百年史綱要》、
魏野疇《中國近世史》、陳恭祿《中國近代史》、李鼎聲
《中國近代史》、蔣廷黻《中國近代史》等書的出版。其
中以陳恭祿、蔣廷黻所著書影響較大。

　　陳書出版於 1935 年，共上下兩冊。以進化史觀為指
導，以英雄史觀為核心，記述了西學東漸以來中國政壇的
重大事件和重要人物，旁及中西文化交匯，學術思想流
變、典章制度更易、內外戰爭過程、各項主要條約內容等
諸多方面。史料豐富，議論多有個性，是為以政治史為
經、事件史為緯的中國近代史構架在萌生時期的第一個
代表性作品。蔣書出版於 1939 年，正值中國抗戰艱危之
際。全書僅五萬餘字，圍繞著中華民族能否走出落後的
「中古」狀態進入「近代化」，能否廢除狹隘的「家族觀
念和家鄉觀念」，組織一個「近代化的民族國家」這一主
題，論析了自鴉片戰爭到抗日戰爭前夕的中國歷史，符合
了抗日救亡此一政治需要。[5] 並且把中國近代史上限的界
定，由往昔西學東漸的追溯，變為以 1840 年鴉片戰爭為
開端。

5　沈渭濱，〈蔣廷黻《中國近代史》導讀——兼論近代通史體系的推陳出新〉，
　　頁 43、44；蔣廷黻撰，沈渭濱導讀，《中國近代史》（上海：上海古籍出
　　版社，2011）。

　　1940 年代，則有郭廷以《近代中國史》、范文瀾《中國近代史》（上編第一分冊）等書的出版。郭書共兩冊，出版於 1940 及 1941 年，每冊各有六百多頁，不是一般意義上的近代通史，而是分別以早期中外關係、鴉片戰爭為主題，著力於「史料之整輯排比」的文獻集成。[6] 范書出版於 1947 年，以中國人民的反帝反封建鬥爭為基本線索，以階級鬥爭為歷史發展動力，上起 1840 年鴉片戰爭，下迄 1900 年義和團運動和八國聯軍侵華。它的出版，標誌著階級鬥爭史觀為指導的「毛〔澤東〕—范近代通史體系」開始崛起。[7]

　　1950 年代，臺灣有李定一《中國近代史》、黃大受《中國近代史》、康樂英《中國近代史》、李方晨《中國近代史》、郭廷以《中國近代史概要》、孫希中《中國近代史》、守孔先生《中國近代史》等書；大陸有汪伯岩《中國近代史講話》、戴逸《中國近代史稿》、林增平《中國近代史》等書；香港有黃福鑾《中國近代史》等書的出版。其中李定一書出版於 1953 年，以精闢的論史方式顯現其多年來沉浸史學研究之心得，頗獲史學界重視。該書英文譯本由 L. Bennett 及 Hsueh-feng Yang（楊雪峰）

6　戴海斌，〈「中國近代史」學科史之一頁：郭廷以早期學行述略〉，上海市社會科學界聯合會編，《中國百年學術路——古今中西之間（1911-2011）：上海市社會科學界第九屆學術年會文集（2011 年度）青年學者文集》（上海：上海人民出版社，2011），頁 51。

7　沈渭濱，〈蔣廷黻《中國近代史》導讀——兼論近代通史體系的推陳出新〉，頁 44。

翻譯，1970 年在美國出版。[8]

　　守孔先生的《中國近代史》，則出版於 1958 年。它的撰寫及出版，是基於中華民國政府教育部為提高民族意識，俾一般青年對近代中國之內憂外患有一明確認識，於 1952 年通令全國各大專院校開設「中國近代史」課程，為全校各院系一年級學生必修科目。1955 年 8 月，守孔先生由助教升為講師，開始在臺大講授此一必修課程，本書即係他授課用的講稿，漸次補充整編而成。書前有「例言」七條，其中較重要的為第二條：「治史應自史料入手，而史料貴乎官書及當時人筆錄，著者欲為讀者闢一研究途徑，所有論說敘述，概於其下注明出處；以節省篇幅，……非不得已不用轉手記載」。第四條：「本書為便易對照起見，紀事年代月日，以中曆為主，而附以西曆」。第五條：「西文專名譯漢，以採用前人記載已有定名或通用者為主，非不得已不另創新譯」。第六條：「本書敘事，始於十六世紀葡萄牙人東航，迄於清朝之滅亡，為期約四百年。著者另編有中國現代史一書，起自國父倡導革命，以至於今，讀者可與本書配合參閱，以為補充」。[9]

　　全書篇幅甚鉅，共七五五頁，約六十萬字。計有十四章九十九節：第一章——中西文化之交流，下分七節；其第一節——海道交通之大開。第十四章——改革與立

8　張力，〈李定一〉，《近代中國史研究通訊》，第 4 期（1987.9），頁 94。
9　李守孔編著，《中國近代史》（臺北：三民書局，1958），書前之「例言」。

憲，下分六節；其第六節——南北議和與清帝遜位。[10] 其
最大的特色是取材至為豐富，書中動輒引列相關的第一手
史料，或於其前書明，或於其後以括號註明其史源出處，
是 1949 年以後臺灣出版的第一本註明史源出處的中國近
代史教科書；而且全書引列的史料數量、種類之多，遠遠
超過陳恭祿的《中國近代史》及李劍農的《中國近百年政
治史》，等同於一部學術性的研究論著，極具說服力和指
引作用，也足見守孔先生廣徵博引，治史之勤。其次，全
書章節細密，標題名稱簡明妥切；每節中尚有若干類似
「小節」的粗黑體字，作為某段落開端的小標題，亦甚具
畫龍點睛的功效。此外，為避免與守孔先生已出版的《中
國現代史》的內容有所重複，本書對於孫中山及革命運動
的倡導、發展、推翻清朝、建立民國的敘述，甚為簡略，
致守孔先生的國民革命史觀無從顯現，使本書除了具學術
性外，亦較為客觀。

　　然由於本書具學術性，史料充斥其間；加以敘事細
密詳盡，篇幅又鉅，故不易為一般大眾讀者所消受。但對
大學歷史系所的學生而言，本書則甚為實用，足堪為其中
國近代史入門的基本教材。除了本書，守孔先生尚編著有
其他幾種版本的《中國近代史》教科書，篇幅較為精簡，
均未引列史料，及註明史源出處。其中的《中國近代史
（近代及現代史）》，則分為上編・清代部份，下編・民

10　李守孔編著，《中國近代史》，「目錄」，頁 1-7。

國部份；記事則始自鴉片戰爭，每節之後酌附作業數題，
供讀者參考。[11] 體例較為不同。此外，由歷史科教學研討
會主編，著者為守孔先生的《中國近代史》，則係以「配
合國策，激發民族意識，發揚三民主義光輝為宗旨」；有
附圖十幅，是守孔先生唯一一本有附圖的中國近代史教
科書。[12]

（三）國民革命史

　　「國民革命」一詞最早出現於孫中山在 1906 年所撰
寫的「中國同盟會軍政府宣言」中，認為前代革命如明及
太平天國，只以驅除光復自任，今日的革命於驅除韃虜、
恢復中華之外，國體民生尚當變更，其一貫之精神，則為
自由、平等、博愛。故前代為英雄革命，今日為國民革
命。因「一國之人，皆有自由、平等、博愛之精神，即皆
負革命之責任」，故謂之為國民革命。[13]

　　自從「軍政府宣言」以後，孫中山就沒有再對「國
民革命」多做詮釋。直到 1924 年才在其「北上宣言」
（11 月 10 日發表）中重申是年 9 月 18 日中國國民黨北伐
宣言所說：「國民革命之目的，在造成獨立自由之國家，

11　李守孔，《中國近代史（近代及現代史）》（臺北：三民書局，1994，增
　　訂初版），「凡例」，及「目錄」，頁 1、5。

12　李守孔，《中國近代史》（臺北：幼獅文化事業公司，1988），「編輯凡例」、
　　「附圖目次」。

13　孫中山撰，中央黨史史料編纂委員會編，《國父全集》，第 4 集（臺北：
　　中央文物供應社，1957），頁 59-60。

以擁護國家及民眾之利益。」此種目的「不僅在推倒軍閥，尤在推倒軍閥所賴以生存之帝國主義。」[14] 所以國民革命的意涵是指清末孫中山所領導的革命，或民國初期的反軍閥、反帝國主義革命。是為狹義的國民革命。1925 年孫中山逝世後，國民革命常被中國國民黨黨員廣泛使用於其所發動的各種軍事行動當中，並上溯至清末革命的發軔為起始點，使相連接，是為廣義的國民革命。然而時至今日，國民革命史的時間範圍，仍未有定論，亦鮮有人討論之。中央研究院院士張玉法，原本主張國民革命史始於孫中山決定推翻滿清之年（1885），止於中國國民黨開始行憲、還政於民之年（1948）。二十年後（1994），則覺得國民革命史應止於國民革命完成北伐之年（1928）。[15]

最早以國民革命史為名的專書著作，是鄺德生主編的《國民革命史》，出版於 1929 年。全書二二二頁，約十萬字，計有四編三十五章。自 1924 年中國國民黨改組述起，至 1928 年 12 月東三省統一北伐完成止。所依據的材料，大半是中國國民黨第三次全國代表大會（1929 年 3 月召開）的黨務、政治及軍事報告；每一戰役，都附有簡明的地圖，使讀者一看就能了解。[16]

其次為秦瘦鷗編的《中國國民革命史》，出版於

14　孫中山撰，中央黨史史料編纂委員會編，《國父全集》，第 4 集，頁 50。
15　張玉法，〈國民革命史研究的回顧〉，《第一屆三軍官校基礎學術研討會邀請演講論文集》（高雄：陸軍軍官學校，1994），頁 133。
16　鄺德生主編，《國民革命史》（南京：肇文書店，1929），書前之「編者聲明」。

1935 年。秦瘦鷗原名秦浩，為著名作家及鴛鴦蝴蝶派代
表人物。全書不含附錄，約五萬字，採自問自答方式，共
有一百條問答。分為六章，自清末國民革命的發軔起，至
1928 年底東三省統一北伐完成止。另有附錄——中國革
命年表。[17] 全書條理分明，文字流暢，作為通俗讀物，淺
顯易懂。

　　1937 年，張梓生著的《中國國民革命史略》出版。
張梓生曾任上海《東方雜誌》主編，《申報》副刊「自由
談」主編，曾主編《申報年鑑》，編撰有《壬戌政變記》、
《奉直戰爭紀事》、《國民革命軍北伐戰爭史》等書。本
書雖名為國民革命史略，實等同一本北伐戰爭史略（其書
名下以括號註明係「節選張梓生著國民革命軍北伐戰爭
史」）。全書約四萬餘字，分為六部分：一、國民革命之
目的與勝利之原因；二、北伐出師前之國內情勢；三、北
伐出師與兩湖戰爭；四、東南五省之戰爭。五、津浦京漢
兩鐵路線之戰爭；六、國民革命軍完成北伐之戰事。[18] 主
要取材於北伐時期的報紙雜誌的報導，詳實可信。

　　1949 年以後，臺灣史學界最早撰寫國民革命史專書
的是李方晨，所著的《中國近代革命史：國民革命之部
（1894-1949）》，於 1958 年出版，全書近十萬字，雖無
國民革命史之名，卻有其實。1965 年，曹世昌著的《國

17　秦瘦鷗編，《中國國民革命史》（上海：三民圖書公司，1935），書前之
　　「目錄」。

18　張梓生，《中國國民革命史略》（上海：商務印書館，1937），書前之「目次」。

民革命史》及守孔先生著的《國民革命史》先後出版，其中尤以後者最受矚目。該書撰寫的緣起，是 1965 年 11 月 12 日係孫中山百年誕辰，中國國民黨為紀念之，於 1964 年 9 月 1 日，在臺北成立「中華民國各界紀念國父百年誕辰籌備委員會」，委員共一六五人。由總統蔣中正為名譽會長，副總統陳誠為主任委員，王雲五、張道藩為副主任委員。並決定紀念事項如下：（1）建築國父紀念館；（2）擇要整修國父海外故居；（3）編印有關國父學說史蹟論著；（4）籌募中山文化基金；（5）發起各種紀念活動。[19]

　　其中《國民革命史》，即為上述紀念事項第三項下的成果之一。紀念國父百年誕辰籌備委員會為進行其紀念事項第三項的工作，特於 1965 年 1 月成立學術論著編纂委員會，委員共十三人，由羅家倫為召集人，謝然之為副召集人，傅啟學為執行祕書，決定編纂之各種論著，均須於是年 11 月 12 日前出版。其中的《國民革命史》一書原擬推委員之一的蕭一山負責撰寫，因蕭再三堅辭，乃公推國立臺灣大學歷史系教授守孔先生擔任。[20] 促成此事的該編纂委員會委員兼執行祕書傅啟學，曾任臺灣大學訓導長，時為該校政治系教授，因認識守孔先生，「其治學之虛心，待人之誠摯，予余以極好之印象」。曾閱讀過其出版

19　國父百年誕辰紀念實錄編輯小組編輯，《國父百年誕辰紀念實錄》（臺北：中華民國各界紀念國父百年誕辰籌備委員會，1966），頁 2-13。

20　國父百年誕辰紀念實錄編輯小組編輯，《國父百年誕辰紀念實錄》，頁 203-205。

的《中國最近四十年史》及《中國近代史》，「深佩其治
學之嚴謹」。並有機會首先閱讀本書，「更欽佩其治學之
精進」。[21] 本書原規定字數約五十萬，限是年 9 月繳稿；
守孔先生自云「多月以來，余於授課之餘，日以繼夜，搜
集史料，刪節編寫，窮一人之力，勉強如期殺青，而字
數較預計則超出甚多」，[22] 書成出版後，黨政要員人手一
冊，蔣中正總統也親頒獎金八萬元。由是守孔先生名氣漸
開，但也由於日以繼夜趕稿的緣故，正值壯年的他也開始
配戴起老花眼鏡。[23]

全書為一巨冊，共七十六萬字，計有六編二十五章：
第一編——推翻專制時期，下分四章；第一章——國民革
命運動之勃興，下分六節，其第一節——國父之革命思想
與言論；第六編——反共中興時期，下分五章：其第二
十五章——復國建國之宏基，下分六節；其第六節——枕
戈待發之三軍。[24]

綜觀本書，等同於守孔先生 1958 年所編著《中國現
代史》一書的加強版，具有以下的幾項特色：

（1）**篇幅極鉅，敘事詳盡**：全書約計七十六萬言，是截
至目前所有以國民革命史為題的論著之最。自 1860
年代孫中山的出生及幼年革命思想的發軔述起，至

---

21 傅啟學，〈國民革命史序〉，李守孔編著，《國民革命史》（臺北：中華
民國各界紀念國父百年誕辰籌備委員會，1965），書前頁 1。

22 李守孔編著，《國民革命史》，書前「自序」，頁 3。

23 林能士，〈李守孔〉，頁 93。

24 李守孔編著，《國民革命史》，「目錄」，頁 1-10。

1964 年中華民國在臺灣的執政舉措為止，大小史事，堪稱鉅細靡遺，不同於一般坊間出版的教科書簡明扼要的範式。

（2）**章節繁多，標題簡明**：全書以編轄章，章下轄節，總計有編六、章二十五、節一百四十五。各編、章、節的標題均簡要鮮明，具有畫龍點睛的作用。

（3）**註明史源，以示負責**：表明其敘事均有本有據，誠如守孔先生所云，本書「所有引用資料，以公開者為限；或見於中外宣佈之檔案，或採自報刊及私人記載，要以直接史料為原則，非不得已，不用轉手之記載」。所有引用資料，「一律載明出處，詳記其著者、出版處、發表時間及卷頁。重見同一資料，附註則儘量刪略」。[25] 附註置於每一章之後，共有一六三五個附註。從各章附註的多寡，可約略推知愈接近於當代的篇章，可資引用的資料愈少；附註愈多的篇章，敘事亦較詳盡。如全書篇幅共七五九頁，其中以第三章——集合全國英俊之同盟會，其附註最多（一七二個），篇幅亦最多（頁75-145，約七十頁），第十八章——抗戰期中之建國大業，其附註最少（十七個），篇幅亦最少（頁599-611，約十三頁）。

---

25 李守孔，〈自序〉，《國民革命史》，書前頁 3、4。

（4）**取材審慎，多為直接史料**：本書撰寫的時代，公
　　開刊行的中國現代史及革命史的論著資料並不多，
　　守孔先生以在臺灣大學教學之便，得以參閱臺灣大
　　學歷史系的相關藏書，以及中國國民黨黨史會的諸
　　多出版品和檔案資料，撰成本書。如第一編之各章
　　（第一至四章）述清末的國民革命運動始末，所
　　引用的論著資料約有八十餘種，其中約有二十餘種
　　為中國國民黨黨史會庫藏原始文件。第六編之各章
　　（第二十二至二十五章）係述 1945 年 8 月抗戰勝
　　利後至 1964 年的史事，因更接近本書撰寫的時代，
　　可資參閱的論著資料有限，則多引用當時報紙（如
　　《大公報》、《中央日報》）的記載。

（5）**稱謂遣詞，流於主觀**：本書名為國民革命史，敘事
　　內容以清末第一個革命團體興中會及其蛻變的同盟
　　會、國民黨、中華革命黨、中國國民黨的發展史為
　　主體，自亦理所當然。惟在稱謂遣詞上，一律以國
　　父尊稱孫中山，至於蔣中正則視其當時的職銜尊稱
　　之，如蔣校長、蔣主席、蔣總統等。餘如稱蘇俄為
　　俄帝，中共為共匪，共軍為匪軍，偶有稱中華民國
　　為我或我國者。此乃因守孔先生為資深的中國國民
　　黨黨員，益以當時的政治氛圍，本書又係為「紀念
　　國父百年誕辰」而作，而有以致之。

（四）中國通史

　　《中國通史》是二十世紀的中國歷史寫作的一種題材，著名史家幾乎都嘗試或計畫撰寫通史，據估計百年間有六、七十種版本。[26] 著名史學家顧頡剛曾指出：所有的通史，多屬千篇一律，彼此抄襲。其中較近理想的，有呂思勉《白話本國史》、《中國通史》、鄧之誠《中華二千年史》、陳恭祿《中國史》、繆鳳林《中國通史綱要》、張蔭麟《中國史綱》、錢穆《國史大綱》等。其中除呂思勉、周谷城、錢穆等三、四人的書外，其餘均屬未完之作。錢穆的書最後出而創見最多，[27] 全書約五十三萬字，1940 年出版後，風行一時，各大專院校多用之為歷史教科書，1949 年以後的臺灣、港、澳，亦復如此。至 1960 年，臺灣大學歷史系副教授傅樂成編著的《中國通史》（上下兩冊，六十餘萬字）出版後，才逐漸為傅書所取代。中央研究院院士許倬雲認為「相對於錢穆先生的《國史大綱》，傅著並沒有特殊的史觀，卻十分重視經過考訂的歷史現象」。[28]

　　一些專事研究中國近現代史有成的學者，或因為教學，或因為受邀，亦編寫過中國通史，臺灣史學界計有郭廷以、梁嘉彬、李定一、守孔先生、黃大受、李國祁、張

26　李淑珍，〈二十世紀「中國通史」的創造與轉化〉，《新史學》，第 19 卷第 2 期（2008.6），頁 85。

27　顧頡剛，《當代中國史學》（南京：勝利出版公司，1947），頁 85。

28　許倬雲，〈序言〉，傅樂成編著，《中國通史》（貴陽：貴州教育出版社，2010）。

玉法等人。其中守孔先生編寫的中國通史《歷史（第一、二冊）》，於 1969 年出版，是供臺灣五年制專科學校用的教科書，是守孔先生所編著唯一的一本中國通史之作。只惜其第二冊今已遍尋未著，只能就其第一冊（今僅國立屏東大學及國立屏東科技大學之圖書館藏有）的內容而言，約十二萬字（二三〇頁），計有十三章四十九節：第一章——史前史與傳說時代，下分三節；其第一節——中國史前的文化。第十三章——宋的制度與文化，下分三節；其第三節——宋的學術。[29]

綜觀其敘事方式，撰寫風格，與傅樂成所著《中國通史》近似，只是篇幅精簡甚多，內容較為淺顯。其內容需要解釋補充之處，則於每一節後之附註中加以說明。每節之後均附有「討論問題」若干題，以供學生之進修。並附有插圖十七幅，以供教學之用。其第二冊因未能得見，不知其章節安排及內容如何，僅知其篇幅約十四萬字（二四一頁）。然就本書第一冊書前「編輯凡例」所說：「本書為配合國策，加重中國近代史與俄帝侵華史之敘述，其比例約佔全書五分之二；並著重於中國文化的闡揚」。[30] 本書實為一「非典型」的中國通史教科書。

29　李守孔編著，《歷史》，第一冊（臺北：幼獅書店，1969），「目次」，頁 1-5。
30　李守孔編著，《歷史》，第一冊，書前之「編輯凡例」。

二、發表研究論著

　　這是守孔先生從事中國近、現代史研究撰述中貢獻最卓著的部分，雖然粗估守孔先生一生撰有專書十七本，論文、文章一二七篇，但其中稱得上是學術性的研究論著的，僅約專書兩本（合計約三十五萬字），論文六十餘篇（合計約二百萬字），[31] 是為他撰述中的精華所在。

　　1951 年，守孔先生發表了他第一篇研究論著〈明代白蓮教考略〉，這也是他唯一篇非中國近現代史範疇的研究論著。全文約一萬八千字，寫法較為傳統，引文充斥，直接書明史源出處，不另予註釋。指出在元末反蒙古運動中，白蓮教徒為之先驅，華夏重光與明帝國的創建，直接間接均有其貢獻。但此後反與明室立於敵對地位，予以莫大困擾。明的大患為「北虜」（韃靼），而白蓮教徒實導之為患，最後且與李自成輩合流。及滿清入關，漢族政權再失，他們始又恢復其固有精神，繼續其反抗異族的鬥爭。[32]

　　三十三年後（1984），守孔先生發表了〈中國國民黨改造之意義與價值──旋乾轉坤開創契機〉一文，則是他題旨內容最接近當代的研究論著，全文約一萬五千字，對 1950 年春至 1952 年秋中國國民黨在臺灣的改造讚揚有加，語多溢美。認為它的意義足可與興中會之改組為中國

31　守孔先生自謂其一生撰有論文（含文章）約一○七篇，他曾從中精選出六十篇，約兩百萬言，依記事時間先後加以編排，分訂為五冊，定名「中國近百餘年大事述評」出版。其篇名見李守孔，《中國近百餘年大事述評──中國近代現代史論文集》（臺北：臺灣學生書局，1996），第 1 冊，「目錄」。

32　李守孔，〈明代白蓮教考略〉，《國立臺灣大學文史哲學報》，第 4 期（1952.12），頁 177。

同盟會，國民黨之改組為中華革命黨，以及 1923 至 1924
年間中國國民黨的改組，有異曲同工之績效，均擔當了
時代所付託的莊嚴使命。它不僅確立了該黨強固的領導
中心，擴大了其社會基礎，同時透過黨政關係的運作，帶
動政治、經濟、社會、文化、軍事、外交各方面的改造運
動，奠定下復國建國的宏基。[33]

　　上述二文係守孔先生所有研究論著中較為獨立的兩
個範疇，且都算不上是他的代表作。此二文之外，守孔先
生的研究論著，大抵可以歸納為雲南回變、晚清內政外
交、晚清人物、立憲運動、辛亥革命、民初政局、軍閥政
治、護法與北伐、十年建國、八年抗戰十個領域，其中屬
於中國近、現代史範疇者各半，可以窺知守孔先生研究撰
述的重心所在。這十個領域中的各研究論著，均發表或出
版於 1960 至 1991 年間，茲分別列舉並略加介述如下。

（一）雲南回變

　　雲南回變發生於清朝咸豐、同治期間，自 1856 至
1873 年，前後將近十八年。1949 年以前的中國史學界持
正統史觀，多以雲南回亂或回變稱之，1949 年以後的臺灣
史學界沿襲之，大陸史學界則持階級鬥爭史觀，稱之為雲
南回民起義；日本史學界則有以雲南回民運動稱之者，[34]

33　李守孔，〈中國國民黨改造之意義與價值──旋乾轉坤開創契機〉，《近
　　代中國》，第 43 期（1984.10），頁 39。

34　如神戶輝夫，〈清代後期の雲南回民運動について〉，《東洋史研究》，
　　第 29 卷第 2、3 號（1970.12），頁 118-146；今永清二，〈清末雲南回

較為持平。

　　1960 年，守孔先生發表其〈馬如龍降清之研究〉一
文，是臺灣史學界第一篇雲南回變的研究論著。係述 1856
年雲南回民生變大起，其東回首領馬如龍於 1862 年降清，
被委為署臨元鎮總兵，固守省城昆明有功，至 1873 年
初，雲南回變以覆滅收場。全文長約七千五百字，析論精
到。主要在參酌各相關載記，認為馬如龍的降清，非如一
般官書所記述的自始對清廷之忠順，而係出於被動，意志
並不堅定，雲南布政使岑毓英予以激勵維持。但「是時毓
英部眾不過五百人，且陷於敵，而如龍實力在握，基於個
人英雄思想，因欲創立一番功業。故於〔同治 2 年〕二月
驅走馬榮重返省城後，態度大異於前」。「蓋是時省城盡
在其控制之下，將來雲南提督捨其莫屬，欲其盲目從亂於
未可知之將來，不如總綰一省軍事於目前。加以忠君思想
深入人心，如龍降清之志遂以堅決」。[35]

　　同年稍後，守孔先生又發表了〈咸豐六年雲南省城
滅回考實〉一文，長約六千字，敘事精簡，考證周詳。認
為今論 1856 年雲南省城之滅回，起源於臨安廠匪，成於
團練之跋扈，而幕後縱使者則為雲南巡撫舒興阿。城內回
民初無陰謀叛亂的確證，而遇害者竟達數千人之多，其禍
之慘烈，決非如舒興阿陳奏之輕略。清廷初不明真相，且

　　　民運動の起因に関する一考察〉，《広島大学文学部紀要》，第 34 巻
　　　（1975.3），頁 119-132。
35　李守孔，〈馬如龍降清之研究〉，《大陸雜誌》，第 20 卷第 1 期（1960.1），
　　　頁 18。

以為雲南疆吏素來庇回抑漢，但命痛加剿辦回民而已。及
至省城被圍，迤西糜爛，而援兵不能至，故於雲貴總督吳
振棫奏報滇亂實況後，方命吳等秉公處理。至於舒興阿，
並未以滅回而獲咎，僅降官二級，於 1857 年夏仍令其來
京，以內閣學士補用。是時「雲南各地回變已大起，在清
廷固為失策，追其禍始，舒興阿之過可不大哉！」[36]

　　本文發表後，守孔先生的研究重心轉至中國近現代史
的其他領域，直到 1977 年，才發表他第三篇雲南回變的
研究論著〈晚清雲南回變始末〉，全文約六萬字，從清
道光年間漢回之尋釁與仇殺述起，然後依次述 1856 年雲
南之滅回、雲南回勢之彌張、東回軍之降清與釁變、西回
軍之極盛、杜文秀之敗亡。與其前兩篇論文相比較，本文
除了篇幅多了約十倍，含納了前兩篇論文的一些內容外，
並引用了不少前兩篇論文未曾引的《回民起義》中的資
料。該資料集是大陸中國史學會主編的《中國近代史資料
叢刊》叢書中的一種，共四冊，約二百萬字，編者為白壽
彝，1952 年由上海神州國光社出版，是研究晚清回變最
重要的資料集（其第一、二冊為「雲南回民起義」的資
料）。本文文後尚有附錄：「一、晚清雲南回變期間歷任
總督表」、「二、晚清雲南回變期間歷任巡撫表」。每位
督撫均註明其任期時間，並有備註欄，俾作補充說明。

　　綜觀本文，守孔先生對建國於大理的西回軍首領杜

36　李守孔，〈咸豐六年雲南省城滅回考實〉，《大陸雜誌》，第 20 卷第 6 期
　　（1960.3），頁 10、13。

文秀頗多好評，如在結論中云：「杜文秀之起兵，效法太平天國，以民族革命相號召，其重用漢人不遜於回民，其設施多有可取之處」。其盛時，「初無稱王僭號之心，加以不強迫漢民改教，所破郡縣鮮有傷官屠城者。惜其錯過時機，不能於馬如龍降清前聯絡東路回軍合力規取全滇」，乃於昆明基礎已穩固之後，始於 1877 年「命十八大司分將數十萬眾東下，互不統屬，各行其事。故昆明被圍二年，終不能破。及至將領攜貳，紛紛變志，加以軍械窳陋，孤立無助，清軍乘勢反攻，局面遂行逆轉。惟文秀終以得人心之故，竟以迤西一隅之地支持達十八年之久，大理之攻守戰竟逾半載」。或謂杜服毒降清前，「大理紳老跪地遮道，竟不忍其死」。以其遺愛民間，直到民國初年滇西社會上每議事不合，輒曰：「若在杜公當不若是」，足見其感人之深。「是故吾人不能以成敗論英雄也」。[37]

　　惟本文發表時，有關雲南回變的研究已漸普及，以臺灣史學界為例，中央研究院近代史研究所研究員王樹槐撰寫的《咸同雲南回民事變》一書，已於 1968 年出版，約二十萬字，是王最滿意的作品之一。[38] 另一研究員黃嘉謨撰寫的《滇西回民政權的聯英外交》一書，已於 1976 年出版，約十三萬字。故守孔先生從事研究清末雲南回變起步雖較王樹槐等人為早，但未賡續研究，反落於其後，相

37　李守孔，〈晚清雲南回變始末〉，《東海大學歷史學報》，第 1 期（1977.4），頁 143。

38　侯坤宏、李宇平、林蘭芳，〈王樹槐〉，《近代中國史研究通訊》，第 30 期（2000.9），頁 41。

較之下，也減低了本文應有的研究貢獻。

　　至於杜文秀的聯英，守孔先生在文中雖曾提及，但甚為簡略，僅謂 1870 年文山儒生劉道衡上書杜文秀，自請為使，自緬甸泛海，直達西洋，請英、法兩大國速滅清朝以定中華，然後坐收其利。杜雖讚許之，而終不能用。[39] 實則，劉道衡後來確曾率團赴英乞援。王樹槐的《咸同雲南回民事變》一書，曾略有述及，僅一頁多的篇幅。[40] 黃嘉謨則引據多種英文書籍資料，在其著《滇西回民政權的聯英外交》一書中，對此行始末，有極詳盡的敘述。謂杜文秀後來收認劉道衡為義子，派其為正使，英人稱為哈信（Hassan）親王；攜杜稱臣之上英王表文和禮品，率領數人組成的使團，於 1872 年春初自大理出發，取道緬甸、印度等地，於 5 月底抵達倫敦，展開活動。在英國逗留了三個月又三星期，並未獲致預期的效果。9 月 20 日，自英國東歸，經土耳其時，曾從事活動。12 月上旬，抵達仰光，時大理正值清軍大舉攻城，回民政權已覆亡在即，劉道衡等只好流落異域了。[41]

　　對於黃書的記述，大陸史學界則是以「作者太過相信外國資料，沒有結合雄厚的中國文獻進行辨偽考證，而是外國人怎麼說，他就怎麼寫，這就使人不得不懷疑這本

39　李守孔，〈晚清雲南回變始末〉，頁 136。

40　王樹槐，《咸同雲南回民事變》（臺北：中央研究院近代史研究所，1968），頁 304-305。

41　黃嘉謨，《滇西回民政權的聯英外交》（臺北：中央研究院近代史研究所，1976），頁 178-205。

書的可靠性」回應。[42] 然而早在 1950 年代，大陸史學界
即已有些人因杜文秀聯英外交具有民族分裂運動傾向，以
及抱持某些大伊斯蘭主義思想，而對雲南「回民起義」的
性質產生懷疑。[43] 也連帶地影響了他們對杜文秀的評價。

　　1955 至 1976 年，是杜文秀外交熱烈討論時期，亦即
是大陸史學界對杜否定、肯定、基本肯定部分否定三種
觀點激烈交鋒的時期。1979 至 2000 年，則是深入討論時
期。肯定說以「學貫中西」的復旦大學教授田汝康、雲南
省博物館研究員兼副館長林荃等人的論點最具說服力，
結果肯定說全然得勢，劉道衡的使英，亦終於「真相大
白」。[44] 綜合田汝康、林荃的主要論點，為劉道衡的使團
並非杜文秀所派遣，劉只是騰越杜軍寧西大將軍柳映蒼派
去緬甸的使團成員。劉道衡脫離在緬使團後，冒充杜文秀
的義子和使臣，赴英活動。劉所持的「上英皇表」是他偽
造的。劉因「使英」的結果而獲利；即當他回到緬甸後，
靠英國的豢養生活，最後竟然當了印度莫臥兒（亦譯蒙兀
兒）王朝末代統治者巴哈杜沙的女婿。[45]

42　馬穎生，〈杜文秀歷史疑案真相大白於天下──我國史學界 50 餘年討論杜
　　文秀對外關係問題評述〉，《回族研究》，2009 年第 1 期，頁 15。

43　馬汝珩，〈試論清代雲南回民起義的性質〉，《教學與研究》，1958 年第
　　3 期，頁 43、46。

44　馬穎生，〈杜文秀歷史疑案真相大白於天下──我國史學界 50 餘年討論杜
　　文秀對萬關係問題評述〉，頁 11、15。

45　參見田汝康，〈杜文秀對外關係以及劉道衡「使英」問題的研究〉，《回
　　族研究》，2009 年第 2 期，頁 18-24；該文原載《民族學報》，1981 年第
　　1 期。林荃，〈再評劉道衡出使英國與杜文秀大理政權的關係問題〉，《思
　　想戰線》，1986 年第 3 期，頁 72-74。

（二）晚清內政外交

晚清（1840-1912），是清朝統治的晚期，也是中國近代史的開端，其起點為 1840 年的中英鴉片戰爭。由於清朝戰敗，西方列強迫使清廷簽訂不平等條約，以武力獲得在華利益，開啟了中國數千年未有的變局。1965 年，守孔先生發表的〈國父誕生前後中國之變局〉一文，長七千餘字，無註釋，為一概述性的論文，內容平實。從距孫中山誕生前二十六年的中英鴉片戰爭爆發述起，至誕生後二十八年的中日甲午戰爭爆發止。指出「此一時期為近代中國之非常階段，外患之交侵，太平軍及捻回諸役，促成中國之蛻變，朝野之間對於國是，發生不同之主張」；但清政府愚昧顢頇，斷不肯接受西洋文化，從事徹底的改革；「國父洞悉全局，領導國民革命，以推翻專制為己任，以實行共和政治為理想，再接再厲，卒收建立民國之大功」。[46]

1977 年，守孔先生發表了〈晚清知識分子與救國運動〉一文，全文約一萬字，有註釋四十個，指出：這些內求政治革新，外抗列強侵略的晚清知識分子，有胸懷偉大抱負的政治家，有提供強國之策的在野人士。龔自珍、林則徐、曾國藩、奕訢、文祥、左宗棠、李鴻章、張之洞等，處處力爭上游，希望能與外人並駕齊驅；魏源、梁廷枏、馮桂芬、王韜、何啟、鄭觀應、張謇、康有為等，無

---

46 李守孔，〈國父誕生前後中國之變局〉，《新時代》，第 5 卷第 11 期（1965.11），頁 17。

不著書立說，提倡改革，冀能引起當軸者的注意。本文即
在述說這些知識分子欲圖救國的言行事跡，並最後在結論
中云：「自鴉片戰爭發生至辛亥革命成功，七十餘年間，
晚清知識分子為國家民族之生存與發展，在外人得寸進尺
之威逼下，仍希望拯救國運於萬一。雖然滿漢界限難除，
舊制更張不易，一切設施仍遠落人後，其艱苦奮鬥之精
神，仍應給予適當之同情」。[47] 全文所述，尚具可看性。

　　1894 年，甲午戰爭爆發，清朝竟慘敗於日本，乃有
馬關議和，簽訂屈辱條約，割地、賠款之外，並喪失諸多
利權。其中割地包括遼東半島、臺灣、澎湖，其後因德、
俄、法三國干涉，逼使日本讓步，致清朝得以贖回遼東半
島。1964 年，守孔先生發表的〈三國干涉還遼之交涉〉
一文，即述此贖回始末。該文原名〈甲午戰後三國干涉還
遼之因果〉，是守孔先生得國家長期發展科學委員會的資
助，自 1963 年 7 月開始撰寫，至次年 6 月脫稿，[48] 全文除
前言外，計分六章二十三節。易名發表的〈三國干涉還遼
之交涉〉，長約三萬字，內容較為精簡，三五五個註釋減
為二〇八個，原本繁複的章節安排，亦簡化為七章（章之
下不再分節）。守孔先生於文中有精到的看法，指出三國
干涉還遼，以德國發動最早，惟行動不若俄國積極。至於
兩國利用機會以實現其侵華野心則無不同，隨時均欲以中

47　李守孔，〈晚清知識份子與救國運動〉，中華學術院編輯，《史學論集》（臺北：華岡出版公司，1977），頁 502-515。
48　見李守孔，〈甲午戰後三國干涉還遼之因果〉，未刊手稿（1964），「前言」。

國作犧牲與日本達成妥協。法國為俄同盟，其遠東外交政策多受俄國所左右，而其興趣則欲攫取臺灣及澎湖。日本雖同意放棄遼東半島，但要求以鉅金作擔保，使中國不易籌還，繼續佔有遼東。而中國朝野則大感興奮，竟思乘勢廢棄全約，甚至準備再戰。故贖遼價款，雙方爭執最力。其間俄國袒華，德國助日，卒因法國居間調停，以銀三千萬兩成議。其後三國紛向中國索取還遼報酬，俄國欲借地築路，德國望借港泊船，法國則要求談判兩國商務界務，而中國從此多事，是為列強在華劃分勢力範圍之肇始。[49]

當中日甲午戰爭的末期，清廷鑒於其海陸軍的慘敗，為救亡圖存計，接受德籍洋員漢納根（Constantin von Hanneken）的建議，著手編練新式陸軍。其後十八年間，新軍相繼建立，遍及全國各省，成為清帝國的國防軍。1970年，守孔先生發表了〈清季新軍之編練及其演變〉一文，長約四萬六千字，分為：一、前言；二、清季新式陸軍之醞釀；三、北洋之新建陸軍；四、江南之自強軍；五、武衛全軍之興廢；六、常備軍之建制；七、常備軍之發展；八、禁衛軍與巡防營；九、宣統間常備軍之擴建；十、常備軍與辛亥革命。[50]

本文發表時，國內外有關清末新軍的研究成果甚少，較著者為美國學者包維理（Ralph L. Powell）著的《清末

49 李守孔，〈三國干涉還遼之交涉（上）（中）（下）〉，《大陸雜誌》，第29卷第7、8、9期（1964.10、11），頁12-18、14-22、23-28。
50 李守孔，〈清季新軍之編練及其演變〉，《中國歷史學會史學集刊》，第2期（1970.4），頁81。

中國的新軍》（*The Rise of Chinese Military Power, 1895-1912.*
Princeton, N. J.: Princeton University Press）一書，於 1955 年
出版。及中央研究院近代史研究所研究員劉鳳翰著的《新
建陸軍》一書，於1967年出版，計二十餘萬字，是其「新
軍志」整個研究計劃的第一篇；[51] 其「新軍志」的第二篇
《武衛軍》尚未完成（遲至 1978 年才出版）。故本文並
非拾其牙慧，而是將晚清十八年間新式陸軍的建制和發展
過程，化繁為簡地一一加以述說，層次分明，易令讀者有
一完整而清晰的概念，是為本文的貢獻所在。

　　全文共有附註一一〇個，引用史源二十餘種（其中
尤以《東方雜誌》所載，為以往相關論著未曾引用者），
雖無結論之目，但在最後指出：「辛亥革命期間，獨立各
省多以新軍將領為骨幹，除第六鎮統制吳祿貞、第二十鎮
統制張紹曾，以及協統藍天蔚等分別在石家莊、灤州、奉
天密謀革命外，任光復各省都督者有湖南之焦達峰，陝西
之張鳳翽，九江之馬毓寶，山西之閻錫山，雲南之蔡鍔，
福建之孫道仁，南昌之吳介璋，貴州之楊藎誠，重慶之張
培爵，南京之徐紹楨等。是以清季之編練新軍，未能鞏固
其政權，反有助於辛亥革命之成功。演變所及，形成民國
初年軍閥之禍國，其利弊得失，誠難言耶！」[52]

51　劉鳳翰，《新建陸軍》（臺北：中央研究院近代史研究所，1967），書前，
　　作者之註明。同年尚有尚重濂的碩士論文〈袁世凱與新建陸軍〉（香港：
　　香港中文大學，1967，指導教授為胡家健、李定一、牟潤孫），因未正式
　　出版，未引人注目。
52　李守孔，〈清季新軍之編練及其演變〉，頁 138。

　　1898 年，戊戌政變發生，維新變法頓挫，慈禧太后再度垂簾聽政，德宗被幽失勢。次年，即己亥年，慈禧等舊黨意圖廢黜德宗，乃為穆宗皇帝立大阿哥（儲君）為嗣，以為廢黜之準備。1970 年，守孔先生發表有〈光緒己亥建儲與庚子兵釁〉一文，述此事原委及其後續發展。全文約一萬字，分為：一、引言；二、舊黨廢立之陰謀；三、大阿哥之立置；四、清廷對外宣戰之端機；五、慈禧之冤戮直臣；六、辛丑之廢儲；七、結語。[53] 有三十四個附註，引用的資料為《清德宗實錄》、李希聖的《庚子國變記》、吳永口述的《庚子西狩叢談》、吉田良太郎等的《西巡回鑾始末記》、王照的《方家園雜詠紀事》、中國史學會主編的《義和團》等十餘種。

　　全文敘事詳實，析論中肯，主要的論點為：

（1）戊戌政變後，因列強反對廢立德宗，促成清廷之縱
　　　拳排外。

（2）樞臣榮祿為慈禧所親暱，被列強目為廢立的主謀。
　　　榮祿因懼列強干涉，乃建議立儲，慈禧遂立端郡王
　　　載漪次子溥儁為大阿哥，是為「己亥建儲」。

（3）大阿哥溥儁生性頑劣，驕縱無禮，對德宗亦然。

（4）庚子清廷對外宣戰之機，乃起於八國聯軍要求慈禧
　　　歸政德宗之傳說，實由榮祿所促成。其後因拳民之
　　　術不驗，榮祿始暗中保護使館，以圖減輕其災難。

53　李守孔，〈光緒己亥建儲與庚子兵釁〉，《故宮文獻》，第 1 卷第 4 期（1970.9），頁 1-10。

及聯軍入北京，榮祿命其黨代纂《景善日記》以求洗刷，外人信之，榮祿遂得脫漏於禍首之外。

（5）兩宮西狩西安期間，慈禧懼國人不諒於己，意頗自慚，對於德宗之待遇大為改善。復以聯軍指載漪為禍首，為爭取國人之同情，益以湖廣總督張之洞的促請，乃有黜廢溥儁大阿哥之舉，是為「辛丑廢儲」。

（6）及兩宮返京，慈禧以聯軍已撤，大局粗定，復顢頇如故，對德宗乃厭惡如前，德宗不過寄位而已。

1900 年，義和拳（團）大起於中國北方，以扶清滅洋為號召，清廷縱容之，卒至釀成八國聯軍之禍。1961 年，守孔先生發表有〈清季山東之教案與拳亂〉一文，約一萬五千字。係鑑於以往論者以拳亂之起，咸歸罪於歷任山東巡撫李秉衡、毓賢的縱使，而袁世凱則以能驅逐義和團見稱於當時。此一觀念似成定案，向為治史者所依據。守孔先生認為此說多有歪曲之處，證以史料，甚不可信。其所據以引證的資料，為《義和團檔案史料》、《清季外交史料》、《光緒朝東華續錄》等十餘種，因而在本文結論中提出了與前人不同的說法：即李秉衡、毓賢當拳亂初起時，於山東巡撫任內尚肯認真查辦教案，雖同情山東人民的排外，實無縱容拳民的明證。毓賢於庚子（1900 年）2 月出任山西巡撫後，仍無排外的計劃，其屠殺教士教民始自庚子 6 月，是時清廷已對外宣戰，以奉有朝命，非獨行其事。袁世凱上任山東巡撫之初，於民教衝突案件，仍以安撫和解為首務，直至八國聯軍攻陷大沽口，山東仍有

拳眾出沒，惟其主力因清廷之召用，北走京津一帶，不甚
影響山東社會治安而已。是為本文最大的貢獻。至於慈禧
太后，當拳亂起於山東時，清廷屢次諭令剿辦，可知其無
縱容拳民之意。但因屢受列強侵侮，積憤已久，及山東教
案屢作，樞臣疆吏的奏請，無不以雪恥圖強為詞，慈禧受
此影響，態度日變，故雖無戊戌政變的餘恨，清廷利用義
和團以排外，規模大小容或不同，亦難保其不發生。拳民
的愚昧無知固不足論，而教士教民的肇釁於前，亦不能辭
其咎。[54]

　　又當八國聯軍進陷北京前後，輿論多有主張乘機促使
垂簾聽政的慈禧歸政德宗者，進行此事最力的為英、日、
法諸國。1961 年稍後，守孔先生發表的〈八國聯軍期間
慈禧歸政德宗之交涉〉一文，詳述此事經過，論析亦頗有
見地。全文約一萬四千字，指出當時掌握實力之東南疆吏
張之洞（湖廣總督）、劉坤一（兩江總督）、李鴻章（兩
廣總督）、袁世凱（山東巡撫）、盛宣懷（督辦鐵路大
臣）等，為各國策動的主要對象，各人對於歸政德宗的態
度最初並不一致，劉坤一、盛宣懷頗同情各國的主張，李
鴻章則舉止曖昧，模稜兩端，惟張之洞、袁世凱反對最
力。其後劉、盛受張之洞影響，態度轉變。李鴻章知慈禧
仍有控馭全國能力，復表示積極擁護。加以俄國自始力主
維持中國現有政權，各國復因利害衝突，不能堅持初衷，

---

54 李守孔，〈清季山東之教案與拳亂〉，《幼獅學報》，第 3 卷第 2 期
　　（1961.4），頁 16-17。

雙方談判乃由回鑾歸政演為懲辦肇禍大臣與賠款的交涉，遂使歸政之事不獲實現。[55]

（三）晚清人物

　　關於晚清人物的撰述，散見於各種清史傳記書中。1928 年由上海中華書局出版，編撰人不詳的《清史列傳》（八十卷），其內容大體出自清國史館的《大臣列傳稿本》、《滿漢名臣傳》和李桓輯錄的《國朝耆獻類徵初編》。所收列傳，上起開國功臣費英東、額亦都，下至晚清李鴻章，共二八九四篇傳記。就目前而言，清代的傳記書，要以《清史稿》（趙爾巽總纂）和《清史列傳》收錄最為齊全。但《清史稿》的多數傳記敘事簡略，《清史列傳》一般要詳盡得多，在某些方面還可糾補《清實錄》中的缺失。[56] 其點校本（王鍾翰點校，共二十冊，北京中華書局 1987 年出版），共四百餘萬字，是為最新的版本。1937 年，蔡冠洛編纂的《清代七百名人傳》（三冊），由上海世界書局出版，收清代二百六十餘年間的政治、軍事、實業、學術、藝術等方面的名人傳七一三篇，共一七〇萬字。1943 年，美國國會圖書館東方部主任恆慕義（Arthur William Humme）主編的《清代名人傳略》（*Eminent Chinese of The Ching Period 1644-1912*）第一卷，由

55　李守孔，〈八國聯軍期間慈禧歸政德宗之交涉（上）（下）〉，《大陸雜誌》，第 23 卷第 7、8 期（1961.10），頁 11、13、23、25、28。

56　《清史列傳》（王鍾翰點校，北京：中華書局，1997）之內容簡介。

華盛頓美國政府印刷所印刷出版；次年，其第二卷出版。
係五十餘位東西方學者，利用美國國會圖書館極其豐富的
藏書，共同努力完成，共八百餘位的清代名人傳略。其中
譯本，係中國人民大學清史研究所《清代名人傳略》翻譯
組譯，於 1995 年由青海人民出版社分上、中、下三冊出
版，約一三〇萬字。

　　至於專以晚清人物為內容的著述，則多以近代、近
世為題，如費行簡（字敬仲，筆名沃丘仲子）著的《近代
名人小傳》，收錄清中葉以後名人共六〇七人，1918 年
由上海崇文書局出版。美國人勃德（Bob）編的《中國
近代名人圖鑑》，1925 年上海傳記出版公司出版，錄有
二百位近代名人，每人一頁，配有正面半身照及中英文小
傳。1930 年代，遜清遺老金梁花了許多氣力，用了大量
時間，將所謂「晚清四大日記」：翁同龢的《翁文恭公日
記》、李慈銘的《越縵堂日記》、王闓運的《湘綺樓日
記》、葉昌熾的《緣督廬日記》裡面所記載的人物，按時
日先後，整理排比，編成了收有六百餘人的晚清人物的書
《近世人物志》，[57] 由天津《大公報》印刷出版。清史學
者孔祥吉認為該書在勾畫人物方面有幾個特色：一是人物
有血有肉，栩栩如生；二是歷史人物與自然環境密切接
合，相得益彰；三是記載真實，不做任何修飾；四是記錄

57　蔡登山，〈金梁與《近世人物志》〉，頁 v；金梁原著，蔡登山編，《近
　　世人物志：晚清人物傳記復刻典藏本》（臺北：秀威資訊科技公司，
　　2014）。

了當時的特殊文化背景和社會習俗。[58]

　　此外，1949 年以前的民國時期，由於甫經朝代鼎革，一些文人名士對晚清的人和事，記憶猶新；益以報紙雜誌業的蓬勃發展，臻於鼎盛；給這些文人名士提供了許多舞文弄墨的園地，撰就了大量的掌故性文章，其中不少是談論晚清人物的，同時也造就了一些賴以成名的掌故家，如徐彬彬（原名凌霄）、徐一士兄弟、紀果庵、黃濬等人。他們所撰就發表的文章，大都集結成專書出版。其中徐氏兄弟合著的《凌霄一士隨筆》，原係他們 1929 至1937 年發表於天津《國聞週報》各期上的文章，全書近一二○萬字，是民初年間篇幅最長的掌故著作。有人謂：《清史稿》是官方史，而《凌霄一士隨筆》集清野史之大成。徐彬彬並曾為天津《正風》半月刊、《逸經》、《坦途》、《民治》月刊等期刊雜誌撰寫〈凌霄漢閣筆記〉之專欄，經臺灣文史工作者蔡登山悉心蒐錄，編為《晚清民國史事與人物——凌霄漢閣筆記》一書，共二十萬字，[59]於 2016 年出版。

　　1949 年以後的臺灣，基本上仍延續民國成立以來對晚清人物的關注及撰寫模式。這方面成就較著的為史學家吳相湘、沈雲龍、蘇同炳，掌故家高拜石、邵鏡人。吳相

58　孔祥吉，〈金梁其人與《近世人物志》——兼論其以日記勾畫人物的治學特色〉，《福建論壇（人文社會科學版）》，2006 年第 5 期，頁 68。

59　蔡登山，〈【導讀】掌故大家徐彬彬和《凌霄漢閣筆記》〉，徐彬彬原著，蔡登山主編，《晚清民國史事與人物：凌霄漢閣筆記》（臺北：獨立作家出版社，2016），頁 17-19。

湘於 1930 年代即在天津《大公報》史地周刊、廣州《大
光報》文史周刊、南京《中央日報》文史周刊、《禹貢》
雜誌上發表相關文章。來臺後仍然筆耕不輟，論文之外撰
有專書《民國政治人物》、《晚清宮庭與人物》、《中國
現代人物》、《近代人和事》、《民國人和事》、《民國
百人傳》（四冊）、《歷史與人物》、《民國人物列傳》
等。沈雲龍撰有專書《現代政治人物述評》、《近代史事
與人物》、《近代外交人物論評》、《近代政治人物論
叢》、《民國史事與人物論叢》、《民國史事與人物論叢
續集》等。蘇同炳，筆名莊練、雍叔等，撰有專書《人物
與掌故叢談》、《中國近代史上的關鍵人物》（三冊）、
《清代史事與人物》等。高拜石撰有專書《古春風樓瑣
記》（二十冊）、《南湖錄憶》（重新排版、點校後再版，
書名易為《晚清人物縱橫談：南湖錄憶》）、《評點晚清
民國人物：續南湖錄憶》等。邵鏡人則撰有專書《同光風
雲錄》等。

在眾多的臺灣史學家中，守孔先生並非以研究人物
著稱，但他對於人物的研究甚為重視，曾說：「治史貴求
真實，而以人物為樞紐」。[60] 因而他的著作中有不少是以
人物為題目的，晚清人物計有唐才常、盛宣懷、李鴻章、
馬如龍、張謇、梁啟超、趙聲、段祺瑞、曾國藩、左宗棠
等。其中曾國藩、左宗棠，係一般通俗性文章，馬如龍、

60 李守孔，〈近代國內中華民國史之編纂與研究〉，《中國時報》（臺北），
1979 年 10 月 10 日，第 14、15 版，「雙十節特刊」。

張謇、梁啟超、趙聲、段祺瑞雖為學術性的研究論著，但因題目為以人繫事，而依事歸諸其他的研究領域，以下僅舉述唐才常、盛宣懷、李鴻章三人。

唐才常（1867-1900），是晚清維新派的健將，與譚嗣同為二十年之刎頸交，戊戌政變後，東渡日本，與革命黨人往還，思想徘徊於保皇、革命之間，並於 1900 年在長江流域發動自立軍之役，迅即失敗，被執死難。關於唐才常其人其事的研究，1950 年代初期，日本學者菊池貴晴撰有〈唐才常の漢口起義──その過渡的性格について〉（《福島大学学芸学部論集》，第 4 號，1953.1，頁 31-42）及〈唐才常の自立軍起義〉（《歷史学研究》，第 170 號，1954.4，頁 13-23）兩篇研究論文。稍後大陸學者嘉弘，於 1956 年撰有〈自立會唐才常等與會黨的關係〉（《歷史研究》，1956 年第 8 期），鄧潭州於 1959 年撰有〈略論唐才常的哲學觀點和社會思想〉（《史學月刊》，1959 年第 6 期）。臺灣史學界最早致力於唐才常研究的則為守孔先生。

1964 年，守孔先生發表了〈唐才常思想之兩極端〉一文，長約一萬三千字，有六十二個附註，是一篇細緻的研究論文。自 1897 年唐才常任教於長沙時務學堂述起，至 1900 年自立軍起事失敗止。對唐的總評為：「唐才常於任教長沙時務學堂期間，多排滿之言論，戊戌行新政復傾向保皇。政變之後，逃亡日本，多與革命黨人相往還。以其思想介於革命保皇之間，革命派視之為大愚，頑固份

子認之若敵國，遂使勢孤力單，自陷於進退維谷之境。庚
子七月上海國會，乃滬上知識分子之集議，多數但激於愛
國之心，對才常之起兵計劃並未預聞也。至自立軍既失英
日之支持，復見欺於東南督撫，加以會黨之不足成大事，
均為促成失敗之主因」。[61]

　　然而本文的瑕疵在於：

（1）有些引文並未加以註釋，註明史源的版本及所在之頁
　　　碼；即便加以註釋，註明史源，但大多過於簡略。

（2）文中（尤其是引文中）有不少人物，多以其字號或
　　　姓氏字號稱之，其姓名殊難查悉。守孔先生雖就所
　　　知註明其姓名，但以當時資訊不足，未能盡註，令
　　　讀者不知其為何人；如未註明「鄭陶齋」即「鄭觀
　　　應」，「菊生」即「張元濟」，「鄭蘇龕」即「鄭
　　　孝胥」，「丁叔雅」即「丁惠康」，「吳彥復」即
　　　「吳保初」等等。

　　同年稍後，守孔先生又撰就〈唐才常與自立軍〉一
文，是守孔先生諸多研究論文中的代表作之一，可以溯源
自守孔先生 1962 年 6 月撰就而迄未公開發表的〈自立軍
勤王之研究〉一文。全文除序言外，計分五章二十節。[62]
本文與之相比對，內容幾乎完全相同，所不同者僅為將題
目更名為「唐才常與自立軍」；章節的標示方式亦有所更

61　李守孔，〈唐才常思想之兩極端（上）（下）〉，《大陸雜誌》，第 28 卷
　　第 2、3 期（1964.1、2），頁 11-14、28-32。

62　李守孔，〈自立軍勤王之研究〉，未刊手稿（1962）之「目錄」。

易，如改以「一（一）」來標示「第一章第一節」，依此
類推；極少數章節的標題則稍有更易。全文後來收入於守
孔先生的《中國近百餘年大事述評——中國近代現代史論
文集》第二冊中，題目再更易為「自立軍之研究」。

綜觀本文，長達八萬餘字，內容豐富，敘事詳盡，是
臺灣史學界從事自立軍研究的開山之作，尤其是引用資
料多達五十餘種，是守孔先生所有研究論文中取材最豐
者。主要的史源為唐才常等編的《湘報類纂》、唐才常的
《覺顛冥齋內言》、葉德輝編的《覺迷要錄》、丁文江
編的《梁任公先生年譜長編初稿》、馮自由的《革命逸
史》及《中華民國開國前革命史》、張之洞的《張文襄公
全集》、劉坤一的《劉忠誠公遺集》、《光緒朝東華續
錄》、上海的《中外日報》等。文中守孔先生對康、梁及
保皇黨多有貶評，對唐才常則語多推許，如謂唐「志遠學
博，富有膽識，係一時之英俊，其各種救世主張，若政治
之重民權開民智，軍事之弭兵禍與選將練兵之法，外交之
防俄人而聯盟英、日，不無可採之處；至其慷慨就戮，尤
為人所津津樂道也」。並總論「惟自立軍雖失敗，而國內
風氣已開，保皇黨人經此挫折易幟從事革命工作者漸眾。
辛亥武昌首義多有昔日自立軍將領參加，對於中華民國之
建立不無間接之影響」。[63]

盛宣懷（1844-1916），為晚清重要政治人物，以辦

63 李守孔，〈唐才常與自立軍〉，吳相湘主編，《中國現代史叢刊》，第6冊
（臺北：文星書店，1964），頁41-42。

理洋務企業著稱，累官至郵傳部尚書。最早從事盛宣懷
研究的是美國學者費慰愷（Albert Feuerwerker），所著
《中國的早期工業化：盛宣懷與官督商辦企業》（*China's
Early Industrialization: Sheng Hsuan-huai (1844–1916) and Mandarin
Enterprise.* Cambridge, MA: Harvard University Press），是其
哈佛大學的博士論文，於 1958 年出版。臺灣史學界則以
戴玄之著的〈盛宣懷與東南互保〉一文為最早，發表於
1960 年，全文約一萬一千字。認為 1900 年八國聯軍之役
期間，盛宣懷首倡東南互保之議，先揭偽詔之說，保全
無數中外人民之生命，挽救國家瓜分之危機，其卓識碩
畫，遠超東南疆吏之上。[64] 其次為 1969 年守孔先生發表
的〈雜談盛宣懷的事功〉一文，約二萬八千字，係述盛宣
懷負責經辦輪船招商局、電報、上海機器織布局、漢冶萍
公司、鐵路的始末，未言及東南互保事。文中對盛有不少
中肯的評論，如「晚清不經科第，出身佐貳，以辦理洋務
位躋要津者頗不乏人，其著者若丁日昌、張蔭桓、盛宣懷
等；而以宣懷貢獻尤大」。「中國電報之經營，由宣懷肇
其端，終清之世全國各地之敷設，統由宣懷總其成，其貢
獻之鉅，較之招商局且過之」。「宣懷對於中國實業建設
之貢獻，以鐵路為最大，其後竟因鐵路國有政策而罷職，
清室因之而亡，宣懷亦結束其數十年之政治生涯」。清室
之亡，「世人多謂由於宣懷之鐵路國有政策激變而成；不

64　戴玄之，〈盛宣懷與東南互保〉，《大陸雜誌》，第 21 卷第 7 期（1960.10），
　　頁 10。

知滿清末年偽作改革以緩輿情，假藉立憲詐欺國人，民怨已深，覆亡無日，雖無鐵路國有問題發生，其國運亦斷不能久持，宣懷適逢其會耳！至宣懷收購川漢、粵漢鐵路辦法，即有失算，而其用心並非私圖，是以不能以成敗論人物也。」[65]

　　除了本文，守孔先生對盛宣懷的看法，尚可從他於1987年舉行的「清季自強運動研討會」上擔任香港中文大學歷史系教授王爾敏宣讀之〈盛宣懷與中國電報之經營〉一文的評論人所作的評論中，得到更多的補充。諸如「清朝官場中，漢人若欲有所作為，必然要有滿洲親王大臣作後臺，一定要會講求人際關係。盛宣懷能夠創辦許多事業，這種人事背景的因素是很重要的」。「盛宣懷所經營的官督商辦事業中，成效最好的是電報，因為用費省，容易收近功。鐵路次之，這兩種以後都改為完全官辦。另外，輪船招商局、漢冶萍公司就差了些。這些情況都與人際關係能否配合有關」。「我個人覺得晚清時期中，憑靠手腕靈活而能平步青雲的有兩個重要人物，政治方面是袁世凱，實業方面是盛宣懷，但是兩個人的操守都有問題。例如盛宣懷收購美國旗昌輪船公司，是否拿了回扣，問題很多」。「至於盛宣懷經營全國電報有二十二年之久……有沒有假公濟私、貪污舞弊的事情，實在值得惑疑。因為電報局是賺錢的機構，不同於招商局，而盛宣懷所受的牽

制又小，這個問題似乎可以再作探討。至於盛宣懷與袁世凱爭奪電報局的權力鬥爭，似乎也可以再深入作一交待」。[66] 見解都甚具啟發性。

李鴻章（1823-1901），是清朝中興四大名臣之一，曾主持晚清國防、外交二十餘年，兼及於洋務、軍事等，影響之大，在晚清樞臣中無人可與比肩。因此，有關他的記述和傳記著作所在多有。如神邑忠起的《李鴻章伝》，1880年由大阪的文敬堂出版；伊笠碩哉的《李鴻章》，1895年由東京的嵩山房出版；林樂知（Young John Allen）譯，蔡爾康輯的：《李傅相聘歐美》，1899年由上海的廣學會出版；1901年，李鴻章甫病逝，旅居日本的梁啟超，即撰就有《論李鴻章》一書出版；同年，吉田宇之助的《李鴻章》，由東京的民友社出版；早田玄洞的《李鴻章》，由東京的大學館出版。至1949年，相繼出版的有 Alicia E Neve Little, *Li Hung-Chang: His Life and Times*（London: Cassell And Company Limited, 1903）；William Francis Mannix, ed., *Memoirs of Li Hung Chang*（Boston: Houghton Mifflin, 1913，其中譯本為威廉・法蘭西斯・曼尼克思編著，趙文偉譯，《李鴻章回憶錄》，北京：中國書店，2011）；John Otway Percy Bland, *Li Hung-Chang*（London: Constable and Company Limited, 1917，其中譯本為約翰・奧特維・坡爾西・布蘭德

---

66 王爾敏，〈盛宣懷與中國電報之經營〉，中央研究院近代史研究所編，《清季自強運動研討會論文集》（臺北：中央研究院近代史研究所，1988），頁 791、792。

著，王紀卿譯，《李鴻章傳：西人眼中的李鴻章》，香
港：香港中和出版公司，2011；約翰・奧特維・布蘭德
著，徐志晶譯，《李鴻章傳：一個記者四十年中國生活
札記》，合肥：安徽人民出版社，2012）；楊公道編的
《李鴻章軼事》（上海：大華書局，1918）；維特（Seigei
Witte）著，王光祈譯的《李鴻章遊俄紀事》（上海：東
南書店，1928）；韋息予編的《李鴻章》（上海：中華書
局，1931）。1943 年出版，由恆慕義主編的《清代名人
傳略》，其中的李鴻章傳，約一萬字，是全書最長的一篇
傳記。1947 年，許華國著的《李鴻章的對俄外交》，由
昆明國立雲南大學政治學會出版。

　　1949 年以後，大陸史學界近代中國歷史人物研究與
歷史學的其他領域一樣，確立了馬克思主義辯證唯物主義
和歷史唯物主義的支配地位，建立了新的價值評估體系。
「在此價值體系下，舊史學盛行的以帝王將相為主體的英
雄史觀遭到否定和摒棄，近代中國史人物研究的面貌發生
了前所未有的變化」。亦即「代表社會歷史前進方向的人
民群眾的活動和作用開始受到研究者的高度重視」。「推
翻了舊史學強加在農民起義領袖，資產階級反清革命家、
思想家、社會改革家乃至後來的無產階級革命家頭上的所
謂『賊寇』、『匪首』之類的誣蔑不實之詞，恢復了他們在
中國近代史上應有的歷史地位」。直到 1976 年「文革」

結束後，才有所修正。[67] 在此期間，李鴻章被定位為反面人物，有關他的研究成果很少，專書僅梁思光的《李鴻章賣國史》（北京：知識書店，1951），胡濱的《賣國賊李鴻章》（北京：新知識出版社，1955）、章回的《李鴻章》（北京：中華書局，1962）。

其中胡濱的書，可謂是全面否定、批判李鴻章的集大成者。[68]

相對地，1949 年以後的臺灣史學界，對李鴻章的功過所在容或有不同的看法，但基本上李鴻章還算是正面人物。然而令人不解的，是 1949 至 1969 年二十年間，臺灣史學界幾乎沒有關於李鴻章研究論著的出版或發表，雖尚在臺灣大學歷史系就讀的陶英惠，於 1958 年在《中興評論》發表了〈李鴻章與淮軍〉一文，甚具參考價值，但僅三千餘字，且無註釋。而日本方面，河村一夫已發表有〈李鴻章について〉（《歷史教育》，第 5 卷第 1、2、3 號，1957.1、2、3）及〈李鴻章の親露政策とその日本への影響〉（《歷史教育》，第 14 卷第 12 號，1966.12；第 15 卷第 1、2 號，1967.1、2）；小野信爾發表有〈李鴻章の登場—淮軍の成立をめぐっ〉（《東洋史研究》，第 16 卷第 2 號，1957.9）及〈淮軍の基本的性格をめぐって—清末農民戰争の一側面〉（《歷史學研究》，第 245

67　馬勇，〈50 年來的中國近代歷史人物研究〉，《近代史研究》，1999 年第 5 期，頁 245、246、250。

68　章育良、曹正文，〈近百年來李鴻章研究著作述評〉，《湖南社會科學》，2007 年第 1 期，頁 183。

號，1960.9）。美國方面，Stanley Spector 著有 *Li Hung-chang and the Huai Army: A Study in Nineteenth-Century Chinese Regionalism*（Seattle: University of Washington Press, 1964）。香港方面，則有竇宗一（儀）編著的《李鴻章年（日）譜》（香港：友聯書報發行公司，1968）。

惟儘管如此，這二十年間，臺灣各大學的學位論文中，以李鴻章為題目的倒有不少，十九未正式出版，故較少人知。學士論文計有張定群的〈李鴻章與清季新工業之建設〉（國立臺灣大學經濟系，1954，指導教授為全漢昇）、金炳陞的〈李鴻章對俄政策之研究〉（國立臺灣大學歷史系，1955，指導教授為吳相湘）、黃良鵬的〈李鴻章之經濟思想〉（國立臺灣大學經濟系，1956，指導教授為全漢昇）、陳清雲的〈李鴻章之對日政策〉（國立臺灣大學政治系，1957，指導教授為黃正銘）、劉俊三的〈李鴻章與晚清外交〉（國立臺灣大學政治系，1957，指導教授為傅啟學）、許瑞五的〈李鴻章與清代外交〉（國立臺灣大學政治系，1958，指導教授為傅啟學）、錢明遠的〈李鴻章對俄國之外交關係〉（東海大學歷史系，1961，指導教授為梁嘉彬）、劉熙雲的〈李鴻章與常勝軍〉（國立臺灣大學歷史系，1962，指導教授為夏德儀）、烏元彥的〈李鴻章與甲午戰爭前之中日外交（西元一八七〇年至一八九四年）〉（東海大學政治系，1965，指導教授為杜蘅之）。碩士論文有趙誠德的〈李鴻章之外交政策〉（國立政治大學外交研究所，1958，指導教授為黃正銘）、王

學書的〈李鴻章對日外交研究〉（國立政治大學政治研究所，1958，指導教授為傅啟學）、詹文雄的〈李鴻章對俄外交之研究〉（中國文化學院政治研究所，1966，指導教授為守孔先生）。博士論文有謝延庚的〈李鴻章與甲午戰前的兵工建設〉（國立政治大學政治研究所，1968，指導教授為鄒文海）。

　　進入 1970 年代，臺灣史學界關於李鴻章研究論著的出版或發表，漸形增多。1970 年，守孔先生發表了〈李鴻章襄贊湘軍幕府時代之表現〉一文，啟動了他從事李鴻章系列的研究撰寫。全文約一萬六千字，分為：一、引言；二、出身與安徽防剿；三、皖撫福濟幕中；四、參加湘軍陣營；五、經營淮揚水師；六、脫離湘軍與重回曾幕。[69] 主要在述說李鴻章早年在北京受業於曾國藩之門，從曾習制舉之文，大為曾所器重。其後曾國藩奉命編練湘軍，與太平軍轉戰各地，李鴻章於 1853 年冬加入湘軍幕府，襄贊曾國藩，前後約三年餘，其間有出幕與再入幕的轉折。守孔先生以清人薛福成所撰《庸盦筆記》記載其事的經過，與實在情形出入極大，而近人左舜生所編《中國近百年史資料初編》錄之，是作為人所樂讀，真像因之而泯失。故撰寫本文，考證其事，以明史事之經過。本文所依據引用的主要為李鴻章的《李文忠公全集》、《李文忠公遺集》，曾國藩的《曾文正公全集》、《曾文正公手書日

69　李守孔，〈李鴻章襄贊湘軍幕府時代之表現〉，《幼獅學誌》，第 9 卷第 2 期（1970.6），頁 1-25。

記》等第一手史料，指出《庸盦筆記》所記的失實，是本文最大的貢獻所在。由於本文著重於敘述與考證，引文多而長，令讀者不易卒讀，且本文無專章之結語，予人有未竟之感。

同年稍後，守孔先生又發表了〈常勝軍協剿太平軍之研究〉一文，全文約一萬七千字，是一篇精要紮實的研究論文，所引用的史源不過十種，全文分為六個部分。其中「五、蘇州殺降及其爭議」約佔全文三分之一篇幅、是本文的重心所在。[70] 關於蘇州殺降的主使者眾說紛紜，本文則認為係李鴻章主使，屬下將領程學啟不過奉令執行而已。至於常勝軍將領戈登（Charles George Gordon）憤李鴻章背信殺降，與清方決裂，欲攻擊清軍，其後此事件得以和平解決，本文分析主要原因：一為李鴻章之處理得法。蓋常勝軍之協助淮軍作戰，原以圖利為目的，鴻章於蘇州克服後，除清廷一萬兩賞銀外，曾一次犒賞常勝軍銀七萬兩，使戈登大為感服。二為常勝軍之兵力遠不如駐守蘇州之程學啟部，即使發動戰爭，並無勝利把握。三為英國政府之態度消極，戈登知本國毫無援助之希望。[71] 事件乃告平息。

1971 年，守孔先生發表了〈淮軍平捻之研究〉一文，長約一萬一千字，有註釋六十個，引用的資料約十餘種，

70　李守孔，〈常勝軍協剿太平軍之研究〉，《新時代》，第 10 卷第 11、12 期（1970.11、12），頁 13-17；18-22。

71　李守孔，〈常勝軍協剿太平軍之研究〉，《新時代》，第 10 卷第 12 期（1970.12），頁 20。

並未及於當時已出版的重要相關論著，如羅爾綱的《晚清兵志‧第 1 卷－淮軍志》、王爾敏的《淮軍志》、江地的《捻軍史初探》；以及美國學界 Stanley Spector, *Li Hung-chang and the Huai Army: A Study in Nineteenth-Century Chinese Regionalism*；Siang-tseh Chiang（蔣湘澤）, *The Nien Rebellion*；Su-yu Teng（鄧嗣禹）, *The Nien Army and Their Guerrille Warfare (1851-1868)*。

　　全文分為：一、前言；二、曾國藩之督師與剿捻戰略之確立；三、尹隆河戰役；四、東捻之肅清；五、西捻之殲滅。無結論，但文中間有評論灼見，如謂：「淮軍之平捻，論者以劉銘傳戰功最著。然同治六年（一八六七）正月鄂北尹隆河之役，銘傳以輕敵故，全軍幾盡覆。幸湘軍鮑超部適時而至，破敵解圍，始轉敗為勝，東捻之勢從此一蹶不振。而鴻章袒銘傳而抑鮑超，超乃告疾開缺，霆字軍因之而廢。至於西捻之追剿，銘傳並未參加，湘軍劉松山部，苦戰經年，窮追數省。銘傳師發旬日，攔截潰捻於魯西荏平之馮官屯，卒收全功，爵賞在諸將之上，亦鴻章有意成全之，是人生之際遇有幸有不幸也」。[72]

　　1972 年，守孔先生發表了〈李鴻章與同光新政〉一文，長約二萬一千字，分為：一、前言；二、製器與練兵；三、方言館留學與遣使；四、輪船電報與鐵路；五、礦冶與織局；六、北洋海軍之經營；七、新政之檢討。全文無

---

[72] 李守孔，〈淮軍平捻之研究〉，《新時代》，第 11 卷第 10、11 期（1971.10、11），頁 19-21；26-30。

結論，而以「新政之檢討」代之，對於梁啟超於所著《論李鴻章》中評同光年間鴻章辦理新政失敗之原因，認為所見殊失公平，謂「鴻章非不知法政制度為百務之先，人民為立國之本，以當時清政之積弊，牽於眾議，受制於環境，欲百廢俱興，實非易事」。「因之鴻章只能在舊政治機構下進行一枝一葉之改革，而此舊政治機構反而阻礙新政之推行」。[73] 都發人深省。

　　同年稍後，守孔先生發表了〈李鴻章與甲午戰爭〉一文，約一萬八千字，文中對李鴻章有中肯的評論，如：「日本之初通中國，鴻章欲利用以制西方，及見其國勢日強，建設海防乃以日本為假想之敵。然對日交涉處處遷就，雅不願訴之以武力，日本乃得寸進尺，肇致甲午之兵釁」。「甲午戰爭之失敗，海軍艦舊，陸軍兵單，以及清議之誤國，固均為重要原因，然倘鴻章能力籌戰守，爭取主動，亦可爭取時間，不致一敗塗地」。「甲午戰爭同時為李鴻章事業成敗之關鍵，戰前鴻章總制北洋，內預新政，外當交涉之衝，垂三十年之久。戰後雖辦事總署，開府嶺南，聲望地位遠非昔年可比，倘無庚子國變，收拾殘局，則後人之評價當又不同也」。[74] 又本文發表約三年後，梁嘉彬在《大陸雜誌》上發表了〈李鴻章與中日甲午戰爭〉之研究論文，長達十萬字，且引用了不少日文論著

73　李守孔，〈李鴻章與同光新政（下）〉，《故宮文獻》，第 3 卷第 2 期（1972.3），頁 47。

74　李守孔，〈李鴻章與甲午戰爭〉，《新時代》，第 12 卷第 4、5 期（1972.4、5），頁 19-23；22-27。

資料，適可補本文之不足。

　　1900 年，八國聯軍進佔北京，慈禧太后、德宗避往西安，時任兩廣總督的李鴻章受命全權代表清廷，至北京與列強談判，以致心力交瘁，於次年 9 月甫簽訂辛丑和約後病逝。守孔先生以李劍農在其《中國近百年政治史》書中記李鴻章於臨逝前一日，口授于式枚草遺疏，薦袁世凱繼任直督，說：「環顧宇內人才無出袁世凱右者」。蕭一山在其《清代通史》書中亦記李之薦袁自代語，載於遺摺附片中，係出自李幕僚于式枚之手筆，乃袁運動于為之。影響所及，竟為一般人所深信不疑，實有辨正之必要。乃於 1971 年撰就一篇六千字左右的考辨論文〈李鴻章遺摺薦袁世凱繼任直隸總督辨〉，認為李鴻章早年雖對袁世凱賞識和維護有加，但晚年卻鄙棄袁的為人，再審視李臨終前命其子李經述校錄的遺摺，並無薦舉何人繼任直隸總督等語。且「鴻章之遺摺係十月三日鑾輿回抵開封之日，由慶親王奕劻遞上，距清廷之任命袁世凱繼任直督已有六日之久。至於附片雖不能斷其必無，其與袁世凱之繼任直督無絲毫關係則敢斷言」。[75] 惟本文及其論斷，雖有其參考價值與貢獻，卻未為史學界所重視。試觀 1993 年中央研究院院士張玉法發表的〈袁世凱的仕宦階梯，1881-1911〉研究論文，依舊因襲李劍農、蕭一山的記述，未有

75　李守孔，〈李鴻章遺摺薦袁世凱繼任直隸總督辨〉，《中國歷史學會史學集刊》，第 3 期（1971.5），頁 84。

質疑，[76] 可見其一斑。

　　1978 年，守孔先生出版了《李鴻章傳》一書。是守孔先生有感於中國近代史關鍵人物，如林則徐、曾國藩，以及孫中山，截至當時，均有著名傳記問世，獨李鴻章闕如。認為其中文出版品，僅梁啟超之《論李鴻章》（上海：中華書局，1936）、李書春之〈李文忠公鴻章年譜〉（載《燕京大學史學年報》，第 1 卷第 1 期，1929.5）、竇宗一（儀）之《李鴻章年（日）譜》（香港：友聯書報發行公司，1968）三種。一則屬於史論性質，但憑意氣，未參考直接史料；一則過於簡略，草率成篇，取材失慎；一則堆積蕪雜，缺少史法與史識。益以守孔先生曾撰就發表過多篇與李鴻章生平相關之論文，乃以中國近代史為脈絡，綴以上述各文，參證有關資料，湊成李鴻章傳初稿，交付學生書局出版。[77]

　　惟本書雖出版於 1978 年，然 1972 年已經完成，在此之前，曾分別以〈李鴻章傳（一）〉、〈李鴻章傳（二）〉、〈李鴻章傳（三）〉為題提出申請，獲得行政院國家科學委員會 1969、1970、1971 三個學年度的研究補助費。[78] 惟不知為何遲至六年後才正式出版成書（書前之自序撰於

76　張玉法，〈袁世凱的仕宦階梯，1881-1911〉，《近代中國歷史人物論文集》（臺北：中央研究院近代史研究所，1993），頁 51。

77　李守孔，《李鴻章傳》（臺北：臺灣學生書局，1978），書前之「自序」。

78　見李守孔，〈李鴻章傳（一）〉（行政院國家科學委員會研究報告，1969 年 8 月至 1970 年 7 月），未刊手稿；及〈李鴻章傳（三）〉（行政院國家科學委員會期終研究報告，1971 年 8 月至 1972 年 7 月），未刊手稿。其〈李鴻章傳（二）〉，已佚失不存。

1977 年 12 月 1 日）。

　　全書約二十五萬字，除自序外，分為十五章：第一
章——家世與出身，下分三節，其第一節——家庭環境；
第十五章——蓋棺論定。[79] 其特色為：

（1）內容充實，敘事詳明：舉凡李鴻章參與晚清軍事、
　　　政治、洋務、外交等方面的歷程，無所不包，鉅細
　　　靡遺。試觀全書共有十五章五十二節，可見其內容
　　　細密的程度。

（2）徵引資料豐富而多元：根據本書「徵引書目」所列學
　　　者，計「史料」類一〇七種，「研究專書及論文」類
　　　四十三種，「西方書籍」類二十七種，合共一七七
　　　種。其中如「史料」類即包括有官書、實錄、檔案
　　　彙集、文獻彙編、地方志，以及個人的全集、文
　　　集、遺集、自敘、日記、筆記、紀事、自編年譜、
　　　論著等等，不一而足；「西方書籍」類中且有外交
　　　文書，可見其資料的多樣化。

（3）全書以敘事為主，但間亦有精闢的析論：如頁 259
　　　「鴻章於中日戰前既深知中國海陸軍之不足恃，故
　　　自始即一意主和，但因礙於清議，對日又無法讓
　　　步，徒恃外交之周旋，而軍事一無佈置；結果和既
　　　不能，戰亦失敗」。頁 384「鴻章以中上之才，因
　　　緣機遇，成不世之業，然不幸缺乏近代知識，上受

79　李守孔，《李鴻章傳》之「目錄」。

制於腐敗之清廷，中受制於保守之同僚，下受制於
愚昧之國人，而週旋於列強之間，移禍避釁，使清
廷苟延數十年之國運，姑不論其功過，其為近代中
國之樞紐則無異言耳」。[80]

（4）本書雖係以幾篇已發表過的研究論文為主拼湊而
成，但各章節間的接連緊密，並無扞格與突兀。

惟本書亦有些許可商榷之處：

（1）引文過多，且長者不少，使本書不易卒讀。

（2）有極少數析論有相互矛盾之嫌：如前舉頁 384 謂
「鴻章以中上之才」，而頁382 則謂「鴻章在清季
為不可多得之人才」等。

（3）「徵引書目」的分類未盡妥切：如將陳少白《興中
會革命史要》、丁文江編的《梁任公先生年譜長編
初稿》、費行簡編的《近代名人小傳》等列入「史
料」類中；卻將黎庶昌編的《曾文正公年譜》等列
入「研究專書及論文」類中。

（4）「徵引書目」中所列舉的一七七種資料，有不少是
未在正文各章節的附註中出現過者。尤其是「西方
書籍」類中列舉的二十七種「書籍」，有半數以上
未曾在附註中出現過。

總之，本書雖出版於 1978 年，但因撰寫嚴謹，內容
豐富，敘事詳明，史源多樣，時至今日，仍深受臺灣史學

---

80 李守孔，《李鴻章傳》，頁 259、384。

界的推重，許為李鴻章研究中的代表之作。

又本書出版前一年，律師雷祿慶編就有《李鴻章年譜》（臺北：臺灣商務印書館，1977），約四十萬字。守孔先生認為該書「無論文字、體例，以及引用資料，均較李書春、竇宗一所撰之『年譜』進步」；[81] 並允為之寫序。1983 年，雷氏著的《李鴻章新傳》，由臺北之文海出版社出版，共兩冊，五十餘萬字，甚受時人的重視，為之寫序的是「青年黨史家」沈雲龍。沈係友人中央研究院近代史研究所研究員陳存恭之介而與雷相識，故雷索序於沈。[82]

（四）立憲運動

中英鴉片戰爭前後，西方的憲政思想陸續透過譯介傳入中國，經數十年的發榮滋長，至 1905 年因日俄戰爭日勝俄敗的激勵，而掀起要求立憲的運動熱潮。

清廷乃有頒布憲政大綱、成立諮議局、資政院、內閣等的舉措，並宣示國會召開之期，然因辛亥武昌起義，各省相繼獨立，卒致清朝覆沒，立憲運動遂以失敗。

1960 年，守孔先生發表了〈清季之立憲運動——兼論梁啟超、張謇之立憲主張〉一文，詳述該運動始末。全文長約六萬餘字，有二〇二個註釋。引言之外，分為十一個部

---

81 李守孔，《李鴻章傳》之「自序」。

82 沈雲龍，〈雷著「李鴻章新傳」序〉，《傳記文學》，第 41 卷第 6 期（1982.12），頁 137。

分，[83] 是守孔先生研究論文中的代表作之一。其特色為：

（1）具有開創性的貢獻：守孔先生是臺灣史學界最早從
　　　事清季立憲運動研究的學者，本文發表於 1960 年，
　　　前一年，大陸學者胡繩、金沖及合著的《論晚清的
　　　立憲運動》一書出版，以當時兩岸的隔閡，二者
　　　應無所關連。次年，守孔先生又發表〈各省諮議局
　　　聯合會與辛亥革命〉研究論文，流風所及，1964、
　　　1969 及 1971 年，中央研究院近代史研究所研究員
　　　張朋園、張玉法的大作《梁啟超與清季革命》、
　　　《立憲派與辛亥革命》、《清季的立憲團體》相繼
　　　出版，令人矚目。

（2）引用的史源多為第一手資料：史源雖只有二十餘
　　　種，但其中引用最多的如《東方雜誌》、《飲冰室
　　　文集》、《張季子九錄》、《軍機處檔案》、《宮
　　　中檔》、《清德宗實錄》、《嗇翁自訂年譜》等，
　　　都為可資信賴的直接史料。

（3）對於梁啟超、張謇在清季立憲運動中的表現和影響
　　　有具體而中肯的論析。亦即梁的主要貢獻在於立憲
　　　言論的鼓吹與指導，張的主要貢獻在於立憲運動的
　　　推行與領導。而張於武昌起義後思想急劇轉變，力
　　　為共和之活動，則為梁所不能及。

　　　1978 年，守孔先生又發表了〈晚清之立憲運動〉一

83　李守孔，〈清季之立憲運動——兼論梁啟超、張謇之立憲主張〉，《幼獅
　　學報》，第 2 卷第 2 期（1960.4），頁 1-95。

文，長約一萬一千字，無註釋，僅於文後列舉出主要參考
資料十五種，其中上海之《申報》、《時報》、《中外日
報》，均為中央圖書館特藏室收藏者。全文除引言外分
為：一、立憲之醞釀與清廷預備立憲；二、請願立憲之展
開；三、各省諮議局之成立與立憲運動之高潮；四、資政
院之召開與聯合請願國會之失敗；五、立憲派趨向革命；
六、結語。[84] 是一篇學術性、通俗性兼具的概述式論文。

　　在清季立憲運動過程中，1909 年各省諮議局的成立
是其一項重大的成就。諮議局的議員，係由人民票選產
生，是中國數千年來的創舉，自此，立憲派有了合法的保
障，次年，各省諮議局並成立聯合會，一致行動，立憲運
動聲勢乃日趨興盛。1961 年，守孔先生發表的〈各省諮
議局聯合會與辛亥革命〉一文，詳述其事。全文約三萬
字，分為九個部分，每個部分並無標題。所引用的史源，
主要為《政治官報》、《東方雜誌》、《時報》、《申
報》、《中外日報》、《梁任公先生年譜長編初稿》、
《張季子九錄》及大陸之中國史學會主編的《辛亥革命》
等，可信度甚高。從 1907 年清廷命各省籌設諮議局述起，
至 1912 年 2 月清帝退位止，依時間先後，平鋪直敘。內
容充實而細密，其結論曰：「綜上所述，可知滿清之滅亡
與中華民國之建立，其直接原因雖歸功於革命軍之武昌起
義，而間接原因則導原於清廷之偽立憲而失信於國人。各

84　李守孔，〈晚清之立憲運動〉，《中華文化復興月刊》，第 11 卷第 3 期
　　（1978.3），頁 9-15。

省諮議局聯合會係代表國人請願國會之主流，亦為辛亥促
成各省響應革命之推動力。對於開導國民政治認識之貢獻
功莫大焉！由其脫化而成之憲友會，為近代我國公開有政
綱有組織政黨之始，在清季資政院中居有舉足輕重之勢，
在民國初年之政治舞台上亦有其優越之地位。惜其各領袖
於辛亥南北和議期間，震於袁世凱之威勢，致將艱難獲
得之民國成果，拱手讓人，促成日後袁氏之禍國，良可
慨也」。[85]

　　1969 年，守孔先生又發表〈清末之諮議局〉一文，
全文約二萬五千字，分為十部分。係就以前曾發表的論文
加以刪訂而成。守孔先生在「一、引言」中謂：「余曾於
民國五十年夏，撰寫『各省諮議局聯合會與辛亥革命』一
文，刊載於正中書局出版之『中國現代史叢刊』第三冊，
當時因資料所限，倉卒成篇，屢欲補充而未果。本年八
月，中華學術會議舉行於華岡，因趁暑期機會，重新刪改
整理，而易其題目，聊備大會論文之需」。[86]

　　綜觀本文，所引用的史源（約二十餘種，附註一一四
個），與九年前發表的〈各省諮議局聯合會與辛亥革命〉
一文相較，並無新獻，內容亦大同小異，其不同之處在於：
（1）本文共分十部分，每部分均有標題，讀者可由題名
　　　窺知該部分要述的內容大要。

85　李守孔，〈各省諮議局聯合會與辛亥革命〉，吳相湘主編，《中國現代史
　　叢刊》，第 3 冊（臺北：正中書局，1961），頁 373。
86　李守孔，〈清末之諮議局〉，《史學彙刊》，第 2 期（1969.8），頁 189-209。

（2）本文係從清末立憲的由來述起，起述時間較早。

（3）本文對諮議局議員的選舉過程所述較詳。

（4）本文製作有 4 幅附表，如各省諮議局議員名額分
　　　配表、各省諮議局議長姓名出身表，可增廣讀者的
　　　見聞。

（5）本文並無專闢而具體的結論，僅於最後一節「十、
　　　諮議局與辛亥革命」的結尾，述張謇以各省諮議局
　　　領袖的地位，從中斡旋，促使清帝退位，推舉袁世
　　　凱為民國大總統，而以「民國初年之政局遂為袁世
　　　凱所操縱」一語作總結。[87]

（五）革命運動

　　清末的革命運動，亦即廣義的辛亥革命，自 1894 年
11 月興中會成立於檀香山起，至 1912 年 2 月清帝退位
止，前後逾十七年。由於革命運動的結果，不僅推翻了清
廷，致成改朝換代，而且建立了亞洲第一個民主共和國，
意義至為重大。因此中外學者對於革命運動的研究甚為熱
衷，成為中國近代史領域中的「顯學」，研究成果非常之
多，不勝枚舉。

　　1961 年，守孔先生發表了他對革命運動的第一篇研
究論著〈光緒戊戌前後革命保皇兩派之關係〉，是臺灣史
學界較早從事辛亥革命研究的學者。全文約一萬八千字，

87　李守孔，〈清末之諮議局〉，頁 211。

所依據的主要史源為馮自由所著的《革命逸史》、《中華
民國開國前革命史》、梁啟超的《飲冰室文集》、丁文江
編的《梁任公先生年譜長編初稿》。尤其是大量引用馮自
由兩書的記載，如本文共有七十一個註釋，其中有二十三
個係引自《革命逸史》，十個係引自《中華民國開國前革
命史》。而引自《梁任公先生年譜長編初稿》的註釋只有
九個，引自《飲冰室文集》的只有五個。惟馮自由是興中
會的會員，孫中山的忠實信徒，所記恐難免偏袒革命派，
本文採信馮書的記載，大量引用之，亦對康有為、梁啟超
及保皇派多所貶評，如在「七、結語」中謂：「保皇黨初
依革命黨而成長，其後利用華僑幫會擴張聲勢，無牢固之
基礎與雄厚之實力，康有為、梁啟超輩但憑狂誕以欺眾，
欲達成其勤王之目的」。「至於保皇黨，外則力求各國之
諒解，內則爭取各督撫之援助，處處迎合現實，故其號召
不若革命黨之光明磊落也」。[88]

　　1981年，守孔先生發表了〈辛亥革命之序幕——興中
會之創立與首次廣州起義〉一文。係守孔先生於是年9月
27日至30日在臺北市圓山大飯店舉行的中華民國中山學
術會議中所宣讀者，長約一萬五千字，分為九部分。[89]全
文平鋪直陳，敘事詳明，引用的資料亦不算少。惟全在敘

88　李守孔，〈光緒戊戌前後革命保皇兩派之關係（下）〉，《大陸雜誌》，
　　第25卷第2期（1962.7），頁23。

89　李守孔，〈辛亥革命之序幕——興中會之創立與首次廣州起義〉，《中華民
　　國中山學術會議論文研討集》，第1冊（臺北：中央文物供應社，1981），
　　頁25-46。

事，內容平實而泛泛。

　　1991 年，守孔先生發表了〈革命黨人對建立民國之共信與合作〉一文。係守孔先生於是年 8 月 11 日至 31 日在臺北市圓山大飯店舉行的「中華民國建國八十年學術討論會」（由中華民國國史館、中央研究院近代史研究所、教育部、國立故宮博物院、中國國民黨中央黨史委員會、中國歷史學會等共同舉辦）中所宣讀者。全文約三萬二千字，分為十一部分，共有註釋一五〇個，引用的資料多達四十餘種。[90] 題目雖為「革命黨人對建立民國之共信與合作」，實不啻一篇詳細的清季革命團體發展史。儘管取材豐富，內容充實，然這方面的研究成果已非常多，如中央研究院近代史研究所研究員張玉法撰有《清季的革命團體》一書（1975 年出版），約五十萬字，尤為其中的代表作。守孔先生發表本文時，已自臺灣大學退休，本文是他撰寫的最後一篇研究論文，旨在參與意義重大的「中華民國建國八十年學術討論會」，共襄盛舉，並奉獻一己之心力。

90　李守孔，〈革命黨人對建立民國之共信與合作〉，《中華民國建國八十年學術討論集》，第 1 冊（臺北：近代中國出版社，1991），頁 80-104。

1991 年 8 月 12 日，守孔先生（右二）在「中華民國建國八十年學術
討論會」中宣讀論文「革命黨人對建立民國之共信與合作」，右一為
評論人胡春惠，右三為主席周丹。
《中華民國建國八十年學術討論集》。

　　關於清末革命運動的性質及歷史評價，臺海兩岸的
史學界各持己見，尤其是性質的爭議，難以取得共識。最
主要的爭論點，在於大陸學界認為革命運動係一資產階級
的革命，且係一失敗的革命。臺灣學界則持全民革命說
（以張玉法為代表），認為革命運動已然成功，惟不徹
底。這自然會影響及兩岸對革命運動的歷史評價。一向秉
持國民革命史觀的守孔先生，曾於 1981 年在報端撰文聲
援全民革命說，駁斥中共指稱辛亥革命是資產階級的民
主革命之說，認為「這真是天大的謊言，令人不齒」。[91]
1985 年又發表〈駁斥中共曲解國父思想與辛亥革命的本
質——紀念同盟會成立八十週年〉一文，長約五千餘字，
有十三個註釋。主要是針對大陸於 1985 年 2 月舉辦的「孫
中山研究述評國際學術研討會」所發表多篇論文的內容，

91　李守孔，〈全民革命的辛亥革命〉，《青年戰士報》（臺北），1981 年 10 月
　　8 日，第 10 版。

作出的具體回應與辯解。特別是對該研討會在綜合結論中，強調研究孫中山先生和辛亥革命，應重視「無產階級革命政治觀」、「唯物史觀」，和「辛亥革命的科學歷史觀」，認為純係無稽之談。研究歷史史事和人物，貴在客觀，不可以先肯定一模式。「中山先生並不特別重視那一階級的利益，國民革命係以全民革命為宗旨，對唯心、唯物並不作左右祖。『孫文學說』的精神講求的是知難行易，力行而不尚空談。這是中共『新中國史學家』所應該認清的」。[92]

清末革命運動初起時，主要是在海外發展，1905 年中國同盟會在日本成立，有十七省籍的留日學生加入為會員，他們學成後大多回原籍省份服務，暗中進行革命，於是革命活動遍及全國各省，蔚然成風。守孔先生是河南人，素重鄉誼，1967 年，他發表了〈清季河南之革命運動〉一文，以「河南輻輳四方，民族意識素極強烈，岳武穆之抗金，史可法之禦清，志節貫天地，氣慨吞河嶽，名垂千古，為百世所師。清季國父領導之革命運動，豫籍人士參加者甚多，壯烈犧牲者前仆後繼。惟因地近北京，清廷控制嚴密，平時不易培植革命勢力；故武昌起義後，響應稍遲，革命黨人之締造經營，遂不被後人所重視」。故「僅探索其事，但求史事之真實，非敢故作揄揚也」。全文分為八部分，約計一萬八千字，有四十二個註釋。自

---

92 李守孔，〈駁斥中共曲解國父思想與辛亥革命的本質——紀念同盟會成立八十週年〉，《近代中國》，第 48 期（1985.8），頁 136-141。

1902 年河南開封名士車鉞在汴結合同志、創設學會、辦理私立學堂，以鼓吹革命思潮為己任述起，至 1911 年武昌起義後河南西、南、北、東各路革命軍及威武軍、奮勇軍相繼失敗瓦解為止。[93] 取材尚稱豐富而且堅實。

　　1983 年，守孔先生又發表了〈河南與辛亥革命——辛亥革命區域研究〉一文。是他在中央研究院近代史研究所主辦的「辛亥革命研討會」（1982 年 8 月 21、22 日舉行）中所宣讀者。全文約二萬八千字，分為八部分，所引用的資料多達三十餘種，註釋八十二個，[94] 是臺灣史學界以河南與辛亥革命為題最全面、最詳盡的研究論文。由於守孔先生是河南人，有濃郁的鄉土之情，文中不僅詳述王天縱、樊鍾秀、劉鎮華、張鈁這些主要人物在辛亥革命期間的革命活動，並對他們在民國成立以後乃至一生的事蹟都詳加著墨，以彰顯其功業貢獻，雖偏離本文題旨，於全文的整體性並無大礙。至於全文內容有許多篇幅係述豫籍人士在河南省境外的革命活動，或宜將題目改為「河南人士與辛亥革命」，並將副標題「辛亥革命區域研究」刪去，俾名實相符。

---

93 李守孔，〈清季河南之革命運動〉，中州文化論集編輯委員會編，《中州文化論集》，頁 253-265。

94 李守孔，〈河南與辛亥革命——辛亥革命區域研究〉，《辛亥革命研討會論文集》（臺北：中央研究院近代史研究所，1983），頁 293-326。

守孔先生（中）在「辛亥革命研討會」（1982 年 8 月 21、22 日）中宣讀論文「河南與辛亥革命──辛亥革命區域研究」，右為主評人王家儉，左為主席吳振芝。
《辛亥革命研討會論文集》。

　　至於革命運動的參與者，包括士農工商等各行業的人。其中的士人，主要是指清末新式學堂的廣設及留學生的派遣所產生的新知識分子。清末留日學生的派遣，雖較留美、留歐為晚，卻後來居上，人數遠超過之，參加革命的亦最多。1981 年，守孔先生發表的〈清季留日陸軍學生與辛亥革命〉一文，即對此略加探討。是文原係守孔先生是年 10 月 28 日在日本橫濱舉行的「三民主義與中國──辛亥革命七十週年研討會」中所宣讀者。全文約一萬字，分為七部分，指出清末不少留日陸軍學生，不僅在日本就讀期間參與革命，學成歸國後四處散佈革命種子。服務於中央陸軍部、軍諮府者，運用其影響力，設法淘汰舊式軍人，而代以有革命思想的留日士官生；任職於地方軍中者，則暗中組織各種革命團體，糾合同志，以謀大舉。武昌首義乃湖北的革命團體文學社與共進會共同合作之表

現，中部同盟會對長江流域各省之光復，尤有發縱指示之功效。[95] 所言大致屬實。惟留日陸軍學生在清末所有的留日學生中應屬少數，其中僅部分加入革命，堪為少數中的少數。他們返國後，或服務於中央，或任職於各省軍界，勢力分散，對促進國內革命固有其影響力，但影響力有限，且影響力大小各省不同，不能一概而論。而非留日陸軍學生之革命黨人亦刻意滲透至各省新軍中從事宣傳連絡，成立革命團體，居功厥偉。以武昌首義為例，聯合發動起義的文學社與共進會，均非留日陸軍學生所主導的革命團體，中部同盟會亦然，似不宜全然歸功於留日陸軍學生之革命黨人。

　　這些留日陸軍學生中，以進入日本士官學校的預校（成城學校、振武學校）和本校學習者最多，有不少為革命黨人。他們歸國後大多於各省新軍中服務，暗中傳播革命思想，影響所及，安徽新軍、廣東新軍都曾於清末起兵革命，辛亥武昌首義，亦係湖北新軍發動的。發動之後，率先響應宣布獨立的湖南、陝西、山西、雲南、貴州各省，均係新軍所主導，其他各省的獨立，新軍或多或少都有參與。

---

95 李守孔，〈清季留日陸軍學生與辛亥革命〉，《孫中山先生與辛亥革命》，下冊（臺北：中華民國史料研究中心，1981），頁 1105-1120。

1981 年 10 月在橫濱參加「三民主義與中國——辛亥革命七十週年研討會」後參訪東京增上寺德川氏家祠。左起陳三井、守孔先生、蔣永敬、陳鵬仁、李國祁、王曾才、朱堅章、李雲漢。
蔣世安先生提供。

　　1977 年，守孔先生發表了〈同盟會時代湖北新軍之革命活動〉一文，長約三萬八千字，分為六部分，[96]引用資料甚為豐富，約有四十種。其中不少為湖北革命黨人的著述或回憶，其中張難先、胡祖舜、章裕昆、吳醒漢、熊秉坤且為湖北新軍的官兵。全文層次井然，敘事詳明，惟題目以「同盟會時代」為為期限，一則未能含蓋該會成立以前湖北軍界的革命活動；二則湖北新軍的革命活動與同盟會的關係並不密切；似宜以「清末湖北新軍的革命活動」為題目，較為貼切。值得一提的，是本文發表前約一年，中央研究院近代史研究所研究員蘇雲峰曾發表有〈湖

96　李守孔，〈同盟會時代湖北新軍之革命活動〉，《東海學報》，第 18 卷（1977.6），頁 39，目錄。

北新軍（一八九六－一九一二）〉之研究論文，因二文發表時間相距甚近，彼此似無關連，本文亦未提及之。

　　趙聲（1881-1911），字伯先，係新軍中級軍官，曾任陸軍第九鎮第三十三標標統。原為光復會會員，後加入中國同盟會，被推舉為長江流域同盟會主盟人，在長江流域暗中蓄積革命武裝力量。1910 年由同盟會領導的「庚戌廣州新軍之役」，及次年的「廣州三二九之役」，趙聲均擔任總指揮。由於廣州兩次起義均失敗，憂憤成疾，1911 年 5 月在香港病逝。1989 年，守孔先生發表了〈趙聲與清季革命〉一文，是他 1986 年 12 月 31 日在「中央研究第二屆國際漢學會議」中宣讀者。全文約一萬三千字。分為七部分，述趙聲短暫的一生及其獻身革命的歷程，並評論趙聲「才氣縱橫，老謀深算」；「從事實際革命行動，六年之間，走遍南北，再接再厲，而志不稍懈」；在清末新軍中「位雖僅止於標統，抑塞蹭蹬，而所至士卒愛戴如父兄」；「雖終其生未能盡展其才，無緣與清軍一決於戰場，然在軍中援引革命同志甚多，長江流域和嶺南新軍中之革命風氣實聲所培植，關係國民革命全局甚大」。惜壯志未酬，病卒於香港；卒後僅四月而武昌革命軍興，四海鼎沸，中華民國遂以建立。「果聲不死，民國後當有所成就，革命黨人在軍中之影響力或有所不同也」。[97]

97　李守孔，〈趙聲與清季革命〉，《中央研究院第二屆國際漢學會議論文集：明清與近代史組》，下冊（臺北：中央研究院，1989），頁 833-847。

1986 年 12 月 31 日，守孔先生（左）在「中央研究院第二屆國際漢學會議」中宣讀論文「趙聲與清季革命」，右為日本學者伊原澤周。
李守孔，《中國近百餘年大事述評——中國近代現代史論文集》。

　　本文發表的時候，有關趙聲的研究成果甚少，以臺灣學界而言，雖已出版有楊宗瑩撰寫的專書《一腔熱血千行淚——趙聲傳》（1981 年出版），然只是通俗性的作品。研究論文則只有沈雲龍的〈革命先烈趙伯先的一生奮鬥〉（1961 年發表）、邵銘煌的〈追念先烈趙聲——對趙聲先生文采事功的一些體察〉（1980）、蔣君章的〈趙聲先生生平事蹟〉（1981）等寥寥數篇，論份量和學術性都不及本文。

　　本文共有五十二個註釋，主要史源為柳詒徵的〈趙伯先傳〉、束世澂的〈趙聲傳記考異〉、章士釗的〈趙伯先事略〉、國民黨黨史會編輯《革命先烈先進傳》中的〈趙聲傳〉；益以其他的書籍資料，如《國父全集》、《黃興傳記》、《胡漢民自傳》、《中國國民黨史稿》等。由於後繼

乏人研究，時至今日，本文仍為臺灣研究趙聲的代表作。

　　大陸方面，對於趙聲的研究撰述，起步約與臺灣同時，均在 1960 年代初，但因繼起研究有人，成績較著，惟論著數量亦不算多。專書計有肖孟龍的《趙聲》（1986 年出版，九十五頁，約七萬字）、陸潮洪、祝瑞洪的《趙伯先》（2011 年出版，三〇三頁，約二十五萬字）、王桂宏的《趙聲將軍》（2022 年 3 月出版，五〇九頁，約四十萬字），皆為通俗性的傳記文學作品。較具參考價值的研究論文甚少，其中周勇的〈趙聲與辛亥革命〉（2004），是至今唯一的一本關於趙聲的學位論文（湖南師範大學碩士論文），指導教授為研究辛亥革命及革命黨人著稱的饒懷民，全文五萬餘字，文後列舉有參考文獻二十四種。[98]

　　段祺瑞（1865-1936），係著名的「北洋三傑」之一，曾任新軍統制、署理江北提督等。新軍至清政告終，僅編成二十四鎮，共二十四萬餘人，分布於全國各省區，其中第一至第六鎮是所謂的「北洋六鎮」，約九萬餘人，駐防於京畿、直隸，戰力為全國新軍之最，暗中聽命於袁世凱，基本上是反革命的。然而武昌起義後，各省相繼獨立，政局丕變，段祺瑞的態度亦有所轉變，轉而贊成共和，對促成清帝退位，民國確立，貢獻甚大。1974 年，守孔先生發表的〈段祺瑞與辛亥革命〉一文，對此有所論述。全文約一萬八千字，指出：段祺瑞為民國初年政壇上

98　周勇，〈趙聲與辛亥革命〉（長沙：湖南師範大學中國近現代史碩士論文，2004），頁 45。

的風雲人物，功過參半，難作定論。一般稱其重要貢獻在
於「三造共和」：一為促成辛亥革命之成功，二為反對袁
世凱之洪憲帝國，三為討伐張勳復辟之亂；其中尤以在辛
亥革命期間的表現最具影響力。以往治民國史者，誤列段
祺瑞、馮國璋為一丘之貉，錯認辛亥革命期間同為袁世凱
竊奪政權之工具，段既聯合北方軍人領銜通電主張君主立
憲於前，復糾集前敵將領要脅清帝退位於後。其實段在辛
亥革命期間並未參與對革命軍戰事，在北洋將領中比較能
夠認識大局，首先贊成共和，起初並非袁世凱所左右，為
促成南北統一之一大力量。

　　守孔先生在詳細舉述段在辛亥革命期間的言行舉止
和促成共和的貢獻後，總評段因出身中國舊社會，對民主
政治缺乏深刻的瞭解。加以個性倔強，重實權，迷信武
力，無優秀的幹部與幕僚；故於民國初年，雖三任閣揆，
一任參戰督辦，一任臨時執政，施展殊失人望。然他重道
義，不苟且，生活嚴肅，故仍不失為失敗英雄。況其克保
晚節，希望中國富強之心始終不渝，似仍應予以適當的
同情。[99]

　　武昌起義後，革命黨人成立了湖北軍政府（即鄂軍都
督府），以列強的態度至關重大，即派代表至漢口，照會
駐漢各國領事，宣示維持各國在華既得權益，保護外國人
身財產的安全，要求各國不得援助清國等。列強乃由觀望

99　李守孔，〈段祺瑞與辛亥革命〉，《中國歷史學會史學集刊》，第 6 期
　　（1974.5），頁 277、297。

轉而宣布局外中立，革命運動遂得以避免列強出兵干預。
但各國各有算計和行動，影響及中國政局的發展。1979
年，守孔先生發表的〈辛亥革命期間之國際背景〉一文，
對此有所論述。全文約一萬一千字，有註釋五十一個，引
用的史源約有二十種。其中西文史源只有二、三種，均只
引用一次，且未註明其編者及出版時地。全文內容充實，
引證有據。分為五部分，主要在述說武昌首義後，列強
日、英、德、俄、法、美六國的因應舉措及其對華態度的
演變。並總結其對中國政局的影響云：「辛亥革命期間，
列強中德日俄三國欲乘中國內亂從中漁利，英國除欲染指
西藏外，懼中國局勢混亂日久，影響其在華商業利益，竭
力促成中國和議之成功。其他美法兩國，大致採取同情革
命政府態度。上海南北公開議和期間，各國獲悉南方默許
以總統地位酬袁世凱，咸認為唯有袁氏可組織一強固有力
之新政府。終因彼此間利害之衝突，復受日本之影響，懼
將來中國新政府對外債及外人在華權益無切實之保障，以
致對於中華民國之承認問題因之而延遲」。[100]

　　列強雖於武昌起義後宣布局外中立，但仍暗中介入
中國內政，英國因其在華商業利益最大，希望戰事儘快
結束，政局早日安定，以免損失過鉅，乃竭力促成中國的
南北和議，並邀同法國擁護袁世凱，卒至清帝被迫宣布退
位。1981年，守孔先生發表的〈南京臨時政府成立前後

100 李守孔，〈辛亥革命期間之國際背景〉，《中華民國史料研究中心十週年
　　紀念論文集》（臺北：中華民國史料研究中心，1979），頁257-275。

清帝退位之交涉〉一文，約一萬八千字，分為：一、前言；二、劉承恩武漢之接觸；三、國事共濟會與京津同盟分會；四、朱芾煌與廖宇春；五、上海之公開談判；六、南京臨時政府與袁世凱之協商；七、清帝之被迫退位；八、結語，[101] 有附註七十個，引用資料約三十種。全文敘事詳明，但引文多而長，不易卒讀。而且題目為清帝退位之交涉，內容所述卻大半為袁世凱內閣祕密與革命軍接觸，以期停戰議和，並未涉及清帝退位問題，直到南北和議在上海進行公開談判，此一問題才見諸檯面。

　　故本文可說是一部武昌起義後至清帝退位為止的議和交涉史，吳相湘 1960 年所發表的〈袁世凱謀取臨時大總統的經過〉之長文，即詳述此事。守孔先生在文中指出其交涉所採取的途徑甚多，惟祕密交涉重於公開，或同時並進，或此仆彼起，官僚政客與立憲派人士趁機活動，國際間尤其是英國更調停不遺餘力。迨上海會議失敗，革命軍與清軍均無再戰能力，袁世凱乃利用北洋將領作工具，進行其兩面策略。一面要脅南京臨時政府以爭取總統，一面逼迫清帝退位而鞏固其實力。其運用之成功，當時足以欺盡天下人耳目，其內幕則錯綜複雜。[102]

　　在世界各列強中，要以日本與清末革命運動的關係最為密切。革命運動的倡導者、領導人孫中山，清末曾長

101 李守孔，〈南京臨時政府成立前後清帝退位之交涉〉，《孫中山先生與辛亥革命》，下冊（臺北：中華民國史料研究中心，1981），頁 1489-1514。

102 李守孔，〈南京臨時政府成立前後清帝退位之交涉〉，頁 1489、1514。

居日本，與日本政界及民間人士多所往還，深以中日兩國係同文同種，兄弟之邦，亟應相互提攜合作，共創局面。對孫中山此一高瞻遠矚的主張，1968 年，守孔先生發表有〈國父孫中山先生中日兩國合作之主張〉一文，長約一萬字，有附註三十二個，註明史源出處，其中半數以上係出自國民黨黨史會編的《國父全集》，是一篇近乎通俗性的研究論文。

全文主要在述說 1895 至 1924 三十年間孫中山力倡中日提攜的重要言論，並提綱挈領地指出：「近代俄國為中日兩國之共同敵人，國父生平對俄人之猙獰面目認識最清，其一貫之主張在聯合中日兩國共同對抗俄人之侵略。無奈此種號召亦不為日本當局所接受，反而與俄人勾結，競相為患於中國，影響所及，造成今日中國大陸之沉淪與東亞之不安」。[103]

張謇（1853-1926），人稱「南通狀元」，清末曾任江蘇省諮議局議長，為立憲運動的領袖人物。武昌起義後的南北和議，雖係英國竭力促成，而張謇在和議中，實具有舉足輕重的影響力，清帝宣布退位的詔書，即出自其手筆。1980 年，守孔先生發表有〈辛亥革命期間張謇與南北和議〉一文，對此有所詳述。在此以前，有關張謇的論著甚少，除了張謇之子張孝若（本名怡祖）、劉厚生、宋希尚

103 李守孔，〈國文孫中山先生中日兩國合作之主張〉，《百年來中日關係論文集（為張岳軍先生八十壽）》（臺北：中日文化經濟協會，1968），頁63-64。

所寫張謇傳記的專書外，談張謇清末民初政治活動的研究
論著，也只有沈雲龍的〈張謇、程德全對辛亥開國前後之
影響〉、朱志騫的〈張謇在清末民初之政治活動〉等寥寥
幾篇而已。英文論著，則以美國華裔學者朱昌崚（Samuel
C. Chu）所撰，1965 年出版的 *Reformer in Modern China : Chang,
Chien, 1853-1926*（張謇──近代中國的維新者）一書，最
具代表性。日本學界 1985 年，有藤岡喜久男《張謇と辛
亥革命》一書的出版。大陸學界則遲至 1986 年章開沅的
《開拓者的足跡──張謇傳稿》一書出版後，才掀起研究
張謇的熱潮。

　　守孔先生早在 1960 年已發表有〈清季之立憲運動
──兼論梁啟超、張謇之立憲主張〉研究長文，次年又發
表有〈各省諮議局聯合會與辛亥革命〉之研究論文，對張
謇從事立憲運動及南北和議已有所論述。本文以張謇與南
北和議為題撰成專文，可謂駕輕就熟。全文長約一萬字，
分為：一、前言；二、張謇由擁清至反清；三、張謇與袁
世凱之接觸；四、張謇促進清帝退位；五、結語。[104] 共
有三十八個註釋，史源主要為張謇撰的《張季子九錄》、
《嗇翁自訂年譜》、《柳西草堂日記》，以及《政治官報》
（北京）、《申報》（上海）、《時報》（上海）等，均
為可信的第一手資料。惟文中頁 51-52 所錄之張謇致袁
世凱的三封密電，及袁的一封覆電全文，卻都轉錄自徐

104 李守孔，〈辛亥革命期間張謇與南北和議〉，《東海學報》，第 21 卷
　　（1980.6），頁 45-54。

崙〈張謇在辛亥革命中的政治活動〉（文載《辛亥革命五十週年紀念論文集》）一文所引，並未說明徐崙史源之緣自，其可信度值得商榷。文中尚有幾個日期可商榷，如頁 48 記宣統 3 年 9 月 6 日，駐灤州第二十鎮統制張紹曾提出要求十二項，電促清廷即時立憲；9 月 6 日，應為 9 月 8 日。頁 48 記宣統 3 年 11 月 14 日，由古北口提督姜桂題、禁衛軍總統馮國璋等領銜，通電維持君主立憲；11 月 14 日，應為 11 月 13 日等。

（六）民初政局

　　民初政局是指 1912 至 1916 年中華民國成立後五年間的政情發展動向，也即是中國歷史由近代史範疇邁入現代史範疇初始的五年。守孔先生撰寫研究論著，並無什麼方法理論作依據，他曾於 1976 年發表有〈研究中國現代史的價值和方法——參加中國現代史教學研討會感想〉一文，認為在價值方面：

（1）可培養愛國精神：這是中國現代史與中國其他斷代史最大的不同點。

（2）可健全完美人格。

（3）有益於國家社會。

　　在方法方面：

（1）要注意每一件事的因果關係。

（2）要注意史料的真偽。

（3）要注意有意義而被忽視的問題。[105]

　　這當是他從事現代史撰述的用意和論著的特色之所在，近代史的範疇亦大致若是。

　　政黨是近代西方民主政治下的產物。由於清政告終，民國成立，改行民主共和，政黨乃紛紛出現，一時稱盛。政黨的主要活動，在爭取國會議員的席次。民國的國會議員經由選舉產生，國會於 1913 年 4 月 8 日開幕，展開制憲等工作。不意民國大總統袁世凱竟專權恣為，下令解散國民黨，取消其國會議員資格，使國會無法集會。1914 年 1 月 10 日，更下令停止參眾兩院議員的職權，國會竟遭解散。

　　守孔先生對於民初政黨的研究頗為致力，而且為時甚早。1963 年，即發表有〈梁任公與民初之黨爭〉一文，全文約八千字，只有一個附註，列舉本文重要參考書目十一種（其中《黎副總統政書》重複列舉，故只十種）。文中指出：「梁啟超為晚清立憲運動之指導者，其言論足以影響當時之輿論。其所領導之『政聞社』，為近代中國首先公開之政黨活動。民國以後，梁氏初組織『民主黨』，繼聯合舊日立憲派之共和黨改組為『進步黨』，以擁護政府為宗旨，以反對國民黨為己任，袁世凱因利乘便，操縱其間，黨爭日烈，國步艱難。及袁氏下令解散國民黨，停閉國會，叛國跡象日漸顯著，梁氏居進步黨領袖地位，時

105 李守孔，〈研究中國現代史的價值和方法——參加中國現代史教學研討會感想〉，《自由青年》，第 55 卷第 3 期（1976.3），頁 13-15。

人多歸罪之。因之民初政局之不安定，袁氏固為罪魁禍
首，而梁氏及少數官僚政客之趨炎附勢，要亦不能辭其
咎也」。[106]

1971 年，又發表〈民初之政黨〉一文，是守孔先生
1970 年 10 月 28 日，在中華民國史料研究中心所舉辦的
該中心第三次學術討論會主講的紀錄。作為一次講演的內
容，自然是以簡明扼要為尚。故全文（正文）僅約二千
字，附有各政黨在臨時參議院中之對立形勢簡表，及在國
會參眾兩院中之對立形勢簡表之一、之二，[107] 令聽（讀）
者一目了然個中變化情形。

1979年，守孔先生發表了〈民初之政黨、國會與黨爭〉
一文，全文約六千字，分為「民初之政黨」及「民初之國
會與黨爭」兩部分，前者註明係原載中華民國史料研究中
心編印之《中國現代史專題研究報告》第一輯，1971年；
後者註明係原載吳相湘主編之《中國現代史叢刊》第五
冊，1964年。可知其為〈民初之政黨〉全文及〈民初之
國會與黨爭〉之濃縮版組合成篇，以供大眾讀者閱讀。

民初政黨與國會的關係密不可分，守孔先生對民初
國會的研究亦頗致力，成就則過之。1964 年，守孔先生
出版了他第一本學術性的研究專書《民初之國會》，並發
表了〈民初之國會與黨爭〉的長篇研究論文。前者是在

---

106 李守孔，〈梁任公與民初之黨爭〉，《新時代》，第 3 卷第 6 期（1963.6），
　　頁 21。
107 李守孔，〈民初之政黨〉，《中國現代史專題研究報告》，第 1 輯（臺北：
　　中華民國史料研究中心，1971），頁 68、69、70。

「國家長期發展科學委員會」（1967 年 8 月，更名為「行
政院國家科學委員會」）之補助下所完成，由中國學術著
作獎助委員會出版，列為該獎助委員會叢書之十三。全書
約十萬餘字，計分六章：第一章——各省代表團時代，下
分三節；其第一節——代表團之召集與決議。第六章——
國會之解散與政黨之末路，下分五節；其第五節——國會
之停閉。[108]

　　綜觀本書，其特色為：

（1）取材甚為豐富：多為清末民初時期的出版物及當時
　　　人的論著文集，如《臨時政府公報》、《政府公
　　　報》、《眾議院公報》、《民立報》（上海）、《申
　　　報》（上海）、《時報》（上海）、《東方雜誌》
　　　（上海）、《民國經世文編》等，共計三十餘種，
　　　益以國民黨黨史會編印的《革命文獻》，多係可信
　　　度高的資料。故大陸學者薛恆評述本書「是一部以
　　　史料見長的專著」。[109]

（2）章節架構嚴謹，緊密而妥切：全書計有六章二十六
　　　節，章節繁多，依史事發生的先後編排，前後呼
　　　應，井然有序。

（3）書後尚有附錄，列有六表：計為「武漢各省代表團
　　　代表姓名表」、「南京各省代表團代表姓名表」、

---

108 李守孔，《民初之國會》（臺北：中國學術著作獎助委員會，1964），「目
　　錄」，頁 1-3。
109 薛恆，〈民國議會史研究述評〉，《近代史研究》，2004 年第 3 期，頁
　　274。

「南京臨時參議院議員姓名表」、「北京臨時參議
院議員姓名表」、「國會議員姓名籍貫表」、「憲
法起草委員會委員黨籍姓名表」；甚具參考價值。
（4）敘事詳明，持論客觀公允：因述清末民初事，未涉
及政治立場，茲根據可信的資料，振筆直書，既未
偏袒國民黨，亦未訾詆袁世凱、進步黨。

要之，本書是臺灣史學界第一本有關民初國會的論
著，不僅具有開創性的貢獻，對於有志研究此一範疇的後
繼者，亦極具指引作用。

至於〈民初之國會與黨爭〉一文，是守孔先生研究論
文中的代表作之一。與上述的《民初之國會》一書相比對，
其章節安排和標題完全一樣，內容幾乎全同，而且兩者的
出版（發表）時間僅相距一個月，雖然論文題目與書名略
異，顯係一稿兩用。中央研究院近代史研究所研究員張玉
法曾評論〈民初之國會與黨爭〉，謂「本書〔文〕因係以
國會為主體，僅注重政黨與政治的關係，對政黨的組織、
宣傳、運動等，均不甚留意。雖然如此，本書應是研究本
時期政黨的第一本專題性的論著，書的結構勻稱，引證皆
註明史源」。[110] 係就政黨史研究的角度析論。1978 年，
守孔先生又編著有《民初之國會（中國現代史料彙編）》
一書，為一史料彙編，可說是《民初之國會》一書的史

---

[110] 張玉法，〈中國政黨史研究〉，中央研究院近代史研究所六十年來的中國
近代史研究編輯委員會編輯，《六十年來的中國近代史研究》，上冊（臺北：
中央研究院近代史研究所，1988），頁 177。

料版。兩書的章節安排大同小異,史料版每節均有「引言」,扼要說明該節的內容,然後轉錄相關的史料若干則,供備參閱。

在民初政黨中,由革命團體轉型為公開政黨的中國同盟會,及稍後以中國同盟會為主,聯合其他幾個政黨組成的國民黨,都曾是民初國會中的第一大政黨。1913 年 6 月,國民黨被迫倉卒起兵聲討袁世凱,是為「二次革命」。然未及兩月,全盤失敗,黨員多遭通緝,出走海外。次年 7 月,孫中山在日本成立中華革命黨,繼續從事討袁,但多數國民黨員未加入,各行其是。至 1915 年 12 月雲南首義,聲討袁氏稱帝,是為「護國之役」(亦稱護國運動),中華革命黨及國民黨均先後投入是役。由於各省紛起響應,宣布獨立,卒致袁世凱撤銷帝制,憂憤而歿。

1986 年,守孔先生發表了〈蔣中正先生與討袁運動〉一文,是他在中國國民黨中央黨史委員會與中國歷史學會、中華民國國史館、中央研究院近代史研究所等機構聯合舉辦的「蔣中正先生與現代中國學術研討會」(1986 年 10 月 26 至 30 日在臺北市國立中央圖書館舉行)中所宣讀者。全文近二萬字,分為:(一)引言;(二)參預二次革命;(三)率先加入中華革命黨;(四)規劃肇和之役;(五)襲取江陰要塞;(六)經紀陳其美喪事;(七)中華革命軍東北軍參謀長;(八)結語。[111] 其取

---

111 李守孔,〈蔣中正先生與討袁運動〉,《蔣中正先生與現代中國學術討論集》,第 2 冊(臺北:中正先生與現代中國學術討論集編輯委員會,1986),頁 4-21。

材多樣，共有七十九個註釋，引用史源為毛思誠編的《民
國十五年以前之蔣介石先生》、何仲簫編的《陳英士先生
紀念全集》、國民黨黨史會編印的《革命文獻》、《陳果
夫先生全集》、《先總統蔣公思想言論總集》、《蔣總統
秘錄》、《民立報》等二十餘種，其中且有一些未面世的
珍貴資料，如國民黨黨史會庫藏的原始文件或毛筆抄件
「蔣參謀長日記」、「中華革命軍東北軍討袁檄」、「東
北軍經理局通信簿」等。

　　敘事詳明而細膩，誠如本文評論人美國阿普塞拉學院
（Upsala College）政治學及亞洲史教授陸培湧所評，謂
「拜讀李教授論文之後，深感欽佩。他研究資料的豐富，
詞句的生動，看了他的大作，好像蔣先生討袁運動的勳業
就在眼前」。[112] 點出了本文的特色所在。

1986 年 10 月 27 日，守孔先生（右）在「蔣中正先生與現代中國學術
研討會」中宣讀論文「蔣中正先生與討袁運動」，中立者為主席李齊
芳，左為評論人陸培湧。
《蔣中正先生與現代中國學術討論集》。

112 李守孔，〈蔣中正先生與討袁運動〉，頁 26。

　　1987 年，守孔先生又發表了〈南洋華僑與討袁運動
——一九一四至一九一六〉一文，是他在香港中文大學
海外華人資料研究室與新加坡南洋學會聯合主辦的「兩次
世界大戰期間在亞洲之海外華人國際研討會」（1987 年
9 月 18、19 日兩天在香港中文大學祖堯廳舉行）中所宣
讀者。全文約一萬八千字，九十三個註釋，分為八部分：
一、前言；二、中華革命黨南洋各支分部之成立；三、鄧
澤如星馬之奮鬥；四、朱執信南洋籌餉；五、歐事研究會
與南洋僑界；六、革命黨人合作討袁；七、南洋華僑之討
袁宣傳與行動；八、結語。[113] 所引用的史源並不多，僅
有十餘種，尚有幾則國民黨黨史會庫藏的史料。全文主要
在述說 1914 至 1916 年間中華革命黨人及舊國民黨人（歐
事研究會份子）在南洋地區（以星馬為主）活動，由相互
競爭爭取華僑支持，到雙方攜手共同致力於討袁護國大業
的轉折過程。南洋華僑因人數眾多，且因地利之便，對討
袁運動貢獻頗為鉅大。除捐款外直接返國參加革命行動者
為數甚多，而以廣東地區為眾。中華革命黨本部除派人至
雲南積極活動外，所募之款多用於西南各省，其中尤以雲
南為最鉅。舊國民黨之歐事研究會主要份子李烈鈞、方聲
濤、李根源等，與進步黨人有相當之淵源，乃共同促成雲
南起義，而有討袁護國之成功。

　　至於中華革命黨人對於護國之役的貢獻，守孔先生於

---

113 李守孔，〈南洋華僑與討袁運動——一九一四至一九一六〉，收入李守孔，
　　《中國近百餘年大事述評——中國近代現代史論文集》，第 4 冊，頁 1897-1932。

1975 年發表有〈中華革命黨與護國軍〉一文論述之。在本文發表以前，臺灣史學界有關護國討袁的研究成果非常少，僅有劉志潭的〈梁啟超與護國軍〉（國立臺灣大學歷史系學士論文，1959）、張朋園的〈維護共和：梁啟超之聯袁與討袁〉（《中央研究院近代史研究所集刊》，第 3 期下冊，1972.12）、胡平生的〈梁蔡師生與護國之役〉（國立臺灣大學歷史研究所碩士論文，1973）。本文雖非開創性的論著，但切入點不同，應可補前述三論著的不足。

綜觀本文，約二萬八千字，取材豐富，敘事詳明，是其優點。但亦有些許值得商榷之處：

（1）題目與內容不盡相符：本文以「中華革命黨與護國軍」為題，似應著重於兩者互動關係之述說。但觀其章節內容，不啻一部護國之役史，且其中述及中華革命黨人活動者甚少，故本文在命題上，似未盡妥切（按：本文原名「護國軍討袁之研究」，係守孔先生獲得 1973 學年度行政院國家科學委員會研究補助費的期終研究報告。後易名發表，反不切題意）。

（2）本文過於強調中華革命黨人對於護國之役的貢獻，事實上主導討袁護國大局的乃是由進步黨人、舊國民黨人、西南軍人結合而成的「護國軍」，挾獨立各省為後盾。中華革命黨人則勢單力孤，非為討袁護國主流，雖亦在各地起兵討袁，犧牲甚眾，但對大局的貢獻遠不如護國軍。

（3）誇大了護國之役的負面影響：如本文在「結語」
　　　中謂：「是以就護國軍推翻袁氏帝制而論，其功實
　　　不可沒，但袁氏失敗後，如何從事建設，使中國成
　　　為一個真正民主憲政政府，則為護國軍諸將領所忽
　　　略。在討袁之役中，全國上下雖表現出激昂慷慨之
　　　民氣，却並未轉化為反北洋軍閥、反帝制餘孽之革
　　　命。因之民國形式雖幸保留，南北各地反動封建
　　　勢力依然存在，割據地盤觀念反潛滋暗長，阻礙中
　　　國政治進步與民主運動之發展」。[114] 似有些過度
　　　引伸。

　　洪憲帝制的撤銷，袁世凱的病殁，固係各省相繼獨
立群起聲討所致，而袁一手提攜的的北洋將領軍政要人馮
國璋、段祺瑞的反對帝制，以及日本為製造中國內亂轉而
倒袁，亦為要因。1978 年，守孔先生發表的〈段祺瑞與
民初政局〉一文，對段祺瑞反對帝制的原因和影響，有所
論述。全文約三萬六千字，有附註九十九個，引用資料三
十餘種。全文分為：一、前言；二、辛亥革命前之段祺
瑞，下分：（一）見信於袁世凱，（二）寄心腹於徐樹錚；
三、段祺瑞與辛亥革命，下分：（一）段祺瑞未參予對革
命軍戰爭，（二）北洋將領中段祺瑞首先贊同共和；四、
段祺瑞對清廷遜位之影響力，下分：（一）段祺瑞並未聯
合北方軍人領銜通電主張君主立憲，（二）段祺瑞聯合北

---

114 李守孔，〈中華革命黨與護國軍〉，《中華學報》，第 2 卷第 1 期（1975.1），
　　頁 144。

方軍人通電主張共和，（三）段祺瑞促成清廷退位；五、
段祺瑞在臨時政府之地位，下分：（一）出任陸軍總長，
（二）代理國務總理；六、袁世凱當選正式總統後與段祺
瑞之關係，下分：（一）袁世凱利用段祺瑞挾制黎元洪，
（二）袁段之離心，（三）段祺瑞之反對帝制與退隱。[115]
無結論。

　　由上述的章節標題，約略可知段祺瑞與民初政局的
重大關連性。全文引文甚多，有些引文甚長，如引自餘不
足觀閣主（周遊）之〈捫蝨談〉（文載 1961 年 2 月至 4 月
的香港《天文臺報》），原文長達二千六百字，守孔先生
以其「所記乃聞之段祺瑞本人及其左右」（實則全文係轉
述段祺瑞的親信曾毓雋一人所說），可靠性極大，而全引
錄之。文中守孔先生曾評段祺瑞「三造共和」的表現，乃
因緣時會，水到渠成，其目的僅在於鞏固北洋利益，及個
人權勢。並將段與其他北洋人物相較，謂其不若馮國璋之
貪婪，徐世昌之勢利，曹錕之糜爛。則是守孔先生在其
〈段祺瑞與辛亥革命〉中未言及者。

（七）軍閥政治

　　1916 年 6 月，袁世凱病歿，至 1928 年年 6 月，國民
革命軍進佔北京，北洋政府傾覆，是民國史上所謂的軍閥
政治時期。此時期間，不僅全國各省區為各大小軍閥所掌

---

115 李守孔，〈段祺瑞與民初政局〉，《東海大學歷史學報》，第 2 期（1978.7），
　　頁 15-41。

控，即北洋政府亦由大的軍閥派系輪流主持。軍閥目無法紀，窮兵黷武，以致政潮迭起，戰亂頻生。1976 年守孔先生發表有〈民六政潮與南北分裂〉一文，是他研究論文中的代表作之一；原名〈國父護法之研究〉，係他獲得1974 學年度行政院國家科學委員會研究補助費的期終研究報告。[116] 自 1916 年 6 月袁世凱病逝，黎元洪以民國副總統就任大總統述起，至 1918 年 11 月北京、廣州兩政府相繼下令停戰南北議和之端大開為止。全文長六萬餘字，分為：一、引言；二、國會之重開與政潮之起伏；三、段祺瑞之破壞法統與國會之再解散；四、護法政府之成立；五、護法戰爭；六、護法運動之中變；七、結語。[117]

綜觀本文，為平鋪直敘地將 1916 至 1918 年間中國政局發展演變的過程予以細密化，一一呈現於讀者眼前。雖敘事流暢，條理分明，但析論較少，「引言」及「結語」過短。全文偏重於孫中山倡議及主導的第一期護法運動始末，對北方（北京政府）的動態述說較為簡略。所引用的史源甚多（共有一五六個註釋，資料三十餘種），大都為當時坊間不難得見者。惟能適切地引用如此多不同的史料組合成篇，亦屬不易。

1919 年，北洋政府所在地的北京大中學校學生，首起發動了反軍閥、反帝國主義的「五四」愛國運動，各界

---

116 李守孔，〈國父護法之研究〉，行政院國家科學委員會研究補助費期終研究報告（1974 年 8 月至 1975 年 7 月），未刊手稿。
117 李守孔，〈民六政潮與南北分裂〉，《史學彙刊》，第 7 期（1976.7），頁 63-116。

紛起響應，罷課、罷工、罷市，風潮遍及全國，歷時五十日左右，才趨於平息。1987 年，守孔先生發表有〈孫中山先生與五四學生愛國運動〉一文，是他在香港珠海書院主辦的「孫中山先生與中國現代化」國際學術會議（1985年 11 月 9、10 兩日假九龍中國文化協會舉行）上所宣讀者，兩年後才刊載於《珠海學報》第十五期上。全文約二萬五千字，分為：一、前言；二、新文化運動的啟蒙；三、孫中山先生對五四運動主要領導人物思想的影響；四、「民權初步」與「孫文學說」；五、「星期評論」和「建設」雜誌；六、孫中山先生在五四運動期間對青年的關懷；七、結語。[118] 所引用的資料甚為豐富，約有四十種。惟孫中山與五四運動並無直接關連，間接的影響或當有之，本文似過於強調其影響力。再者，本文以「孫中山與五四學生愛國運動」為題目，所述內容幾全為孫中山與五四新文化運動的關連性，涉及其與五四學生愛國運動者少之又少。顯見本文對於「五四運動」的定義不甚明確。

　　五四愛國運動雖告結束，全國各地的反軍閥、反帝國主義運動卻方興未艾。1925 年，因上海「五卅慘案」所激起的反帝國主義的抗議運動，即為其中較著者。守孔先生 1981 年發表有〈民國十四年五卅慘案與國民救國運動〉一文，是他在中央研究院主辦的「國際漢學會議」（1980 年 8 月 15 日至 17 日在臺北市南港該院舉行）中

---

118 李守孔，〈孫中山先生與五四學生愛國運動〉，《珠海學報》，第 15 期（1987.10），頁 147-161。

所宣讀者。全文約三萬三千字，分為八章十七節。[119] 全
文章節繁細，敘事詳明。有註釋一三一個，引用資料約
三十種之多，如馬超俊主編的《中國勞工運動史》、國民
黨黨史會編印的《革命文獻》、上海日商會議所編纂的
《邦人紡績罷業事件と五卅事件及各地の動搖》、晨報
編輯處、清華學生會合編的《五卅痛史》，及《東方雜
誌》、《國聞週報》、《中華民國陸海軍大元帥大本營公
報》。尤其是大量引用了中央研究院近代史研究所珍藏的
外交檔案中的「滬案檔」原始文件，更提升了本文的學術
價值。

當民國軍閥政治期間反帝國主義運動迭起之時，作
為中國近鄰的朝鮮（韓國），亦正為擺脫日本帝國主義的
殖民統治以圖獨立而奮鬥。1919 年的「三一運動」，是
韓國獨立運動的第一個高潮，同年 4 月並在上海法租界內
成立了大韓民國臨時政府。其後該臨時政府屢經遷徙，
在中國駐留二十七年之久，直至 1948 年，隨著大韓民國
和朝鮮民主主義人民共和國先後建國而被取代。1982 年
8 月 26 日，守孔先生曾在韓國韓中教育基金會主辦在漢
城（首爾）舉行的「第四屆中韓學者會議」中宣讀有〈中
國辛亥革命對韓國三一革命的影響〉一文，[120] 全文已無

---

119 李守孔，〈民國十四年五卅慘案與國民救國運動〉，《中央研究院國際漢
    學會議論文集》（歷史考古組），下冊（臺北：中央研究院，1981），頁
    1393-1429。
120 李守孔，〈第四屆中韓學者會議報告書〉，《中國歷史學會會訊》，第 8 期
    （1982.12），第 15 版。

法覓得。1984 年，守孔先生又發表有〈中國國民革命與
韓國早期復國運動關係之研究〉一文，全文約一萬字，分
為：一、前言；二、孫中山先生關切韓國獨立自由；三、
中國革命黨人早期協助韓民復國之努力；四、旅居中日兩
國韓僑與「三一」革命運動；五、結語。共有四十二個註
釋，主要史源為《國父全集》、《民吁報》、《民報》、
《革命文獻》、《國父年譜》、《韓國獨立運動在中國》
（胡春惠著）等及一些韓國的中譯專書或資料集，如秋憲
樹編的《資料韓國獨立運動》、〔韓國〕國史編纂委員會
編纂的《韓國獨立運動史》、申圭植的遺著《韓國魂》、
李炳憲的《三一運動秘史》等，資料的引用甚為堅實。守
孔先生在本文結語中謂：「一九一九年韓國『三一』革命
運動，直接間接受中國辛亥革命成功之影響，彼此之間實
發生連帶之關係。其規模之大，犧牲之慘重，在近代世界
革命運動中罕能匹比」。除了歷數孫中山關切韓國獨立自
由，中國革命黨人早期協助韓民復國之努力，及旅居中日
兩國韓僑與「三一」革命運動，以說明中國國民革命與韓
國早期復國運動的關係外，守孔先生並認為孫中山所手創
的三民主義，對韓國的復國運動，亦產生極大的影響：
1929 年，韓國臨時政府要人趙素昂創立韓國獨立黨，其
黨綱內所提出的「三均主義」（政治均等、經濟均等、教
育均等）實採自三民主義之架構。1931 年，韓國臨時政
府的對外宣言，確定三均主義的理論與體系。1941 年，
三均主義基本政策成為韓國臨時政府的建國綱領。三民主

義對韓國復國運動影響之大，可以概見。[121]

（八）護法與北伐

　　護法、北伐均發生在軍閥政治期間，其策源地同為廣東。1917 年 7 月，復辟亂平，段祺瑞重任民國國務總理，不肯恢復被解散的國會。孫中山憤段氏蔑棄法統，乃至廣州，號召護法，聲討段氏，兩廣軍政當局響應之，護法運動於焉展開。此後約六年間，先後在廣州召開非常國會，成立中華民國軍政府、中華民國政府、中華民國陸海軍大元帥大本營，與北洋軍閥把持的北京政府相頡抗。至 1922 年 8 月，被解散的國會重行在北京開會，護法運動因失卻號召力，漸趨式微。

　　守孔先生對護法運動的研究甚為關注。1975 年，發表有〈民國六年國父護法中文史料隅錄〉一文。以護法運動「涉及史料廣泛，除『國父全集』、『國父年譜』、『政府公報』、『東方雜誌』，以及『革命文獻』第七、九、四九、五十、五一、五二等輯所錄有關資料外」，茲列舉坊間流行專載如下：（1）岑學呂《三水梁燕孫先生年譜》；（2）謝彬《民國政黨史》；（3）楊幼炯《中國政黨史》；（4）孫曜《中華民國史料》；（5）姚崧齡節譯《芮恩施使華記要》；（6）《眾議院公報》1917 年 5、6 月份各期；（7）李根源《雪生年錄》；（8）孫毓筠

---

121 李守孔，〈中國國民革命與韓國早期復國運動關係之研究〉，《近代中國》，第 44 期（1984.12），頁 179-180。

〈復辟陰謀紀實〉；（9）《吳鐵城先生回憶錄》；（10）
章炳麟《太炎自訂年譜》；（11）《李宗黃回憶錄》；
（12）鄧澤如《中國國民黨二十年史蹟》；（13）葉夏聲
《國父民初革命紀略》；（14）莫汝非《程璧光殉國記》；
（15）吳宗慈《護法計程》；（16）王景濂、唐乃霈《中
華民國法統遞嬗史》；（17）陸丹林《革命史譚》書中第
八篇「從護法之役談到復辟案件」；（18）馮自由《革命
逸史》第二集第十二篇「興國州人曹亞伯」；（19）曹志
鵬〈曹亞伯先生〉；（20）黃旭初《懷鄉記》書中之「陸
榮廷與護法運動」；（21）岑春煊《樂齋漫筆》；（22）
毛思誠《民國十五年以前之蔣介石先生》；（23）鄒魯
《中國國民黨史稿》書中第三篇第五章；（24）《臺灣省
通志》書中第九卷革命志，抗日篇。[122]

　　綜觀本文，所舉述的二十餘種史料，都是坊間不難
得見者，即使是 1949 年以前的出版者，在當時的臺灣，
均有翻（影）印本，如莫汝非之《程璧光殉國記》（1919
年鉛印本），臺北之文海出社曾影印出版之；吳宗慈《護
法計程》（南昌鉛印本），臺北之國民黨黨史會編印的
《革命文獻》亦嘗收錄之，本文則未加說明，易使一般讀
者以為其不易得見。至於所舉毛思誠《民國十五年以前之
蔣介石先生》，係臺北中央文物供應社修訂出版者，不如
香港龍門書店影印版之客觀。由於本文只是「隅錄」，自

---

122 李守孔，〈民國六年國父護法中文史料隅錄〉，黃季陸等撰，《研究中山
　　先生的史料與史學》（臺北：國史館，1975），頁 233-236。

不能苛求其詳備，尤其當時護法運動的研究成果及資料集
甚少，能舉出二十餘種相關史料，並一一加以介述，頗具
指引的作用。

　　1977 年，守孔先生又發表有〈國父護法與廣州軍政
府之成立（一九一七—— 一九一八）〉一文，全文約二
萬六千字，分為五部分：一、前言；二、國父護法之號
召；三、西南軍政府之成立；四、護法精神之變質；五、
結論。[123]

　　綜觀全文，與守孔先生一年前（1976 年 7 月）發表的
〈民六政潮與南北分裂〉研究論文，雖題目各異，章節標
題不盡相同，所述史事內容則甚為近似，更著重孫中山南
下護法，在廣州成立軍政府，及軍政府改組、孫中山卸職
離粵之始末。全文有一一六個註釋，所引用的資料約三十
餘種，與〈民六政潮與南北分裂〉的史源大同小異，均大
致不出守孔先生 1975 年所撰〈民國六年國父護法中文史
料隅錄〉一文所列舉者。又本文題目、章節標題對於正式
名稱為「中華民國軍政府」，或稱之為「廣州軍政府」、
「軍政府」、「護法政府」，或「西南軍政府」，或許意
在避免重覆使用「軍政府」一詞，但易生混淆，尤其「西
南軍政府」名稱，鮮有人使用之。

　　至於北伐，通常是指 1926 年 7 月 9 日，國民革命軍
在廣州舉行誓師典禮，以打倒列強，掃除軍閥為號召，大

---

123 李守孔，〈國父護法與廣州軍政府之成立（一九一七——一九一八）〉，《中
　　華學報》，第 4 卷第 2 期（1977.7），頁 171-202。

舉出兵北伐為起點，因進展順利，次年 3 月，進佔上海、
南京，底定長江流域；1928 年 6 月，進佔北京、天津、
北京政府結束，北伐告成。12 月 29 日，東北易幟輸誠，
全國形式上統一。

　　1984 年，守孔先生發表了〈北伐前後國民政府外交政
策之研究──民國十三年（一九二四）元月至民國十六年
（一九二七）三月〉一文，是他在中央研究院近代史研究所
主辦的「中華民國初期歷史研討會，1912-1927」（1983
年 8 月 20 至 22 日，在臺北市南港該所圖書館舉行）中所
宣讀者。全文長約五萬六千字，分為八章十六節：第一章
──前言；第二章──國民政府外交政策之形成；第三章
──廣州沙基事件與國民政府之對策；第四章──關稅會
議之抗議；第五章──國民革命軍北伐初期之反帝國主義
政策；第六章──漢潯事件；第七章──南京事件與國民
政府外交政策之轉變；第八章──結論。[124]

　　本文是守孔先生研究論文中的代表作之一。全文從
孫中山的外交思想，及中國國民黨的對外政策當作背景述
起，再依時間的順序，舉出廣州沙基事件、港粵大罷工、
抗議北京關稅會議、漢潯兩案交涉及二處英租界之收回，
以迄寧案。所涉及的交涉既多，而且過程繁複，本文一一
加以縷述，極其周詳。所引用的資料甚為豐富，計有五十

---

124 李守孔，〈北伐前後國民政府外交政策之研究──民國十三年（一九二四）
　　元月至民國十六年（一九二七）三月〉，《中華民國初期歷史研討會論文集，
　　1912-1927》，上冊（臺北：中央研究近代史研究所，1984），頁 185-245。

餘種，其中中文書籍如錢義璋編的《沙基痛史》（出版時地不詳）、高承元編的《革命外交文獻》（上海：神州國光社，1933），都是較不易得見的重要相關資料。尚有幾篇較少人知刊載於當時《東方雜誌》、《國聞週報》的相關文章，以及國民黨黨史會庫藏的一些相關外交報告、會議紀錄之原件等，致本文更具指引和參考價值。雖英、日文方面的資料較少，然亦有約十二種。至於中央研究院近代史研究所收藏的外交檔案中，有「金佛郎案」、「北京關稅會議案」等，本文未參閱引用之，否則本文將更臻完善。

（九）十年建國

　　1928 年 6 月，北伐告成，國民政府也成為唯一的中華民國政府。此後至1937年7月全面抗戰爆發約十年間，是國民政府實踐其建國理想的時期，各方面的建設均著成就。然此時期的動亂亦復不少，內則國民黨各將領的軍事異動，中共在各地的武裝紛擾，外則俄、日的侵略，可說是艱苦建國的十年。守孔先生對十年建國此一領域的研究，起步甚晚，研究論著的發表，均在 1980 年代中後期，題旨均集中於國民政府的政治建設和國民黨各將領的軍事異動方面。

　　根據孫中山的建國三程序說，北伐告成，即軍政時期結束，訓政時期開始，由國民黨訓練人民如何行使政權，以為未來實施憲政作準備。關於訓政的過程及措施，

1984 年，守孔先生發表了〈中國國民黨訓政之實施與憲政之預備——民國十七年至二十六年〉一文，是他在中國歷史學會、國史舘、中央研究院等聯合舉辦的「中華民國歷史與文化學術討論會」（1984 年 5 月 25 日至 27 日在臺北市陽明山中山樓舉行）中所宣讀者。

　　全文約一萬八千字，分為八部分，有註釋五十五個。[125]所引用的史源資料並不多，僅約十餘種，主要為《革命文獻》（國民黨黨史會編印）、《中央日報》（上海）、《國民政府公報》、《東方雜誌》、《中央週刊》。但全文結構井然有序，敘事詳盡有據，惟多為法規條例、會議宣言議案，予人一些繁瑣、枯燥之感。

1984 年 5 月 27 日，守孔先生（左二）在「中華民國歷史與文化學術討論會」中宣讀論文「中國國民黨訓政之實施與憲政之預備——民國十七年至二十六年」，左一為評論人蔣永敬，左三為召集人白萬祥。《中華民國歷史與文化討論集》。

125 李守孔，〈中國國民黨訓政之實施與憲政之預備——民國十七年至二十六年〉，《中華民國歷史與文化討論集》，第 1 冊（臺北：中華民國歷史與文化討論集編輯委員會，1984），頁 341-360。

　　1985 年，守孔先生發表了〈訓政時期的政治〉一文，是近代中國出版社出版的《中華民國政治發展史》一書中的第伍章——訓政時期的政治。下分五節，其中第三、四節述訓政時期的政治統一運動，佔了本文一半左右的篇幅，是本文的重心所在，內容包括：（1）民國十八年野心軍人之叛變；（2）中原大戰；（3）北平擴大會議；（4）約法之爭與寧粵對峙；（5）「福建人民政府」；（6）兩廣之異動。至於 1936 年的西安事變，則於第五節——剿共與陝變中述之。[126]

　　綜觀本文，長約十萬餘字；每節之後均有註釋，第一節有五十三個註釋，第二節三十八個，第三節一一〇個，第四節七十三個，第五節九十二個；所引據的史源，多係第一手的史料，如《國民政府公報》、《革命文獻》、《國聞週報》、《蔣總統言論彙編》等及一些當事人的自傳、回憶錄、文集等，將抗戰前十年間的黨政軍要事，作了系統性的詳述。惟第三、四節述訓政時期的政治統一運動，引用了不少雷嘯岑著的《三十年動亂中國》一書的記述，其可信度如何？值得商榷。

　　1986 年，守孔先生發表了〈訓政時期的中國國民黨〉一文，前此他已發表有〈中國國民黨訓政之實施與憲政之預備——民國十七年至二十六年〉，〈訓政時期的政治〉二文，本文即在此二文的基礎上撰寫成篇。不過前述二文

---

126 李守孔，〈訓政時期的政治〉，秦孝儀主編，《中華民國政治發展史》，第 2 冊（臺北：近代中國出版社，1985），頁 891-1063。

的內容都止於 1937 年全面抗戰前夕，本文所述則延伸至
抗戰期間，如國防最高會議的成立，國民黨五屆五中全會
的召開及通過改國防最高會議為國防最高會委員會，為中
央黨政軍統一指揮之機構等。並在結語中述及 1945 年抗
戰勝利後國民大會的召集及制憲、行憲、訓政時期始告結
束的歷程。[127] 全文約一萬五千字，有註釋三十三個，絕
大多數徵引自國民黨黨史會編印的《革命文獻》資料集所
載，史源的多樣性不如前述二文。

　　國民黨各將領的軍事異動方面，守孔先生於 1984 年
發表有〈國民政府之國家統一運動（民國十八年至十九
年）〉一文，是他在中央研究院近代史研究所主辦的「抗戰
前十年國家建設史研討會」（1984 年 8 月 17 日至 19 日
在臺北市南港該所舉行）中所宣讀者。全文約四萬字，
是他研究論文中的代表作之一。係以陳訓正著的《國民
革命軍戰史初稿》一書「為架構，簡化其文字，鉤取其精
華，配以相關資料，作一次扼要之敘述」。[128] 故本文旨在
敘述，儘管十分詳盡，但析論甚少。所引用的相關資料，
除陳訓正書之外，主要為國民黨黨史會編印的《革命文
獻》、李宗仁的《李宗仁回憶錄》、雷嘯岑的《三十年動
亂中國》、陳公博的《苦笑錄》、陳濟棠的《陳濟棠自傳

127 李守孔，〈訓政時期的中國國民黨〉，《政治文化》，創刊號（1986.4），
　　頁 31-34。

128 李守孔，〈國民政府之國家統一運動（民國十八年至十九年）〉，《抗戰
　　前十年國家建設史研討會論文集 1928-1937》，上冊（臺北：中央研究院近
　　代史研究所，1984，頁 389-390。

稿》、簡又文的《馮玉祥傳》、古屋奎二的《蔣總統祕錄》等，數量並不多，且多為轉手資料，足見本文撰寫當時臺灣相關資料的欠缺，以及本文撰就的不易。守孔先生在文中曾批評陳訓正書「係採戰史體例，純粹站在官方立場」（頁 389），然綜觀本文，語意和用字亦未擺脫官方立場，完全認同蔣中正及其主持的國民政府中央的所做所為，對閻錫山、馮玉祥、李宗仁等的反中央軍則稱之為「叛軍」，其行為為叛黨叛國，並予以貶評，如謂閻錫山「工於心計」（頁 391），「仍執迷不悟」（頁 413）；馮玉祥「生性反覆，好名多疑，貌似憨直，而矯揉造作，能練兵，而不善馭將」（頁 402）；石友三「劣性未改」（頁 411）等等。又在本文撰就約七年前，沈雲龍在臺北《傳記文學》第 33 卷第 4 期（1978.10）發表有〈擴大會議之由來及經過〉研究論文，與本文所述息息相關，頗具參考價值。

1988 年，守孔先生又發表了〈閩變之研究〉一文，是他在香港珠海書院主辦的「中國近六十年來（1926-1986）之憂患與建設」國際學術會議（1986 年 10 月 31 日至 11 月 2 日舉行）中所宣讀者。兩年後，才刊載於《珠海學報》第十六期。全文長約二萬一千字，是臺灣史學界較早以閩變為題的學術性研究論著。在此之前，李敖曾撰有〈現代史辨偽方法論——用「閩變」做例子〉一文，發表於《文星》第 12 卷第 1 期（1963.5），僅參閱閩變時期一些報紙雜誌所載撰就成篇，學術性不足，且其目的在

指證當時正與《文星》雜誌進行中西文化論戰的立法委員
胡秋原曾參與此次叛國事件，為「閩變餘孽」，[129] 俾打擊
之。1978年，蔡行濤著有《福建事變敗亡原因之分析，
1933.11-1934.1》（臺北：四季出版公司）一書。1984年，
中央研究院近代史研究所研究員陳存恭，發表有〈「十九
路軍」與「閩變」〉（刊載於國防部史政編譯局編印的
《史政學術講演專輯》（二））一文，曾參閱國史館、國
民黨黨史會、國防部史政編譯局所收藏的檔案資料，如
《閻錫山資政檔案》、《人民日報》（福州）、《閩變時
期海軍檔案》等。都是學術性的研究論著。

　　及至本文發表時，閩變的相關資料仍然很少，但守
孔先生還是盡可能地參閱引用了十五、六種資料，勉力撰
成。全文分為：一、引言；二、十九路軍之淵源；三、閩
變之醞釀；四、閩變之發生；五、閩變之平定；六、結
語。並在結語中論曰：「閩變以鬧劇倉卒登場，中央軍以
壓倒優勢兵力摧枯拉朽，不及一月而戡定大亂。十九路軍
自毀其抗日之光榮聲譽，從此乃成為一歷史名詞。國民政
府之威信因之大增，數月之後中共被逐出江西，經西南流
竄陝北，全國乃萃力於各項建設事業」。[130]

---

129 李敖，〈現代史辨偽方法論——用「閩變」做例子〉，《文星》，第12卷
　　第1期（1963.5），頁16。
130 李守孔，〈閩變之研究〉，《珠海學報》，第16期（1988.10），頁628。

（十）八年抗戰

　　1937 年 7 月 7 日，盧溝橋事變發生，八年抗戰於茲展開，至 1945 年 8 月 14 日日本宣布投降告終。對此一過程，臺灣史學界多以「抗戰」稱之，大陸史學界多以「抗日戰爭」稱之，其意涵大多指 1931 年「九一八」事變起至「八一四」日本投降止的抗日軍事行動，等同於日本所謂的「十四（或十五）年日中戰爭」。

　　守孔先生對八年抗戰此一領域的研究，起步雖稍早於對十年建國，1975 年即發表有〈總統蔣公領導對日抗戰的全盤戰略〉一文，1977 年出版有《八年對日抗戰真象》一書，1982 年發表有〈全國抗戰與國民精神總動員〉一文，均係通俗性的文章和書籍。研究論著的發表，則亦在 1980 年代的中後期。如 1984 年發表的〈民國三十三年日本打通中國大陸作戰之背景——美國戰略之歧見與衡陽保衛戰〉一文，長約一萬二千字，分為：一、緒言；二、美國重歐輕亞戰略之偏失；三、國軍主力使用於滇緬戰場；四、史迪威之跋扈與東戰場虛弱；五、國軍在艱苦中浴血挫敵；六、結語。所引用的資料約二十種，資料以中文為主，英、日文為輔。主要為谷光宇編的《子珊行述——方先覺將軍哀榮錄》、伊藤正德的《帝國陸軍之の最後》、趙曾儔等編的《抗戰紀實》、秦孝儀主編的《中華民國重要史料初編——對日抗戰時期》、服部卓四郎的《大東亞戰爭全史》、美國陸軍部的 *Stilwell's Command Problems*、T. H. White 編的 *The Stilwell Papers* 等。

　　由於本文發表時正值衡陽會戰四十週年，故述衡陽保衛戰甚詳，即連結語亦集中於衡陽保衛戰發揮，讚揚國軍第十軍（軍長方先覺）死守衡陽孤城不屈不撓的精神，「堪與張巡之守睢陽相輝映」。並盛誇是役「為我抗日戰爭勝敗之轉機，衡陽陷落之日即日軍精神崩潰之時，故其第十一軍進至獨山後，因慮隨時有被殲滅可能，一星期後即被迫撤退。從此國軍節節反攻，處處奏捷，不僅表現我官兵忠勇奮發之精神，足可粉碎中共竊奪抗戰成果之邪說」。[131]

　　1985 年，守孔先生發表了〈抗戰初期中共之輸誠與攘奪政權之陰謀（一九三七－一九四〇）〉一文，是他在中央研究院近代史研究所主辦的「抗戰建國史研討會」（1985 年 8 月 2 日至 4 日在臺北南港該所舉行）中所宣讀者。全文約三萬字，分為：一、前言；二、不誠意的「輸誠」與「改編」；三、決定奪權的洛川會議；四、「共赴國難」與「和平共存」的騙局；五、毛澤東的統戰決策；六、中共的「統戰綱領」與文宣活動；七、中共篡奪國民黨之詭計；八、中共利用抗戰實行擴張；九、共軍之破壞抗戰與襲擊國軍；十、國民政府對中共優容之失敗；十一、結語。[132] 有註釋八十個、引用資料約三十種，主

---

131 李守孔，〈民國三十三年日本打通中國大陸作戰之背景──美國戰略之歧見與衡陽保衛戰〉，《近代中國》，第 42 期（1984.8），頁 40-50。

132 李守孔，〈抗戰初期中共之輸誠與攘奪政權之陰謀（一九三七～一九四〇）〉，《抗戰建國史研討會論文集（1937-1945）》，上冊（臺北：中央研究院近代史研究所，1985），頁 61。

要為 1938 年 4 月延安解放社印行的《抗日民族統一戰線指南》、臺北國防部史政編譯局編印的《剿匪戰史》、張國燾的《我的回憶》、蔣中正的《蘇俄在中國》、郭華倫的《中共史論》、古屋奎二編著的《蔣總統秘錄》、楊國宇等的《劉伯承軍事生涯》；尚有些許「錄自總統府機要室存檔」，法務部調查局收藏的「中共中央祕密印發油印原件」。雖其中二手資料不少，但本文取材尚稱多元和堅實。張國燾曾是中共重要領導人物，然 1938 年脫黨，晚年移居加拿大，1970 代撰寫並出版其《我的回憶》，共三冊，書中對中共抨擊甚力，所述可信度不高，本文卻引用該書達十二次。楊國宇等的《劉伯承軍事生涯》一書，是 1982 年北京中國青年出版社出版的長篇報告文學，所述亦令人存疑。

1985 年 8 月 2 日，守孔先生（右）在「抗戰建國史研討會」中宣讀論文〈抗戰初期中共之輸誠與攘奪政權之陰謀（一九三七－一九四〇）〉，左立者為主持人蔣永敬。
《抗戰建國史研討會論文集（1937-1945）》。

同年（1985）稍後，守孔先生發表了〈中共攘奪抗日

戰果之史實——論所謂「平型關之役」與「百團大戰」〉
一文，是他在中國歷史學會、中華民國國史館、中央研究
院近代史研究所、中國國民黨中央黨史委員會聯合主辦
的「孫中山先生與近代中國學術研討會」（1985 年 11 月
2 日至 5 日在高雄市國立中山大學舉行）中所宣讀者。長
約一萬八千字，分為：（一）引言；（二）中共之「輸
誠」與決策；（三）日軍受挫於晉北；（四）中共利用
「平型關之役」渲染戰績；（五）中共所誇張的「百團大
戰」；（六）中共利用「百團大戰」清算朱、彭；（七）
結語。[133] 所引用的資料近三十種，其中有少數未刊行的
原件，僅書作《中共七次大會原始資料彙編》、《中共中
央秘件》，均過於簡略。全文主要在駁斥中共誇大其「平
型關之役」、「百團大戰」的戰果和貢獻，未有新的創
見。指出整個八年抗戰期間，中共所能稱道的戰績，僅此
兩役，「其微不足道實不能與國軍之大戰鬥相提並論。然
當時以及勝利後，中共竟利用此兩役與日軍之接觸，竊奪
抗戰成果」，故撰就本文，「雖時隔四十餘年，仍可證明
中共捏造史事，以假亂真，蒙欺世人的騙局」。[134]

　　守孔先生在文中所謂的「平型關之役」，是指 1937
年 9 月 25 日一天的戰鬥而言，亦即中共大事渲染的「平

133 李守孔，〈中共攘奪抗日戰果之史實——論所謂「平型關之役」與「百團
大戰」〉，《孫中山先生與近代中國學術討論集》，第 4 冊（臺北：孫中
山先生與近代中國學術討論集編輯委員會，1985），頁 64-81。
134 李守孔，〈中共攘奪抗日戰果之史實——論所謂「平型關之役」與「百團
大戰」〉，頁 64 及 79。

型關大捷」。並轉引日本陸軍方面的記述，是役日軍的傷
亡約五百人，相較於中共御用史學家胡華著作中記述的
「殲滅敵人三千多」，差距甚大。中共建國後，對「平型
關大捷」更是大捧特捧，無所不用其極，殲滅日軍的數
字，曾一直膨脹到萬餘人，致該次「大捷」幾乎成為大陸
人民對八年抗戰的唯一的集體記憶。1980 年代起，此一
熱潮趨勢，開始逐漸減退。2002 年，大陸出版的初級中
學歷史教科書，雖將「平型關大捷」、與「淞滬會戰」、
「台兒莊戰役」、「百團大戰」並列，而該「大捷」的殲
敵人數則縮減為一千人。先此一年，大陸研究中共黨史的
著名學者楊奎松，已發表了平型關戰鬥史實考證的研究論
文，估算該戰鬥殲滅的日軍，「至少應在五、六百人左
右」，還原了「大捷」的原貌。大陸網站上還出現許多如
〈打破平型關大捷的神話〉、〈中共自吹自擂的「平型關
戰役」真相〉、〈中國需要重寫抗戰史〉等等的文章。[135]
大陸旅日學者岡山大學教授姜克實，參閱戰前的日軍檔案
悉心研究後，於 2017 年發表了〈平型關大捷日軍死傷數
考証〉研究論文，認定其「死傷數應在約 240 人以內（其
中死亡約 165 人）」。[136] 引起大陸各界的關注和議論。

---

135 翟志成，〈集體記憶與歷史真實：「平型關大捷」的建構與解構〉，《中
　央研究院近代史研究所集刊》，第 51 期（2006.3），頁 133、183-185。

136 姜克實，〈平型關大捷死傷數考証〉，《文化共生學研究》，第 16 號
　（2017.3），頁 77。臺灣方面，中央研究院近代史研究所研究員劉鳳翰，
　早於 1984 年已撰有研究論文，指出該「大捷」中，被共軍伏擊的日軍，人
　數在二百至五百之間，作戰半天，全被殲滅，僅有一名被俘輕傷日兵逃走，
　共軍傷亡約六百餘人。見劉鳳翰，〈論太原會戰及其初期戰鬥——平型關
　作戰〉，《中央研究院近代史研究所集刊》，第 15 期下冊（1984.12），

　　至於「百團大戰」，中共雖亦誇大其戰果及影響，以奪取抗戰勝利的果實。但由於中共黨內對它的看法莫衷一是，隨著政治風雲的變幻，其評價亦大起大落。總體而言，1940 至 1958 年，中共對它基本上是肯定的。1959 至 1976 年（「盧山會議」至「文革」結束），因彭德懷遭到整肅迫害，彭所直接指揮的「百團大戰」，亦被全面否定。直到 1978 年 12 月，中共為彭昭雪平反，對「百團大戰」，亦恢復為基本肯定。[137] 惟此後大陸史學界對於「百團大戰」爭議仍多，主要是集中在三個問題上：一是該不該發動；二是是否違背了中共中央的戰略方針；三是「功大於過」還是「過大於功」。[138] 守孔先生曾就各種資料顯示，在文中指出「百團大戰」，「事前並未徵得中共中央及毛澤東的同意，係彭德懷單獨所決定，惟事後獲得批准則為事實」。[139] 又關於「百團大戰」的起迄時間，絕大多數的記述，是歷時三個半月，守孔先生在文中卻謂其起始於 1940 年 8 月 20 日，前後只有六天，似可商榷。

　　1986 年，守孔先生又發表了〈青年軍之教育與訓練〉一文，是他在國立政治大學歷史研究所主辦的「青年軍史研討會」（1986 年 6 月 1 日在臺北市金華街國立政治大

頁 348、349。但未為大陸學界所重視。

137 岳思平、于虎，〈幾起幾落的百團大戰功過是非評說〉，《黨的建設》，2005 年第 8 期，頁 47。

138 朱理峰，〈百團大戰述評〉，《松遼學刊》（社會科學版），1994 年第 2 期，頁 44。

139 李守孔，〈中共攘奪抗日戰果之史實──論所謂「平型關之役」與「百團大戰」〉，頁 77。

學公企中心舉行）中所宣讀者。全文約一萬六千字，分為：一、前言；二、青年遠征軍的建制；三、蔣主席對青年遠征軍教練的指示；四、編組教育與正規教育；五、特種教育與預備幹部教育；六、政工教育；七、各師訓練概況；八、海軍青年軍赴美英受訓與接艦；九、結論。綜觀本文，內容尚稱平實。所引用的史源僅有《先總統蔣公思想言論總集》、《國軍政工史稿》、《青年軍各師簡史》、《第二次中日戰爭史》、《知識青年投効海軍參戰四十週年紀念專刊》數種，註釋五十二個。文中曾總評「青年遠征軍成立之始，其主要使命有二：一為增加抗戰力量，爭取最後勝利。一為培植建國幹部，完成建國使命。前者除部分選派印緬戰場有卓越表現外，其餘大多數因日本投降則未能一展其鋒。後者則因勝利後中共之擴張，青年遠征軍在戡亂期間則戰績輝煌」。至於其「在營期間所實施之組織教育、正規教育，以及特種教育，為我國建軍史上之新典範。復員前所實施之預備幹部教育，則奠定下臺灣復興基地數十年來國軍預備幹部之基礎」。值得一提的，是在該研討會中擔任本文評論人的政大公共行政系教授華力進，當年曾任青年軍第二〇八師第六二二團中士，在評論中指出本文對「青年軍中的女青年軍之特殊訓練亦無提及，若把女青年軍之特殊訓練也列入，那麼內容上會更加完美」。[140]

---

140 李守孔，〈青年軍之教育與訓練〉，臺北：青年軍史研討會論文（國立政治大學歷史研究所主辦），1986 年 6 月。轉見於青年軍史編輯小組編輯，《青

　　1987 年，守孔先生發表了〈抗戰期間中央政府之職權與功能〉一文，是他在中國歷史學會主辦的「紀念抗戰建國五十週年學術研討會」（1987 年 7 月 11 日在臺北市陽明山中山樓中華文化堂舉行）中所宣讀，刊載於《近代中國》第六十期者。全文約二萬字，分為七部分：一、前言；二、中國國民黨臨時全國代表大會；三、國民參政會；四、國防最高會議與國防最高委員會；五、國民政府；六、行政院與軍事委員會；七、結論。[141]

　　綜觀全文：

（1）對於抗戰時期中央政府之職權與功能，作了詳明而有系統的論述。

（2）指出抗戰時期蔣中正以國民黨總裁身份，兼國防最高委員會委員長、國民參政會議長、行政院長、軍事委員會委員長等，1943 年又擔任改為責任元首制的國民政府主席，故中央政府各機構間，得能彼此協調步驟，發揮其職權與功能。

（3）引用的資料堅實而多樣，共有五十三個註釋。主要史源為《革命文獻》、《先總統蔣公思想言論總集》（秦孝儀主編）、《國民政府建制職名錄》（許師慎編）、《國民政府公報》、《民國政制史》（錢端升等著）、《東方雜誌》、《大公報》（重慶）等。

年軍史》（臺北：青年軍聯誼會總會，1986），頁 459、460、494-495。

141 李守孔，〈抗戰期間中央政府之職權與功能〉，《近代中國》，第 60 期（1987.8），頁 68-89。

（4）由於篇幅限制，文中雖提及抗戰時期蔣中正被推
　　　為國民黨的總裁，及成立三民主義青年團，但未加
　　　詳述。

三、校訂掛圖圖鑑

（一）歷史掛圖

　　從事歷史教學，歷史地圖是不可或缺的輔助教具。
守孔先生曾從事過三套歷史掛圖的編排校訂工作。這三套
歷史掛圖均係大眾文化社編輯部製作，大眾文化社出版。
該社座落於臺北市南昌街一段，成立於 1959 年 1 月 23 日，
創辦人林煥堂，曾任臺北市立高級工業職業學校（現名臺
北市立大安高級工業職業學校）英文教師。該社主要係出
版及販賣各類教材教具，如史地掛圖、自然科學掛圖、健
康教育掛圖、童子軍訓練掛圖、世界科學家掛圖、世界音
樂家掛圖、地球儀、佈置用地圖，1973 年起兼售運動用
品、武道刀劍等。[142] 茲將守孔先生編校的三套歷史掛圖
依序介述如下。

---

142 「蔡樂欽經理訪問紀錄」。是筆者趨訪該社經理蔡樂欽面談所得的資訊（訪
　　談時間為 2022 年 4 月 7 日下午）。蔡氏係該社負責人林煥堂的表姪，1960
　　年代末即入社工作至今。

1.《中國近代史掛圖》

　　共二十七幅，據大眾文化社經理蔡樂欽告知筆者，其出版年份約為 1968 年，正值臺灣開始實施九年國民義務教育之時，各初級中學不但改稱國民中學，還增設許多國民中學。大眾文化社為因應此一重大教育變革趨勢，乃著手編製出版此套掛圖。其作者名義上為大眾文化社編輯部，其成員均係該社職員，並非史地方面專家，此二十七幅圖悉為守孔先生提供，各圖中的說明文字，也都係守孔先生所撰，編輯部只依樣製印而已。[143] 因此守孔先生的角色就極其重要。

　　由於此套製印精美的彩色掛圖，所銷售的主要對象是臺灣各國民中學，兼及於各高級中學，倒底有那些國、高中學校曾購買了此套掛圖？至今是否仍保存完好？已無法查悉。令人費解的，是臺灣各公私立圖書館（含大專院校、研究機構之圖書館），均未收藏有此套掛圖，即連出版此套掛圖的大眾文化社，竟然亦未存有。約三年前，筆者接到美國布朗大學（Brown University）圖書館電郵，告知該校圖書館因整理收藏，發現一套守孔先生編校的《中國近代史掛圖》，想知道此套掛圖更多的資訊，並擬於未來舉辦一項歷史地圖的學術研討會，筆者才首次得悉此套掛圖的名稱。因對此套掛圖相關資訊所知有限，乃建議布朗大學圖書館不妨與現任臺灣大學歷史教授的方震華、陳

---

143 「蔡樂欽經理訪問紀錄」。

慧宏連繫（也許已與他們連繫過，無庸我建議），他們都
曾上過守孔先生的課，又曾在布朗大學獲得過博士學位，
或能有所襄助。

　　陳慧宏隨後即接受了布朗大學圖書館的委託，展開
對此套掛圖的初步研究，於 2021 年 9 月 16 日在網路上發
表（公開）了一篇一萬字左右名為〈一套收藏於美國的中
國近代史掛圖：臺灣戒嚴時期歷史教育之政治意涵與疆域
概念〉的研究論文，[144] 遂使此套掛圖的種種面相得以公
諸於世。陳慧宏研究論文的重點約為：

　　第一、此套掛圖長期被遺忘在布朗大學圖書館之東
亞特藏（East Asian Collection，原名賈德納藏書 Gardner
Collection）室中。目前所知僅有美國兩個大學圖書館藏有，
另一處為普林斯頓大學（Princeton University）葛思德東亞
圖書館（The East Asian Library and the Gest Collection），臺灣
反不見此套掛圖留存。

　　第二、此套掛圖共二十七幅，每幅皆有綠底厚裱絹
紙，尺寸約超過110╳75公分。裱褙的背面接近卷軸處，
有一長方形白色標籤，地圖捲起時可見。白色標籤上面印
有地圖序列編號和個別標題，並在右側直式書寫「教育部
審定執照審字第四五一三號」。每一幅地圖，在畫面上有
方框標示標題，某些標有年代。從明初的疆域形勢開始，
終於蔣中正總統（1887-1975）領導的中華民國在臺灣。

---

144 全文載「歷史學柑仔店」：https://kamatiam.org/ 一套收藏於美國的中國近
　　代史掛圖 /。

每幅地圖亦包括數個方框說明文字，散佈於畫面中大致的相應位置。有近半數的地圖中附有小附圖或詳圖，有些詳圖甚至另有新標題，全套地圖是以歷史事件的說明為優先功能。

第三、此套掛圖，保存狀況極佳。標明編者為大眾文化社編輯部，校訂者為臺灣大學教授李守孔，出版者為大眾文化社，無出版年份。1985年，大眾文化社出版了一套《新編中國歷史大掛圖》，共三集五十七幅，臺灣少數圖書館有此收藏。與《中國近代史掛圖》相比對，發現《中國近代史掛圖》的前五圖，是《新編中國歷史大掛圖》第二集的最後五圖；而圖六之後的二十二幅，就是《歷史大掛圖》的第三集。除了在後者中，「英法聯軍之役」（《近代史掛圖》圖七）是放在「左宗棠戡定新疆回亂」（《近代史掛圖》圖十一）之後。另，兩套地圖僅有的一個差異在於最後一幅的標題：《近代史掛圖》的標題為「蔣總統的建國偉業」，《歷史大掛圖》則改為「先總統蔣公的建國偉業」。據此，陳慧宏推估《近代史掛圖》最有可能是製作出版於1965-1975年間（蔣中正逝世於1975年）。

第四、《近代史掛圖》所顯示之近代的時序起自明初（其圖一為明初的疆域圖），具相當特殊性，守孔先生從未主張中國近代史應始自明初，因此認為最可能是編輯部之意。又此套掛圖完全省略中國共產黨的發展和國共內戰，因而認為此與臺灣正處於戒嚴時期的反共氛圍有關。

第五、1970年代臺灣之教科書大抵皆黑白印刷，地

圖也僅以黑色線描示之，《近代史掛圖》的大幅彩色地圖，具有教學和閱覽上相當之優勢。然而此類過去視為必需的教具，在僅僅近三、四十年內因不再被需求而遭打入冷宮。又以其尺寸龐大，圖書館僅能定義為特殊材料而無法調閱。而且大多沒有被考慮有立即數位化之需求，因為使用率已低，或也因被認為研究價值不高，而淪為倉儲之命運。

　　陳慧宏的這篇研究論文，寫得甚為精闢細膩，僅就此套掛圖，即能衍生出諸多的聯想，並且作了一些可能的推估，足見她的觀察入微，思緒周詳。只是是大眾文化社迄今仍在營業中，且與臺灣大學同屬臺北市南區，相距甚近，或宜趨社訪談，以免自我推估，而有所誤差。如認為出版於 1985 年的《歷史大掛圖》，標題有新編二字，似乎應有更早的原始版本。一個合理的猜測是，《近代史掛圖》應由此挑出再重新印行。然據大眾文化社經理蔡樂欽告知筆者，《歷史大掛圖》並無更早的原始版本，《近代史掛圖》的編製出版在《歷史大掛圖》之先，而後者編製出版時將之納入其中。又如她推估《近代史掛圖》最有可能是製作出版於 1965-1975 年間，亦不甚精確。

　　由於守孔先生並非歷史地圖的專家，不可能自行繪製這套《近代史掛圖》。他提供給大眾文化社的二十七幅圖，必有所本。陳慧宏在其論文中，曾比對國立編譯館主編 1974 年出版的《高級中學歷史教師手冊》第三冊與《近代史掛圖》，共有有八幅地圖本身和附圖之安排幾乎皆

同。然因《近代史掛圖》出版年代之不確定性，兩者的類似關係亦僅能說明它們有所關聯。惟即使已知《近代史掛圖》出版在先，亦不能證明該《高級中學歷史教師手冊》第三冊的部份地圖係抄襲自《近代史掛圖》。實則，歷史地圖的使用，亦如中國通史等教科書的編寫，彼此抄襲，既不註明來源出自，又或稍予更動，令人很難確定其是否抄襲，乃至誰抄襲誰？更遑論追尋到其最初始的源頭。

惟經過筆者多方比對，約知《近代史掛圖》的各地圖，來源不一。大半應係取自程光裕、徐聖謨編著的《中國歷史地圖集》（臺北：中華文化出版事業委員會，1955）。該書有兩冊，第一冊為圖（白底，綠線），第二冊為圖說（其後程光裕、徐聖謨主編，中國文化大學中國歷史地圖編纂委員會著的《中國歷史地圖集》，於 1980、1984 年由中國文化大學出版部出版。上下兩冊，係多色彩圖）。少數應係取自童世亨撰的《歷代疆域形勢圖》（上海：商務印書館，1914，圖為黑白）、教育部中學標準教科書編印委員會編著的《中國歷史地圖》（臺北：正中書局，1963，共四十幅，雖為彩圖，但色澤甚淡）、中國國民黨中央黨史史料編纂委員會編輯的《國民革命畫史》（臺北：中華民國各界紀念國父百年誕辰籌備委員會，1965，圖為黑白）等。然而並非是全然照抄，《近代史掛圖》以大掛圖的型式，套以鮮明不同的色彩，以及更多的說明文字，使它的實用功效，大為提升，遠超過原圖。

2.《新編中國歷史大掛圖》

　　1985 年，臺北的大眾文化社編輯部編製了三集共五十七幅的《新編中國歷史大掛圖》，每幅均係 3.8 尺 × 2.8 台尺大型全紙的彩繪，請守孔先生編校，茲列舉如下（為簡化起見，僅書其圖號、圖名及其西元起訖年份）。

第一集：共二十幅，計為：

圖 1　史前文化分布圖

圖 2　中國古代地圖：黃帝唐虞夏時代（前 2674-1657）

圖 3　商代地圖（前 1751-1111）

圖 4　西周時代地圖（前 1111-771）

圖 5　春秋時代地圖（前 770-403）

圖 6　戰國時代地圖（前 403-222）

圖 7　秦代疆域圖（前 221-207）

圖 8　楚漢對峙形勢圖（前 205-202）

圖 9　西漢疆域圖（前 206-8）

圖 10　新莽末年群雄割據圖

圖 11　東漢疆域圖（25-220）

圖 12　東漢末年群雄割據圖

圖 13　三國鼎立圖（222-263）

圖 14　西晉形勢圖（265-316）

圖 15　淝水之戰形勢圖（383）

圖 16　東晉與五胡諸國圖（一）（301-376）

圖 17　東晉與五胡諸國圖（二）（321-417）

圖 38　太平天國的敗亡（1857-1865）

圖 39　捻回之役（1853-1873）

圖 40　左宗堂戡定新疆回亂（1876-1878）

圖 41　英法聯軍之役（1856-1860）

圖 42　同光間的自強新政：附清末各國對華鐵路政策
　　　　（1860-1894）

圖 43　中法戰爭（1884-1885）

圖 44　中日甲午戰爭（1894-1895）

圖 45　列強勢力範圍之畫分與港灣之租借（1897-1899）

圖 46　庚子拳亂與八國聯軍（1900-1901）

圖 47　日俄戰爭（1903-1905）

圖 48　清末的疆域形勢

圖 49　國父領導之十次革命（1894-1911）

圖 50　辛亥各省之光復（1911 中華民國紀元前一年）

圖 51　二次革命與討袁運動（1912-1916）

圖 52　國民革命軍的北伐與全國之統一（1926-1928）

圖 53　日本對華之侵略（1931-1937）

圖 54　八年抗戰之經過（1937-1945）

圖 55　太平洋戰爭（1941-1945）

圖 56　俄國對華之侵略（1689-1949）

圖 57　先總統蔣公的建國偉業（1887- 迄今）

3. 《外國歷史大掛圖》

臺北：大眾文化社，1985 年。共二十八幅，計為：

(1) 上古時代的西亞

(2) 古埃及國

(3) 波斯帝國

(4) 古希臘圖

(5) 亞歷山大帝國

(6) 羅馬帝國疆域圖

(7) 蠻族的遷徙和建國

(8) 十字軍東征圖

(9) 新航路發現圖

(10) 歐洲各國殖民圖

(11) 美國獨立初期圖

(12) 拿破崙帝國

(13) 拉丁美洲國家獨立圖

(14) 義大利統一圖

(15) 德國統一圖

(16) 俄國侵略亞洲圖

(17) 列強瓜分非洲圖

(18) 日本對外侵略圖

(19) 第一次世界大戰前歐洲各國形勢圖

(20) 第一次世界大戰後歐洲各國形勢圖

(21) 歐洲獨裁政治興起圖

(22) 第二次世界大戰歐洲戰場圖

(23) 第二次世界大戰太平洋戰場圖

(24) 韓戰形勢圖

(25) 越戰形勢圖

(26) 非洲現勢圖

(27) 亞洲現勢圖

(28) 冷戰形勢圖

（二）歷史圖鑑

　　圖鑑是一種將某一主題內各種相關的圖片集結起來並予以說明解釋的書籍，守孔先生曾與與王曾才、杜維運、邱添生、徐先堯、傅樂成共同校訂《中華歷史圖鑑》，臺北的聯經出版事業公司，1978 年出版。

　　該圖鑑係守孔先生弟子謝敏聰編著，封面書名係張大千題款，書為菊八開，四九二頁，精裝一巨冊。起自史前，迄於晚清，計分三十八章。全書：

（1）採用圖解方式說明中國歷史，以圖片為主，文字為輔。

（2）圖片的選用以近世出土文物及國內外研究著作或珍本圖籍為主要蒐集對象，精挑細選，豐富完備。

（3）圖片作連貫性、系統性的編排，可以看出中國歷史演變的軌跡。

（4）每一張圖片都涉及中國歷史的重大事件，或具有文化上代表意義，整本書就是中國長遠歷史的縮影。

（5）政治的演變、社會經濟的概況、學術思想、藝術及科學技術的發展，中西文化的交流，邊疆史地，中外關係兼容並顧，有別於一般只敘述政治大事的教

科書。

守孔先生不僅參與該圖鑑的校訂，並且為之寫序，序中有云：「謝敏聰先生，畢業於臺灣大學，從余治國史多載，勤勉奮發，慎思明辨。邇來有感於中國通史輔助教材之需要，乃彙集富有重大意義之歷史圖片一千五百張，編成中華歷史圖鑑一冊，起自上古，迄於晚清，特別著重邊疆民族與對外關係，區別章節，用簡明文字加以介紹，都十餘萬言，使讀者瞭然於中華文化對人類之偉大貢獻，以及往古聖賢之豐功偉業，以增加國人對本國光榮歷史之珍惜與愛護。其用意至深，其功力至鉅」。[145]

1984 年 11 月，守孔先生（右）與弟子謝敏聰，於臺大文學院正門前合影。
謝敏聰教授提供。

145 李守孔，〈序〉（1978 年 2 月），謝敏聰編著，《中華歷史圖鑑》（臺北：聯經出版事業公司，1978），書前。

四、監修影視教材

1.《活的中國歷史》

與程光裕擔任資深顧問，共同監修《活的中國歷史》。臺北上德傳播公司錄製、新仁教材行發行，1988 年。

《活的中國歷史》，為有聲、彩色的錄影帶（VHS），共三捲，每捲四十五分鐘。由謝敏聰製作，宋肅懿、謝敏聰撰稿，丁崑健、王仲孚、王綱領、高明士、陳重光、韓復智擔任顧問。全套共三集（捲）：

第 1 集　導論：史前——傳疑、殷商、秦漢

第 2 集　魏晉南北朝、隋唐、五代－宋

第 3 集　元、明－清中葉、近代

該錄影帶曾獲 1987 學年度教育部大學教師改進教學資料作品獎。

2.《中國史大觀》

與程光裕共同總監修《中國史大觀》。臺北：新仁教材行，1993 年。

《中國史大觀》係宋肅懿、謝敏聰主編的一套共十集五片裝的 DVD 光碟片錄影資料，有聲，彩色，附圖書一冊。由守孔先生、程光裕為總監修，丁崑健、王德毅、朱志騫、吳智和、邱添生、馬先醒、張勝彥、趙振績、樂炳南、鄭樑生、劉顯叔、韓復智為顧問。

第 1 集　上古（史前至西元前 221 年）：介紹中國史前
　　　　文明，傳疑時期，商朝與周朝的歷史與文化；
　　　　由謝敏聰撰稿。

第 2 集　秦漢（西元前 221 年至西元 220 年）：敘述秦
　　　　始皇統一中國，楚漢相爭，漢代政治演變與文化
　　　　等；由宋肅懿撰稿。

第 3 集　魏晉南北朝（西元 220 至 589 年）：包括赤壁
　　　　之戰開啟三國鼎立的局面，魏晉演變，五胡亂
　　　　華與南北朝的政治對峙與社會文化特色；由張
　　　　壽仁撰稿。

第 4 集　隋唐（西元 581 至 907 年）：從隋的統一與建
　　　　設到大唐盛世至唐朝滅亡、東亞的唐化與中西文
　　　　化的交流、長安與洛陽的繁華；由宋肅懿撰稿。

第 5 集　五代、宋（西元 907 至 1279 年）：說明五代十國
　　　　至宋代的歷史變遷，並介紹宋代的政治、經濟
　　　　發展與文化；由陳家秀撰稿。

第 6 集　遼、西夏、金、元：是非漢族所建立的王朝，
　　　　敘述遼朝（西元 916 至 1125 年）、西夏（西元
　　　　1038 至 1277 年）、金（西元 1115 至 1234 年）
　　　　與元朝（西元 1206 至 1368 年）之歷史演變；由
　　　　趙振績撰稿。

第 7 集　明（西元 1368 至 1644 年）：敘述明帝國的興
　　　　亡、明朝制度與及明代學術與文化；由邱榮裕
　　　　撰稿。

第 8 集　清前期至中葉（西元 1644 至 1840 年）：從清
　　　　人入關直到清帝國的盛世、中衰，並敘及清代
　　　　學術與藝術；由謝敏聰撰稿。

第 9 集　近代（西元 1840 至 1911 年）：敘述從鴉片戰
　　　　爭、英法聯軍、自強運動、甲午戰爭、維新保
　　　　皇到辛亥革命風起雲湧之時代蛻變；由黃建淳
　　　　撰稿。

第 10 集　現代（西元 1912 至 1992 年）：敘述民初民主政
　　　　治的嘗試、軍閥亂政、北伐、八年對日抗戰、
　　　　中華人民共和國成立、臺灣的成就；由劉鵬佛
　　　　撰稿。

3.《臺灣開發史》

　　與程光裕、王啟宗、王曾才擔任顧問共同監修《臺灣
開發史》。臺北：上德傳播公司錄製，新仁教材行發行，
1997 年。

　　《臺灣開發史》，為一套五集（捲）的卡式錄影帶
（VHS），每集（捲）三十分鐘，彩色，國語發音，附
中文字幕。由謝敏聰製作，宋肅懿、謝敏聰撰稿，每集最
後有講座，分別由周宗賢、吳文星、吳密察、張勝彥擔
任。其內容由臺視、華視提供資料片，並至寶島各地古蹟
錄影、收錄原住民文化歌舞，亦赴大陸廈門、泉州、漳州
尋根探源。五集（捲）的內容為：

第 1 集　史前～ 17 世紀

第 2 集　荷、西佔臺～清中期

第 3 集　清末～日本殖民統治時期

第 4 集　日本殖民統治時期

第 5 集　中華民國在臺灣。

　　後該錄影帶轉錄為 DVD 光碟片發行。

五、其他的貢獻

　　守孔先生除研究教學與指導研究生撰寫學位論文外，也常應邀到外面演講，曾長期擔任軍方所辦的「心廬」和「青邨」的講座，受訓者皆為國軍中的年輕將領。並應國史館之邀，審定《中華民國史事紀要》，中國國民黨黨史會之邀，審訂《國父年譜》，撰寫《中華民國名人傳》、《中國現代史辭典》共數十篇（條）。其中的《中華民國名人傳》，係由時任中國國民黨黨史會主任委員秦孝儀主編（第十二冊起，易為新任主任委員李雲漢），編輯委員為宋晞、守孔先生、李國祁、李雲漢、呂實強、林徵祁、許朗軒、許智偉、張玉法、程光裕、蔣永敬。守孔先生負責撰寫的名人傳，共有十五篇，每篇長短不一，最短者三千餘字，最長者達一萬八千字，其中有六篇在萬言以上。雖僅三篇（〈林森（1867-1943）〉、〈趙聲（1881-1911）〉、〈黎元洪（1864-1928）〉）附有註釋，註明史源，但大多設有章節標題，其內容的豐富詳明，均等同或超過一篇研究論文，非一般短小精簡的歷史辭典之各辭目

可比，茲將之一一列舉如下。

1. 秦孝儀主編，《中華民國名人傳》，第 2 冊，臺北：近
   代中國出版社，1984

   (1) 〈吉星文（1908-1958）〉，頁 46-55

   (2) 〈胡璉（1907-1977）〉，頁 170-188

   (3) 〈段祺瑞（1865-1936）〉，頁 202-220

   (4) 〈張鈁（1886-1966）〉，頁 364-375

   (5) 〈張鍾端（1879-1911）〉，頁 428-438

   (6) 〈趙家驤（1910-1958）〉，頁 538-545

2. 秦孝儀主編，《中華民國名人傳》，第 3 冊，臺北：近
   代中國出版社，1985

   (1) 〈吳佩孚（1874-1940）〉，頁 130-152

   (2) 〈曹錕（1862-1939）〉，頁 292-303

   (3) 〈趙秉鈞（1859-1914）〉，頁 498-514

   (4) 〈劉茂恩（1898-1981）〉，頁 604-612

   (5) 〈劉鎮華（1883-1955）〉，頁 630-640

3. 秦孝儀主編，《中華民國名人傳》，第 5 冊，臺北：近
   代中國出版社，1986

   (1) 〈林森（1867-1943）〉，頁 152-186

   (2) 〈趙聲（1881-1911）〉，頁 476-501

   (3) 〈熊希齡（1870-1937）〉，頁 504-513

   (4) 〈黎元洪（1864-1928）〉，頁 540-569

第三章　行政工作——克盡職守

一、中國歷史學會總幹事（1971-1978）

　　中國歷史學會是 1950 年代初期在臺北發起成立的。它發行的會刊上載有〈中國歷史學會史略〉一文，謂「中國歷史學會前身『中國史學會』，民國卅二年十月廿四日在重慶成立」。[1] 實則，中國史學會是 1943 年 3 月 24 日在重慶成立的，至於是中國歷史學會的前身，亦有些牽強；而且在它之前已有過兩個中國史學會，一在北平，一在南京，均成立於 1929 年 1 月。

　　北平的中國史學會，發起人為國立北平（京）大學史學系教授、系主任朱希祖。於 1929 年 1 月 13 日，假國立北平大學第一師範學院（原國立北京師範大學）舉行，到會者有「北京大學、清華大學、師範大學、燕京大學、輔仁大學、女子師範大學六校教授、學生共九十四人」。[2] 六校教授計有朱希祖、陳垣、羅家倫、張星烺、劉崇鋐、

1　〈中國歷史學會史略〉，《中國歷史學會史學集刊》，第 11 期（1979.5），頁 239。

2　朱希祖，《朱希祖日記》，上冊（北京：中華書局，2012），頁 122，1929 年 1 月 13 日條。惟《大公報》（天津）報導，到會者「共百數十人」；見該報，1929 年 1 月 15 日，第 2 張第 5 版。應以朱日記所記，較為可信。所記的六所大學，北京大學、師範大學、女子師範大學均為舊稱，當時已改名，如北京女子師範大學已改為北平大學第二師範學院。

王桐齡、王謨、蕭一山、劉玉峰、孟世傑、陳映璜、朱師
轍、郭廷以；此外，尚有任職故宮博物院的單士元、劉儒
林、滕統音，古物保管會分會的莊嚴；及北大畢業生、研
究生等。[3] 下午 3 時開會，由朱希祖擔任主席，報告學會
籌備情形，討論通過簡章畢，即投票選舉委員 9 人，共
七十六人投票，朱希祖得七十四票，陳垣六十票，羅家倫
四十九票，錢玄同四十三票，王桐齡四十一票，張星烺
三十九票，沈兼士三十三票，陳衡哲三十一票，馬衡三十
票當選。候補委員為陶孟和、袁同禮、蕭一山、劉崇鋐、
翁文灝。[4] 1 月 20 日，開第一次委員會，朱希祖當選為主
席及徵審部主任，編審部主任陳垣，出版部主任王桐齡，
圖書部主任張星烺。[5] 該會計畫整理舊史，編輯人名、地
名、年代、歷史辭典，印行刊物，舉行學術演講。[6]

　　南京的中國史學會，亦成立於 1929 年 1 月，幾乎與
北平的中國史學會同時。發起人為任教於國立中央大學的
繆鳳林、范希曾、陳訓慈、張其昀，以及鄭鶴聲、向達。
他們均畢業自國立南京高等師範學校（國立東南大學、國
立中央大學的前身）文史地部，受業於柳詒徵，為「南
高史地學派」的成員。3 月，發行會刊《史學雜誌》。此
外，還出版《南京中國史學會叢書》，計有桑原隲藏的

3　《大公報》（天津），1929 年 1 月 15 日，第 2 張第 5 版。

4　朱希祖，《朱希祖日記》，上冊，頁 122，1929 年 1 月 13 日條。1 月 15
　　日的《大公報》（天津），則記錢玄同 42 票，其他均同。

5　朱希祖，《朱希祖日記》，上冊，頁 124，1929 年 1 月 20 日條。

6　傅振倫，《傅振倫文錄類選》（北京：學苑出版社，1994），頁 606。

《蒲壽庚考：唐宋元市舶史料》、柳詒徵的《中國文化史》、繆鳳林的《中國通史綱要》和《日本論叢》、陳鼎忠的《通史敘例》和《六藝後論》等。在刊布同人著作的同時，希望能擴大該中國史學會的影響。[7]

　　然而，從後來的實際情形看，北平、南京的中國史學會均無大的作為，很快便不了了之。[8] 而南北史學界各自為建立全國性的專業史學會的努力，也由於相互間未能好好溝通，都希望由自己居於主導地位；再加上南北學派對於新史學研究方法、研究旨趣和關注重心的不同，遂使得他們建立的中國史學會，名義上以「中國」命名，實則仍不過是區域性的歷史學會。[9]

　　及至八年抗戰期間，全國絕大多數的歷史學者，隨著國民政府、各大學高校、研究機構的內遷，而集中於西南大後方；史學界原本的南北畛域之見趨於淡化，於是在國民政府教育部（部長陳立夫）的召集下，全國性的中國史學會終於在陪都成立。成立大會是 1943 年 3 月 24 日下午 3 時，在重慶的中央圖書館舉行，到者一百二十餘人。其中遠道而來的有昆明西南聯大的雷海宗、姚從吾、陳雪屏、鄭天挺、王迅中（王信忠），嘉定（即四川之樂山）

7　吳忠良、王效良，〈陳訓慈與民國時期的中國史學會〉，《浙江社會科學》，2007 年第 3 期，頁 155、156。

8　桑兵，〈二十世紀前半期的中國史學會〉，《歷史研究》，2004 年第 5 期，頁 123。

9　舒習龍，〈全面抗戰時期的中國史學會新探〉，《河北學刊》，2021 年第 4 期，頁 82。

武漢大學吳其昌，城固（陝西）西北聯大黎錦熙，藍田師
範學院廖世承，坪石（廣東）中山大學陳安仁，成都金陵
大學劉國鈞，三台（四川）東北大學金毓黻，遵義（貴
州）浙江大學張其昀、方豪。[10] 此外，計有顧頡剛、陳立
夫、黎東方、傅斯年、徐炳昶、吳敬恆、胡煥庸、繆鳳
林、陳衡哲、譚其驤、張西堂、侯堮、朱文宣、曾世英、
徐文珊、鄭樹椿、羅根澤、鄭鶴聲、蔣廷黻、陳訓慈、
顧實、何茲全、張貴永、沈剛伯、丁山、賀昌羣、張聖
奘、曾祥和、黃秉鈞、劉廷芳、劉衡如、方覺慧、蔣復
璁、朱延豐、王芸生、張金鑑、劉熊祥、馬仁松（社會部
代表）、衛聚賢、羅香林、陳東原、彭澤益、荊三林、李
樹桐。[11]

　　大會開始時，由黎東方（時任教育部史地教育委員
會聘任委員兼祕書）擔任臨時主席，行禮後，推選顧頡
剛、徐炳昶、傅斯年、黎東方、黎錦熙、金毓黻、雷海
宗、蔣復璁、陳衡哲九人為主席團，顧頡剛擔任總主席。
大會閉幕前，選舉理監事，當選理事者二十一人，為顧頡
剛、傅斯年、黎東方、雷海宗、徐炳昶、陳寅恪、金毓
黻、錢穆、朱希祖、吳其昌、胡適、繆鳳林、柳詒徵、姚
從吾、沈剛伯、黎錦熙、衛聚賢、蕭一山、張其昀、陳安
仁、陳訓慈；候補理事九人，為羅香林、陳衡哲、王芸

10　《中央日報》（重慶），1943 年 3 月 24 日，第 3 版。

11　顧頡剛，《顧頡剛日記》（臺北：聯經出版事業公司，2007），第 5 卷，
　　頁 45-46，1943 年 3 月 24 日條。

生、方豪、賀昌羣、陸懋德、丁山、張西堂、向達。監
事七人，為吳敬恆、方覺慧、張繼、蔣廷黻、吳俊升、
蔣復璁、鄒魯；候補監事三人，為陳東原、王迅中、蒙
文通。[12]

　　3月26日下午，中國史學會舉行第一次理監事聯席
會議，選出顧頡剛、傅斯年、黎東方、朱希祖、陳訓慈、
衛聚賢、繆鳳林、金毓黻、沈剛伯九人為常務理事；吳敬
恆、方覺慧、蔣復璁三人為常務監事；並推定黎東方為該
會祕書。會議還議定自3月28日起至4月4日，每日舉
行一場講演會，講演者依次為衛聚賢、陳安仁、雷海宗、
鄭天挺、王迅中、吳其昌、羅香林、傅斯年。並擬發行月
刊一種，由各大學會員輪流主編，同時共同按點二十四
史及資治通鑑，俾於短期內能有新本饗世。[13] 此後的四年
中，該會雖未能完全實現其創辦的宗旨，即聯絡全國歷史
學者共同促進史學之研究和史學知識之傳布，但仍有其一
定的成績如：（1）組織史學講座；（2）編纂《中國歷代
名賢故事集》；（3）編纂中國史學會會刊《中國史學》；
（4）呼籲《清史稿》解禁，並進行校訂和出版；（5）創
辦或擬辦中國史學會分會。[14]

　　1949年10月，中華人民共和國在北平成立，同年
12月，行憲後的中華民國政府遷至臺灣，原中國史學會

12　《中央日報》（重慶），1943年3月25日，第3版。
13　《中央日報》（重慶），1943年3月27日，第3版。
14　舒習龍，〈全面抗戰時期的中國史學會新探〉，頁87-89。

的各理監事，或留居大陸，或遷居臺灣，該會已無法運
作。大陸史學界於 1949 年 7 月 1 日成立中國新史學研究
會，以籌建新的中國史學會。1951 年 7 月 28 日，籌備兩
年之久的中國史學會，終於在北京召開成立大會，選出理
事四十一人，候補理事九人，主席郭沫若，副主席吳玉
章、范文瀾；原中國史學會的理事，只有四人（陳垣、陳
寅恪、徐炳昶、金毓黻）進入了新的理事會。而非常熱衷
於聯絡組織的顧頡剛仍然未獲邀請，這意味著，占據史學
界主流或主導地位的那些學人，已經成為旁支化的統戰對
象，需要接受不斷的改造了。[15]

　　相對於大陸史學界另建新的中國史學會，臺灣史學
界的因應之道則是「在臺復會」，首由張其昀和董作賓倡
議。1954 年 1 月 13 日，張其昀宴請多位史學界人士，即
席發起通過重新組織中國歷史學會，並推薦方豪等多人為
籌備委員。[16] 其會名與原中國史學會僅一字之差，可能是
因為大陸已成立有新的中國史學會，不欲與之同名。但如
此一來，似有違其「復會」的初衷。

　　同年 2 月 18 日，胡適自美國返臺，20 日下午 6 時，
史學界人士張其昀、羅家倫、董作賓、李濟、蕭一山、沈
剛伯、但燾、毛子水、黃純青、姚從吾、劉崇鋐、蔣復
璁、郭廷以、張貴永、牟潤孫、方豪、程光裕等三十餘
人，假臺北賓館歡宴胡適。張其昀致詞說此次聚會意義有

15　桑兵，〈二十世紀前半期的中國史學會〉，頁 136、138、139。
16　〈中國歷史學會史略〉，頁 239。

三：（1）歡迎胡適博士，自海外歸來。（2）為黃純青八十壽誕祝賀。（3）發起籌組中國歷史學會。繼由方豪報告，胡適、董作賓、劉崇鋐、羅家倫相繼講話，即進行討論，決定事項有二：（1）本日參加座談會的史學界人士均為中國歷史學會發起人。（2）中國歷史學會成立大會定於本年3月7日舉行，並由方豪、王德昭、牟潤孫、程光裕等人負責籌備。[17] 2月24日，經第三次籌備會決定3月7日召開成立大會。1954年3月7日下午2時，中國歷史學會假臺北市徐州路國立臺灣大學法學院大禮堂舉行成立大會，與會者二一五人，由胡適擔任大會主席。大會除討論、修正、通過會章草案，復舉行第一屆理、監事選舉，依照會章選出理事二十一人，監事九人，及候補理、監事多人。成立之初，會員凡三二九人。[18] 其中有許多文史哲學界的大師，可說是學海風雲人物，能當選為第一屆理、監事的，尤為其中之最。

其當選名單為理事：胡適、沈剛伯、張其昀、方豪、錢穆、李濟、姚從吾、羅家倫、蔣廷黻、蕭一山、勞榦、郭廷以、劉崇鋐、沙學浚、張貴永、牟潤孫、王德昭、左舜生、程光裕、羅香林、陳致平。候補理事：夏德儀、徐道鄰、蔣復璁、芮逸夫、宋晞、吳相湘、李定一。監事：董作賓、毛子水、朱家驊、但燾、黃純青、凌純聲、李宗

17　程光裕，〈學海風雲錄——張其昀・胡適・歷史學會〉，《中外雜誌》，第58卷第1期（1995.7），頁120-121。

18　〈中國歷史學會史略〉，頁239。

侗、程發軔、盧逮曾。[19] 其中胡適、沈剛伯、張其昀、錢
穆、姚從吾、蕭一山六人，係原中國史學會的理事；方
豪、羅香林二人，係原候補理事；蔣廷黻係原監事。至
於原常務理事兼祕書黎東方，於 1949 年 10 月自香港飛
往美國，滯居五年多，其間曾在布萊德雷大學（Bradley
University）等校任教，未獲選為中國歷史學會的理事。
至 1957 年黎赴臺定居，任教於政工幹部學校及中國文化
學院史學研究所，[20] 乃獲選為中國歷史學會第二、三、
四、六、七、八、十、十一至二十各屆的理事。

　　根據中國歷史學會的章程，選舉理、監事是該會員
大會的主要任務之一，選出之後，再由理、監事推選常務
理、監事及理事長，並由理事長聘定總幹事，共同策劃並
推動其任期內「促進史學研究與普及史學知識」（中國歷
史學會章程第二章宗旨）的工作。[21] 1954 年 4 月 3 日上
午，中國歷史學會第一屆理監事第一次會議，假臺北市羅
斯福路臺灣大學會議室舉行，由沈剛伯擔任主席，選出沈
剛伯、方豪、張其昀、姚從吾、劉崇鋐為常務理事，董作
賓、毛子水、朱家驊為常務監事，推沈剛伯為理事長，常

19　參見〈中國歷史學會史略〉，頁 241。及程光裕，〈學海風雲錄——張其昀‧
　　胡適‧歷史學會〉，頁 122。惟程文將監事中之程發軔、盧逮曾二人誤記
　　為楊紹震、衛惠林。

20　程光裕，〈史學家黎東方（下）〉，《中外雜誌》，第 66 卷第 6 期（1999.12），
　　頁 139、140、141。黎東方，《平凡的我》，第 2 集（臺北：國史館，
　　1998），頁 185-186、195-196、208-209、216、224、244、260、263。

21　李雲漢，〈中國歷史學會與其第八屆會員大會（上）〉，《新知雜誌》，
　　第 2 年第 3 期（1972.6），頁 10。

務理事方豪為總幹事。[22]

　　方豪曾記述他在該學會第一屆理監事第一次會議中被推為總幹事的經過云：

　　這次會議是由胡適之先生出名召集，也由他擔任臨時主席；但胡先生卻又提議請沈剛伯先生擔任本日會議主席。當推舉常務理事時，胡先生表示他常在國外，頗不方便，主張由在國內者擔任；結果，沈剛伯等五人為常務理事，沈先生為召集人。劉壽民〔按：即劉崇鋐〕先生因事赴臺中，留函建議由我擔任總幹事，姚〔從吾〕先生在會中又竭力鼓動，就這樣逼上了梁山。[23]

22　參見程光裕，〈學海風雲錄——張其昀‧胡適‧歷史學會〉，頁122。及〈中國歷史學會史略〉，頁241。

23　方豪，〈我所認識的姚從吾先生〉，《傳記文學》，第16卷第5期（1970.5），頁39。

中國歷史學會第一屆理監事合影（1954 年 4 月 3 日），自左起前排沈
剛伯、董作賓、毛子水、但燾、胡適、黃純青、左舜生、羅家倫；第
二排方豪、劉崇鋐、張其昀、盧逮曾、姚從吾；第三排蕭一山、張貴
永、程發軔、郭廷以、李濟、李宗侗、陳致平；第四排沙學浚、凌純聲、
牟潤孫、程光裕、王德昭。
《姚從吾先生哀思錄》。

　　然而，自中國歷史學會成立至 1966 年的 12 年間，只
舉行過兩次會員大會：即第二屆及第三屆。其中第二屆會
員大會於 1961 年 4 月 22 日下午 2 時，假臺北市徐州路國
立臺灣大學法學院大禮堂舉行，票選出姚從吾、胡適、方
豪、勞榦、劉崇鋐、張其昀、錢穆、王德昭、張貴永、夏
德儀、郭廷以、芮逸夫、黎東方、楊紹震、吳相湘、沙學
浚、楊雲萍、羅香林、胡秋原、李樹桐、陳致平為理事，
沈剛伯、毛子水、董作賓、李宗侗、李濟、蔣復璁、羅家
倫、蕭一山、朱家驊為監事。理事長姚從吾，總幹事張
貴永。[24]

24　〈中國歷史學會史略〉，頁 240-241。

　　第三屆會員大會，於 1966 年 9 月 18 日上午 10 時，假臺北市國立臺灣大學附屬醫院外科教室舉行，票選出沈剛伯、方豪、姚從吾、許倬雲、張其昀、錢穆、郭廷以、劉崇鋐、杜維運、夏德儀、勞榦、黎東方、陶希聖、宋晞、陳捷先、程光裕、左舜生、沙學浚、陳奇祿、李樹桐、李邁先為理事，毛子水、蕭一山、屈萬里、蔣復璁、李濟、李宗侗、包遵彭、蕭公權、凌純聲為監事。[25]

　　據當選本屆理事的中央研究院近代史研究所所長郭廷以，在是日的日記中記稱：

> 中國史學會自民國十七年來兩度成立，迄無所成。十餘年前又在台北組織，依然如故。今日又召開大會，改選所謂理事，意見不一。余建議所有舊任概行退出，另舉新人，最後則仍照舊法辦理。[26]

　　10 月 1 日，該學會召開第三屆第一次理、監事聯席會議，推選方豪、沈剛伯、姚從吾、陳捷先、陳奇祿為常務理事；凌純聲、包遵彭、李濟為常務監事。方豪（理事長）、凌純聲為召集人。常務理、監事並於同日推陳捷先兼總幹事。又按會章第九條決議先成立研究、出版、國際聯繫三委員會。10 月 13 日下午 3 時，假臺北市省立博物

25　現代學苑資料室，〈中國歷史學會積極推行會務〉，《現代學苑》，第 3 卷第 11 期（1966.11），頁 16。

26　郭廷以，《郭量宇先生日記殘稿》（臺北：中央研究院近代史研究所，2012），頁 675，1966 年 9 月 18 日條。

館舉行研究等三委員會聯席會議，就常務理、監事會議所暫擬之各組名稱與主持委員，共同商討，並推舉召集人如下：

（1）**研究委員會**，下設八組：

　　上古史組：陳槃（召集人）、石璋如、許倬雲。

　　中古史組：宋晞（召集人）、李樹桐、程光裕。

　　近代史組：李毓澍（召集人）、黃大受、戴玄之。

　　邊疆史組：廣祿（召集人）、札奇斯欽、歐陽無畏。

　　臺灣史組：楊雲萍（召集人）、毛一波、賴永祥。

　　西洋史組：王萍（召集人）、王任光、楊紹震。

　　東亞史組：吳俊才（召集人）、梁嘉彬、朱雲影、
　　　　　　　呂士朋。

　　美術史組：李霖燦（召集人）、那志良、譚旦冏、
　　　　　　　姚谷良、王宇清。

（2）**出版委員會**，下設二組：

　　年報組：屈萬里（召集人）、李邁先、杜維運。

　　通訊組：陳捷先。

（3）**國際聯繫委員會**，下設二組：

　　國際會議組：陳奇祿（召集人）、包遵彭、
　　　　　　　　許倬雲。

　　書刊交換組：黃得時（召集人）、宋晞、汪雁秋、
　　　　　　　　曹永和。[27]

27　現代學苑資料室，〈中國歷史學會積極推行會務〉，頁 16。

惟據守孔先生憶述早期的中國歷史學會云：

> 十二年間僅舉行會員大會三次，既無學術刊物出版，
> 會員之間更缺乏聯繫。當時望重史學界大師甚多，各
> 立門戶，學派分明，彼此意見尚難完全溝通。我從歷
> 史學會在臺復會後，就參加為會員，記憶所及早期會
> 務推動似乎並不順利。[28]

　　第四屆會員大會，於 1968 年 3 月 16、17 日兩天假
臺北市南海路國立歷史博物館舉行，與會的專家學者們約
兩百多人。大會的主要活動為：

（1）專題演說與學術講演：16 日上午開幕典禮後，大會
　　　即宣讀上蔣中正總統致敬書及嚴家淦副總統對大會
　　　之賀詞。繼由考試院院長孫科以「發揚新史學的任
　　　務」為題發表演說。接著史學家錢穆以「略說當前
　　　史學界」為題，作學術講演。

（2）座談會：舉行了兩個座談會，討論「復興中華文
　　　化」和「歷史教學」兩個問題。由於時間限制，兩
　　　個座談會於 16 日下午，分兩處同時舉行。

（3）改選理、監事：於 17 日上午進行投票，選出方豪、
　　　包遵彭、黎東方、錢穆、戴玄之、張其昀、郭廷

28　李守孔，〈黃季陸先生與中國歷史學會〉，中華民國史料研究中心編印，《黃
　　季陸先生與中國近代史研究》（臺北：中華民國史料研究中心，1986），
　　頁 437。

以、沈剛伯、宋晞、沙學浚、陳捷先、屈萬里、
姚從吾、楊家駱、杜維運、許倬雲、趙鐵寒、王聿
均、李毓澍、黃大受、李邁先為理事，蕭一山、蔣
復璁、毛子水、羅家倫、夏德儀、李濟、劉崇鋐、
程光裕、陶希聖為監事。

(4) 宣讀論文：17 日上午 10 時，改選理、監事後，即
開始宣讀論文。

因時間關係，上古、中古史及近世、近代史兩組，
分兩處同時舉行。

(1) 上古、中古史組（由陳槃主持）：其宣讀人及論文
題目為黎東方「中國彩陶與中東近東彩陶」、王恆
餘「中國古代的『尹』官」、姚寄農「魏蜀吳三者
之間均衡勢力的維持」、方豪「南宋對於食糧生產
的努力」、姚從吾「元朝秘史研究的現狀」。

(2) 近世、近代史組（由黃大受、戴玄之主持）：其
宣讀人及論文題目為楊雲萍「明監國魯王壙誌小
考」、趙鐵寒「關於明史紀事本末的一段公案」、
陳捷先「釋『八和碩貝勒』」、包遵彭「馬尾船政
學堂考」、程光裕「關於黃遵憲研究的新史料」、
宋晞「中共的史學研究」。[29]

同日下午，大會圓滿結束。綜觀其出席人數之多，
發言之踴躍，論文宣讀之精彩，是該會成立以來最成功的

29　〈中國歷史學會議第四屆年會〉，《史學彙刊》，第 1 期（1968.8），頁
232-234。

一次。誠如該會理事之一曾任第一屆理事長的沈剛伯，在會後發表談話說：「從北平到南京，從南京到重慶，從重慶到臺灣，這一次纔像是真正的歷史學會，有聲有色」。[30] 隨後，全體會員往遊陽明山，參觀中國文化學院，中華學術院與國防研究院，晚間應國防研究院主任張其昀邀宴，宴會上張其昀以「松溪與華岡」為題發表演說。[31]

3月24日，該會舉行理、監事聯席會議，選出方豪、陳捷先、黎東方、宋晞、戴玄之、沈剛伯、包遵彭為常務理事；毛子水、蕭一山、程光裕為常務監事。並推方豪連任理事長，陳捷先為總幹事。[32] 自本屆起，會員大會均每年舉行，從未間斷。

第五屆會員大會，於 1969 年 3 月 31 日及 4 月 1 日兩天，假臺中市東海大學舉行。由於會員們大部分住在臺北，此次能在臺中開會，完全出於東海大學的招待，是本屆大會的一大特色。3 月 31 日上午 9 時，全體與會會員，在東海大學銘賢堂參加開幕典禮，由理事長方豪致開幕詞，然後宣讀上總統致敬電文，及慰問大陸史學界被壓迫人士書。10 時 20 分，舉行第一次大會，由國史館館長黃季陸以「荷馬李將軍與中國革命」為題，作學術演講；下

---

30 現代學苑資料室，〈中國歷史學會舉行會員大會〉，《現代學苑》，第 5 卷第 4 期（1968.4），頁 36。

31 〈中國歷史學會議第四屆年會〉，頁 232。

32 現代學苑資料室，〈中國歷史學會舉行會員大會〉，頁 5。

午分兩組宣讀論文：

（1）第一組（由王任光主持）：其宣讀人及論文題目
　　　為姚從吾「轉手記載不如原書的舉例」、李霖燦
　　　「試論中國畫的構圖」、楊雲萍「中國上古史上的
　　　『三』與『五』試考」、包遵彭「中國古代海洋文
　　　化」、張大軍「西域史前史之研究」。

（2）第二組（由黃大受主持）：其宣讀人及論文題目為
　　　張存武「清代中韓關係的本質」、宋晞「清末南非
　　　杜省（Transvaal）的華工」、陳捷先「清代的奏摺與
　　　朱批」、方豪「在臺灣完成的妙復軒石頭記評」、
　　　呂士朋「戊戌百日維新的經濟改革及其影響」。[33]

　　4月1日上午8時半，舉行第二次大會，討論會務及
改選理、監事，由常務理事宋晞擔任主席。大會選出方
豪、楊紹震、陳捷先、姚從吾、宋晞、杜維運、呂士朋、
屈萬里、劉崇鋐、沈剛伯、楊家駱、夏德儀、許倬雲、李
邁先、王任光、錢穆、守孔先生、蔣復璁、傅樂成、札奇
斯欽、張其昀為理事，李濟、毛子水、藍文徵、蕭一山、
黃季陸、李宗侗、郭廷以、包遵彭、凌純聲為監事。選舉
完畢，繼續宣讀論文，仍分兩組進行：

（1）第一組（由楊紹震及王聿均主持）：其宣讀人及論
　　　文題目為繆寄虎「箕子入朝鮮之真象及早期中韓關
　　　係」、札奇斯欽「蒙古帝國初期對土蕃的經略」、

33　〈中國歷史學會第五屆年會紀要〉，《史學彙刊》，第2期（1969.8），
　　頁262-263。

毛一波「袁了凡的生卒年代」。

（2）第二組（由周培智及王天民主持）：其宣讀人及論
　　　文題目為李毓澍「日俄戰後（一九〇五－三一）
　　　日本在我國東北的拓殖政策」、孫常煒「蔡元培先
　　　生的生平」、蔣永敬「胡志明與中國（一九四〇－
　　　四五）」。

　　下午分兩組活動，大部分會員去參觀省議會、中國
國民黨黨史資料庫、及臺灣省政府。另一部分參加在臺中
一中舉行的歷史教學座談會，討論歷史教科書的問題。是
日晚，集體乘車北返。[34]

中國歷史學會第五屆理監事合影（1969年4月），前排左起為劉崇鋐、
黃季陸、方豪、姚從吾、夏德儀、屈萬里，後排左起為陳捷先、札奇
斯欽、宋晞、杜維運（左五）、守孔先生（左六）。
《姚從吾先生哀思錄》。

34　〈中國歷史學會第五屆年會紀要〉，頁263-264。

綜觀此屆會員大會，守孔先生首度獲選為中國歷史
學會的理事，該會唯一的學術刊物《中國歷史學會史學集
刊》亦於是年 3 月創刊發行。至於理事長仍由方豪續任，
總幹事則易為札奇斯欽。[35]

據曾參加此屆會員大會的守孔先生憶述：

> 中國歷史學會自五十七年第四屆會員大會後，因理
> 監事候選人提名問題，曾引起會員間意氣之爭。故
> 五十八年三月三十一日第五屆會員大會在臺中東海大
> 學舉行時，會場中充滿火爆氣氛，選票問題曾發生枝
> 節。歸途中又遭到交通車被憲警扣留意外事件，會務
> 前途莫測高深。[36]

文中所提及的交通車被扣留意外事件，是指第五屆
會員大會閉幕當天（4 月 1 日）夜晚，會員們乘坐三輛遊
覽車北返，至新竹時，可能出於誤會，突被某單位攔阻，
理事長方豪與總幹事陳捷先尚未下車交涉，理事之一的姚
從吾，卻一躍而下，衝入某單位，拿出自己國民黨第十次
全國代表大會的出席證等證件，並嚴正地告訴某單位主
管，車上還有外國會員二、三十人，務請勿鬧笑話等語，
後來也就平安無事的放行。[37]

---

35 〈中國歷史學會史略〉，頁 242。
36 李守孔，〈黃季陸先生與中國歷史學會〉，頁 438。
37 方豪，〈我所認識的姚從吾先生〉，頁 40。

　　第六屆會員大會，於 1970 年 4 月 26 日假臺北市南海路國立歷史博物館舉行。是日上午 9 時，行開幕典禮，由理事長方豪主持，全體與會會員首先肅立為本年度去世的七位會員默哀，他們是徐高阮（1969 年 10 月 9 日逝世）、左舜生（1969 年 10 月 16 日逝世）、高蔭祖（1969 年 12 月 21 日逝世）、羅家倫（1969 年 12 月 25 日逝世）、但燾（1970 年 1 月 9 日逝世）、包遵彭（1970 年 2 月 20 日逝世）、姚從吾（1970 年 4 月 15 日逝世），對於他們在史學界的成就與貢獻，表示崇敬。繼由理事長方豪致開幕詞，並宣讀上總統致敬電、慰問大陸史學界被壓迫人士書及宣讀各界賀電。10 時 20 分，舉行第一次大會，由常務理事宋晞主持。大會中，首由總幹事札奇斯欽報告一年來會務進展情形。接著是討論提案，通過了修改會章及成立中國歷史學會臺灣省分會之二提案。討論完畢，遂即舉行理、監事之改選，選出方豪、札奇斯欽、宋晞、賈季陸、楊家駱、陳捷先、錢穆、夏德儀、傅樂成、黎東方、守孔先生、杜維運、沈剛伯、劉崇鋐、張其昀、呂士朋、王任光、屈萬里、許倬雲、蔣復璁、李邁先、趙鐵寒、李樹桐、高亞偉、黃大受、楊雲萍、楊紹震二十七人（以往為二十一人）為理事，毛子水、李濟、陶希聖、蕭一山、郭廷以、李宗侗、程光裕、沙學浚、藍文徵九人為監事。[38]

---

[38] 〈中國歷史學會第六屆年會紀要〉，《史學彙刊》，第 3 期（1970.8），頁 211-212。其括號內七位會員逝世的年月日，係據《中國歷史學會史學集刊》，第 2 期（1970.4），「目次」，頁 2 所載。

　　下午 2 時，舉行第二次大會，請梁敬錞、黃季陸分別以「抗戰後期中美關係的檢討」、「中華民國六十年大事記的構思」為題作專題演講。下午 3 時 30 分起，開始宣讀論文，分三組進行，共計宣讀十一篇：

（1）第一組為秦漢隋唐史組（由陳槃及楊家駱主持）：其宣讀人及論文題目為孫常煒「中西封建制度之比較」、李震「關於古史上幾則疑史的論證」、蘇瑩輝「從敦煌寫本文書及壁畫題記論五代歸義軍之領州數」。

（2）第二組為宋遼金元明清史組（由宋晞主持）：其宣讀人及論文題目為李榮村「黑風峒變亂始末」、楊雲萍「鄭成功誕辰考」、方豪「清初宦遊雲南的臺灣人王璋」。

（3）第三組為中國邊疆歷史組（由歐陽無畏主持）：其宣讀人及論文題目為趙尺子「蒙古語裡的鐵和中國鐵器時代的推定」、林恩顯「統業護可汗時代的西突厥研究」、陳捷先「清國史館的滿文本紀」、札奇斯欽「元亡後佛教在蒙古的活動」、丁崑健「就蒙哥可汗經略西南論蒙古對宋的戰略」。

　　大會至下午 6 時圓滿結束。[39] 本屆理事長改由黃季陸接任，總幹事仍為札奇斯欽。[40] 守孔先生二度獲選為理事。

39　〈中國歷史學會第六屆年會紀要〉，頁 211、212。
40　〈中國歷史學會史略〉，頁 242。

第七屆會員大會，於 1971 年 5 月 9 日上午 9 時假臺北市和平東路國立師範大學大禮堂舉行，由理事長黃季陸主持。教育部長羅雲平應邀與會致詞，寄望從事歷史研究的學者和教育工作者，播揚我國固有文化，使得民族教育生根，從而建立民族信心。會中由梁敬錞講「開羅會議與戰後世局」，會後舉行分組論文宣讀。其宣讀人及論文題目為：

（1）上古史組：楊希枚「孟子滕文公篇三年喪故事的分析」、洪安全「就史記晉世家談司馬遷記載歷史的方法」、趙尺子「從蒙古語麥、稻推定中國的農業開始年代」。

（2）中古史組：王吉林「昆明考」、石萬壽「玄奘西遊時間的探討」、李榮村「溪洞溯源」、李符桐「元史列傳繆誤之探討」、林天蔚「唐武德五年嶺南道三大溪峒之歸順及其影響」。

（3）近代史組：梁嘉彬「從明清兩代中國日本琉球三國文獻看釣魚台羣島問題及琉球問題」、黃嘉謨「杜文秀的聯英外交」、黃彰健「論康子十五篇的寫作年代」、何烈「晚清租稅結構的變動」。

（4）民國史組：李雲漢「宋哲元與七七事變」、李毓澍「九一八事變後日本在東北的拓殖經營」、守孔先生「段祺瑞與民初政局」。

（5）史學組：楊雲萍「鮚埼亭集校記」、閻沁恆「湯恩培的歷史哲學」、孫鐵剛「從思想與文化淵源試

探尚書的構成」、張元「胡適之先生的水經注研
究」、杜維運「比較歷史學」。

（6）邊疆史組：陳慶隆「論白山黨與黑山黨」、張葳
「說滿文干支及數字的來源」、洪金富「就蒙古祕
史所記談成吉思汗對俘虜的處理問題」。

（7）外國史組：李邁先「泛論東歐史之一般特徵」、李
永熾「日本近代史研究的趨勢」、孫同勛「美國新
左派史學之崛起及其主張」。[41]

是日，大會並票選出該會第七屆理、監事，理事為：
方豪、札奇斯欽、黃季陸、宋晞、李符桐、守孔先生、錢
穆、李邁先、張其昀、陳捷先、楊家駱、李樹桐、黃大
受、傅樂成、高亞偉、夏德儀、杜維運、劉崇鋐、沈剛
伯、楊雲萍、程光裕、呂士朋、黎東方、戴玄之、王天
民、王任光、蔣復璁。監事為：毛子水、陶希聖、李濟、
蕭一山、沙學浚、藍文徵、郭廷以、李宗侗、郭榮趙。由
黃季陸續任理事長，守孔先生為總幹事。[42]

黃季陸早年留學日、美、加，過去在大陸時，曾任
國民政府內政部次長、國立四川大學校長。國府遷臺後，
1952 年出任內政部長，1958 年出任考選部長，1961 年
出任教育部長，1965 年出任中央設計考核委員會主任委
員。在此以前，因公務繁忙，似乎與史學界關係不深，直

---

41 〈中國歷史學會第七屆年會紀要〉，《史學彙刊》，第 4 期（1971.12），
　　頁 273-274。《中央日報》（臺北），1971 年 5 月 10 日，第 4 版。

42 〈中國歷史學會史略〉，頁 242。

到 1968 年出任國民黨黨史會主任委員（1968-1971）兼國
史館館長（1968-1984），才正式加入中國歷史學會，出
席翌年第五屆會員大會，並當選常務監事。據守孔先生憶
述：與黃認識是在 1965 年黃卸任教育部長職務以後，當
時守孔先生在臺大歷史研究所開了一門「中國近代現代史
專題討論」課程，定期邀請當代聞人講述民國掌故，因而
冒昧到黃府懇請，黃慨然允諾。閒談中黃婉轉指出守孔先
生撰寫的《國民革命史》中的幾處錯誤，守孔先生虛心接
受，並有所請益，以後與黃的接觸才日漸增多。1969 年
國史館編輯《中華民國史事紀要》，守孔先生被聘為審稿
委員。次年，國史館、黨史會合辦的「中華民國史料研究
中心」，在黃的主持下每月舉辦專題座談會一次，守孔
先生都按期參加。1971 年，札奇斯欽堅辭歷史學會總幹
事，黃接受常務理事楊家駱的建議，乃要守孔先生以常務
理事身份接任總幹事。[43] 而且連任七屆，至 1978 年 5 月
第十四屆會員大會改選理、監事時方始卸任，專任常務理
事，是歷史學會任期最長的總幹事。黃季陸則連任十三屆
理事長，至 1983 年 5 月第十九屆會員大會改選理、監事
時方始卸任，是歷史學會任期最長的理事長。

　　第八屆會員大會，於 1972 年 5 月 7 日假臺北市南海
路國立歷史博物館舉行。上午 8 時，開始辦理報到。9
時，大會舉行開幕典禮。首先由主席（理事長）黃季陸致

43　李守孔，〈黃季陸先生與中國歷史學會〉，頁 438-439。

詞，致詞完畢後，中國國民黨臺北市黨部主任委員陳水逢
及臺北市政府新聞處處長朱鶴賓，均以來賓身分，分別致
詞。臺灣省政府主席陳大慶，國民黨黨史會主任委員杜元
載，臺灣省政府教育廳廳長潘振球等均拍來賀電，由祕書
人員在大會上宣讀。繼之由國立政治大學文理學院院長方
豪作專題講演，講題是：研究臺灣「行郊」的綜合報告。
10 時 40 分，第一次大會開始，由常務理事宋晞主持。首
先是總幹事守孔先生作會務報告，將一年來歷史學會的學
術活動、經費收支情形及此屆大會籌備經過，作扼要的說
明。繼之，討論提案。提案有三：第一案是由黃大受等
二十三位教授所提的，請求教育部重視本國歷史教育，將
「中國通史」及「中國近代史」列為共同必修科案。[44] 守
孔先生亦列名為提案人之一，提案原文分為案由、理由、
辦法三個部分，其中辦法部分是「由本會函請教育部轉請
大學課程委員會，將原由文法學院必修之中國通史，列入
大學共同必修科目表內，全年六學分為必修科」；「在大
學共同必修科目表另列中國近代史為必修科（現為選修）
註明不修中國通史之各學院，一律必修中國近代史，全年
四一六學分」。這一提案提出後，提案人黃大受曾作口頭
說明，很順利地通過。第二、三案都是會員汪大鑄所提，
因內容已大部分包括在黃大受的提案內，建議交「下屆理

44　參照明，〈中國歷史學會第八屆年會紀要〉，《史學彙刊》，第 5 期（1973.3），
　　頁 351；及李雲漢，〈中國歷史學會與其第八屆會員大會（上）〉，頁 13-15。

事會研議辦理」。[45]

　　接下來 11 時 20 分，開始選舉第八屆的理、監事。由於事先準備的周到以及服務人員的盡責，選舉的進行甚為順利。投票結束後，立即開票，所有唱票、計票人員均由臺大、臺師大、輔仁大學、中國文化學院四校歷史研究所研究生擔任，他們一直忙碌到下午 3 時才統計出結果。新當選的理事為黃季陸、方豪、守孔先生、李符桐、宋晞、黃大受、楊家駱、札奇斯欽、高亞偉、杜維運、逯耀東、張其昀、陶晉生、程光裕、黎東方、錢穆、傅樂成、王任光、呂士朋、李樹桐、李邁先、郭榮趙、夏德儀、王曾才、楊雲萍、王天民、朱際鎰。監事為蕭一山、藍文徵、沙學浚、沈剛伯、陶希聖、毛子水、蔣復璁、梁敬錞、李濟。理事當選人名單中，有五位係首次當選者，即逯耀東、陶晉生、郭榮趙、王曾才、朱際鎰，其中的四位是回國不算太久的青年史學學人。下午 2 時至 5 時，舉行第二次大會，分五組宣讀論文，共 14 篇：

（1）甲組（唐史）：主持人為札奇斯欽、李符桐、李樹桐；宣讀人及其論文為王吉林「咸通年間唐對南詔關係之研究」、任育才「略論突厥文化形態及其對唐代文化影響」。

（2）乙組（宋史）：主持人為宋晞、楊家駱、程光裕；宣讀人及其論文為林天蔚「宋代公使庫諸問題」、

45　李雲漢，〈中國歷史學會與其第八屆會員大會（上）〉，頁 15-16。

李安「岳飛和文天祥的史事研究」、王德毅「李椿
年與南宋土地經界」。

（3）丙組（明史）：主持人為夏德儀、方豪、楊雲萍；
宣讀人及其論文為楊雲萍「鄭氏與臺灣──農村新
技術新方法的導進」、呂士朋「明初的中越關係」。

（4）丁組（近代史）：主持人為陳捷先、李毓澍、黃大
受；宣讀人及其論文為黃大受「從太平天國失敗
看今日中共政權〉、曾祥鐸「同文館」、王綱領
「民初列強對華之財政外交」、朱際鎰「鈴木大拙
答胡適博士文中有關禪非史家可作客觀的探說與歷
史性的考察之辨釋」、孫常煒「蔡元培先生與中央
研究院」。

（5）戊組（外國史）：主持人為李邁先、王任光、高亞
偉；宣讀人及其論文為陳驥「西方史學之新趨勢
並論西方史教學」、汪大鑄「希臘政治思想之歷史
背景」。[46]

大會於下午 5 時圓滿結束。

第八屆會員大會的熱烈、圓滿、成功，守孔先生襄
贊理事長黃季陸悉心地規劃籌備，功不可沒。除此之外，
會員人數的激增，《中國歷史學會史學集刊》份量的加
重，學術講演活動的舉辦，亦都是守孔先生任總幹事一年
來的主要貢獻。會員人數方面，1969 年第五屆會員大會

46　李雲漢，〈中國歷史學會與其第八屆會員大會（上）〉，頁 16-18。

以前的會員人數不超過兩百人，1969 年以後，會員的人數急劇增加，至 1972 年 5 月第八屆會員大會舉行前夕，會員人數已達五三二人，與國父遺教研究會同為會員人數最多的兩個學會。中國歷史學會會員人數近年來急劇增加的原因，一是由於臺灣各大學歷史研究所的設立與擴充，研究生人數增多，絕大多數研究生均為會員；一是若干教育界人員對歷史研究興趣的提高，甚至有的外交人員（如情報司司長魏煜孫）及學校行政人員（如省立中興中學校長褚承志），也都申請入會。值得一提的是五三二位會員中，有二十七位外籍會員，佔總人數的二十分之一稍強。這二十七位外籍會員，來自韓國、日本、美國、加拿大、土耳其、賴比瑞亞及琉球。其中三分之一是在輔仁、東海、臺大等校任教的教授，三分之二則是各校歷史研究所的研究生。[47]

　　《中國歷史學會史學集刊》方面，自 1969 年創刊起，至 1972 年第八屆會員大會召開時，已出版至第四期。由守孔先生籌劃的第四期，較之前三期已有甚多顯著的改進。就篇數言：第一期十篇，第二期九篇，第三期九篇，第四期增為十二篇；就字數言：第一期二九六頁，第二期一八二頁，第三期一六六頁，第四期增為三二八頁；就內容範圍言：第三期以前盡為清季以前的史事，第四期首次接觸民國史的範圍；就著者言：第四期出現的新人最

47　李雲漢，〈中國歷史學會與其第八屆會員大會（上）〉，頁 13。

多，十二位著者中，有九位係首次在集刊上發表論著。這
說明當前史學研究，已出現了新的面貌。學術講演活動方
面，中國歷史學會在 1971 年度內，至少舉辦過三次學術
講演會。其中兩次講演會的講稿已發表在集刊第四期上，
即島田正郎和張磊夫的著作（島田正郎的著作為〈清律名
例「化外人有犯」條與蒙古例〉，係島田主講，札奇斯欽
翻譯，樂炳南記錄；註明係「第三次學術講演會」，時間
為 1972 年 1 月 16 日下午 3 時，地點為臺灣大學考古館講
演廳。張磊夫 Rafe de Crespigny 的著作為〈論曹操〉"The
Chinese War-lord in Fact and Fiction: A Study of Ts'ao Ts'ao"。
還有一次是請方豪講「明代知識分子的應變態度」，講稿
由中國文化學院史學研究所的研究生蘇壂基記錄下來，刊
載在郭榮趙編的《學藝新潮》上。這也是中國歷史學會開
辦的一項新的學術活動，藉這一項活動可以把會員們的研
究興趣誘發起來，對社會大眾也可以發生某種程度的影
響。這實在是一項非常有意義、有價值的工作。[48]

　　第九屆會員大會，於 1973 年 5 月 20 日上午 9 時 30 分
假臺北縣新莊輔仁大學文友樓舉行，由理事長黃季陸主
持。輔仁大學校長于斌亦應邀在會中致詞。接著由中央研
究院歷史語言研究所所長屈萬里就傳述史料中常見的幾種
現象——以關於先秦的史料為例，發表專題講演。會中還

48　李雲漢，〈中國歷史學會與其第八屆會員大會（下）〉，《新知雜誌》，
　　第 2 年第 4 期（1972.7），頁 35、38。其括號內的補充說明係據《中國歷
　　史學會史學集刊》，第 4 期（1972.5），頁 299 及 328。

通過守孔先生、黃大受等四十人的提案，函請有關機關，將青年節改正為 4 月 27 日，以符合史蹟事實發生時日。另有陳驥、沙學浚等的個別提案多項，亦獲通過。是日，選出的第九屆理、監事名單：理事為守孔先生、黃季陸、王任光、方豪、傅樂成、李邁先、宋晞、杜維運、高亞偉、陶晉生、楊家駱、王曾才、呂士朋、陳驥、程光裕、李符桐、黃大受、逯耀東、李樹桐、錢穆、張其昀、李國祁、楊雲萍、朱際鎰、李毓澍、夏德儀、屈萬里。監事為沈剛伯、蕭一山、沙學浚、陶希聖、蔣復璁、毛子水、藍文徵、李濟、劉崇鋐。[49]

　　關於守孔先生、黃大受等四十人的提案，提案的四十人都是任教、任職於興大、師大、臺大、政大、中大、輔大、海洋學院、中國文化學院、淡江、中原理工、北醫、臺北工專、及中研院近史所、國史館、黨史會的黃大受、楊雲萍、李符桐、余鏞、鄔玉田、朱際鎰、李霜青、李毓澍、汪知亭、陳蘭芸、王任光、王聿均、任振華、陳勻、李邁先、蘇振申、張效乾、王成聖、黃紀清、王健民、徐興武、王宏志、夏雨田、甲凱、何啟民、張樂陶、李雲漢、蔣永敬、高越天、姚秀彥、范守正、姚季農、郭榮趙、張震華、程京震、程光裕、周駿富、守孔先生、楊家駱、高亞偉。他們在提案中說：中華民國自元年元旦起，即決定以陽曆為國曆。一切有關中華民國之紀念節

49　《中央日報》（臺北），1973 年 5 月 21 日，第 4 版。

日，其在民國成立以後所定者，固以國曆為準；其在民國成立以前即有者，亦莫不換算陽曆。如孔聖之聖誕節，即為國曆 9 月 28 日。國父之誕辰，本為陰曆 10 月初 6 日，亦換算為國曆 11 月 12 日。至武昌起義之雙十節，本為陰曆 8 月 19 日，亦換算為國曆 10 月 10 日。他們接著指出：民國前一年陰曆 3 月 29 日廣州之役，是國父所領導的第十次革命，參與斯役者一七〇人，犧牲成仁者有八十六烈士，大部分為二、三十歲之青年。1943 年 3 月 29 日三民主義青年團中央團部於此日召開第一次全國代表大會於陪都重慶，決定以此日為青年節。復於 1944 年 3 月 29 日舉行第一屆青年節紀念會。實際上民國前一年之陰曆 3 月 29 日，為陽曆之 4 月 27 日，三十年前承乏其事者，不明史日與陰陽曆關係之重要，竟以陽曆之 3 月 29 日代替陰曆之 3 月 29 日，亦即等於代替史事發生之陽曆 4 月 27 日，相差 29 日，遂使史事實際發生時日，與紀念節日不符。他們建議：請國民黨中央黨部、國史館、教育部、內政部、青年反共救國團、及其他有關機關，明定自 1974 年起將青年節改定為 4 月 27 日，以符其實，而正觀聽。[50] 然而由於幾十年來大家已經將陰曆當陽曆用習慣了，只好將錯就錯下去，儘管中國歷史學會此一提案迄未為黨政當局所採行，但已充分顯現歷史學家求真不苟的浩然精神。

第十屆會員大會，於 1974 年 5 月 26 日假臺北市徐

---

50 《青年戰士報》（臺北），1973 年 5 月 21 日，第 3 版。

州路國立臺灣大學法學院大禮堂舉行。是日上午 9 時，舉
行開幕典禮，首由理事長黃季陸致詞，繼由中國文化學院
教授黎東方作專題演講，講題是「歷史不僅僅是一種科
學」。演講完畢，由總幹事守孔先生作會務報告。接下來
為提案討論，由中國文化學院史學研究所主任宋晞主持。
提案有二：一為黃大受等人所提，建議教育部，大專聯考
歷史科命題，仍應採用問答題及申論題。一為修改會章，
增加常年會費新臺幣五十元。[51] 黃大受等人的提案，有數
十名歷史教授簽名，指出「大專聯考，自六十二年度起，
所有各科目，不分其內容之性質，屬於思考性者，亦採用
測驗題，試行一年，觀察歷史科命題之內容，仍為記憶
性，此非命題者之不注意思考性，實由於五答案選一限
制。今年聞採用複選題，又陷於評分標準之困擾中。可見
其複雜性」。提案中列舉：研習歷史目的，主要在明瞭因
果關係。歷史上若干問題，並無定論。歷史事實，常可有
不同之答案。歷史上之年代、地名、人名，並非固定。均
不適合採用測驗題。加之，高中教學以聯考命題為依據，
自採測驗題後，學生純使用記憶力，將歷史知識割裂為零
碎之片斷，對歷史因果關係，全無瞭解，非惟無以達成歷
史教學之功用，又從何能發揚民族精神？且公私立高中校
長會議，對歷史、三民主義等科，已主張大專聯考應採用
問答題及申論題。六十二學年度聯招研究小組之檢討意見

51　吉，〈中國歷史學會召開第十屆年會〉，《史學彙刊》，第 6 期（1975.4），
　　頁 227。

中，已指出：國文、三民主義及歷史三科試題，流於支離破碎，難以測出考生綜合能力及了解程度，未見理想。因之，聯招小組也建議：

（1）歷史科為避免學生死背書本，宜減少記憶性題目，增加思考、推理性題目。

（2）有關啟發愛國思想，分析史實，及綜合比較性之試題，均宜酌增。

（3）歷史科命題方式，應以測驗題為主，問答題為輔，除維持原有五十個測驗題外，請酌增百分之三十問答題。

（4）請考慮增設多重選擇題，使試題更有深度。

繼而，在臨時動議中，黃大受等人提議：西方重要國家歷史學界，多有本國歷史大系之編纂，我歷史學會亦應採取其方法，進行編纂中國歷史大系或全書，以對中國歷史，負起弘揚與繼承之大責。此一動議，亦迅即博得全場鼓掌通過。[52]

大會至中午 12 時，選出第十屆理、監事，理事為黃季陸、李符桐、守孔先生、蘇振申、黎東方、楊家駱、黃大受、宋晞、高亞偉、李樹桐、傅樂成、張其昀、孫同勛、趙雅書、方豪、陶晉生、程光裕、楊雲萍、錢穆、杜維運、戚長誠、李毓澍、朱際鎰、李雲漢、李國祁、閻沁恆、郭榮趙。監事為沈剛伯、杜元載、陶希聖、蕭一山、

---

52 李霜青，〈記中國歷史學會第十屆大會〉，《東方雜誌》，復刊第 8 卷第 2 號（1974.8），頁 58。

劉崇鋐、蔣復璁、沙學浚、毛子水、藍文徵。[53]下午 2 時，分組宣讀論文，計分為：由楊家駱主持的魏晉南北朝史組、李符桐主持的宋遼史組、楊雲萍主持的元明史組、黃大受主持的近代現代史組、宋晞主持的史學組。其宣讀人及論文題目為：何啟民「魏晉南北朝男性美之崇拜」、黃繁光「成漢興亡及其對外關係」、遲景德「宋徽宗政和改制原因之分析」、趙振績「契丹族系源流考」、趙雅書「『耕織圖』之研究」、謝昭男「澶淵之盟以前宋遼關係」、張興唐「蒙古源流考」、楊雲萍「明毅宗的南遷問題」、張奕善「明帝國的南海外交使節」、張永堂「方以智逃禪的若干問題」、張忠棟「門戶開放政策在中國的反應」、蔣永敬「第二次世界大戰英法在歐洲戰場之挫敗對中國戰場之影響」、王健民「論陳紹禹」、胡春惠「中共與韓共早期關係」、呂芳上「朱執信早期的思想與革命活動」、程光裕「『莆陽比事』之史料價值」、蘇振申「元代經世大典之研究」、甲凱「王船山之『思聞錄』與其史觀的關係」、徐先堯「從史學史看結構史之形成」。大會於 5 時餘結束。[54]

第十一屆會員大會，於 1975 年 5 月 25 日假臺北陽明山中國文化學院大忠館（藝術館）舉行。是日上午 9 時開始報到，出席會員計三二〇人。在國史館館長，即該會

---

53 吉，〈中國歷史學會召開第十屆年會〉，頁 227。〈中國歷史學會史略〉，頁 243。

54 李霜青，〈記中國歷史學會第十屆大會〉，頁 58。吉，〈中國歷史學會召開第十屆年會〉，頁 227-228。

理事長黃季陸主持下，大會於 9 時 30 分開幕。會中由總幹事守孔先生報告會務，常務理事黎東方主持議案討論。中國文化學院創辦人張其昀作專題演講，講題是「譜系學之新開展」。提案討論，共有五案：

（1）楊家駱等十人提請「本會全體會員多方徵集全國各氏之譜系」案，決議由全體會員，多方徵集，彙送國史館及中華學術院，集中保存，供學者研究參考。

（2）蘇振申等四人提請「本會應有經常的分組活動」案，決議由各會員自動組成分類討論講演會，必要時由大會酌予補助。

（3）黃大受等六人提「大專聯招歷史科採測驗題，應予改進，以利教學」案，決議由下屆理事會函聯招會參考。

（4）鄧文儀等三人提「請由本會推選會員十一人，集體編著現代史」案，決議交下屆理事會研辦。

（5）馬先醒等四人提「請史學會舉辦參觀十大建設工程」案，決議交下屆理事會酌辦。[55]

11 時 30 分，全體會員開始改選理、監事，結果選出理事二十七名，依次為：黃季陸、黎東方、守孔先生、張其昀、楊家駱、宋晞、方豪、李符桐、黃大受、程光裕、錢穆、蘇振申、朱際鎰、高亞偉、陶晉生、李樹桐、楊雲萍、郭榮趙、李雲漢、李國祁、傅樂成、石文濟、孫同

---

[55] 添，〈中國歷史學會第十一屆會員大會〉，《史學彙刊》，第 7 期（1976.7），頁 235-236。

勛、閻沁恆、逯耀東、王任光、馬先醒。監事九名，依次為：沈剛伯、陶希聖、藍文徵、蔣復璁、蕭一山、劉崇鋐、毛子水、汪知亭、鄔玉田。下午 1 時 30 分，分組宣讀論文，計上古史組四篇，中古史組六篇，近古史組三篇，近代史組五篇，現代史組四篇，共二十二篇。大會於下午 5 時 30 分結束。[56]

第十二屆會員大會，於 1976 年 5 月 30 日假臺北市木柵國立政治大學新聞館舉行，由理事長黃季陸主持，國立故宮博物院院長蔣復璁作專題講演，講題是「中華文物在各國展覽之概況」。會中由常務理事楊家駱主持討論提案及臨時動議，並選舉第十二屆理、監事。當選名單理事為：黃季陸、守孔先生、黎東方、楊家駱、方豪、宋晞、黃大受、李符桐、逯耀東、錢穆、李樹桐、楊雲萍、蘇振申、石文濟、高亞偉、郭榮趙、陶晉生、傅樂成、張其昀、甲凱、閻沁恆、王任光、程光裕、朱際鎰、馬先醒、孫同勛、杜維運。監事為：沈剛伯、蔣復璁、蕭一山、陶希聖、毛子水、汪知亭、蕭繼宗、劉崇鋐、鄔玉田。[57]

值得一提的，是中國歷史學會每年一次的會員大會，香港地區會員向例組團來臺參加。在守孔先生記憶中以是年本屆人數為最多，由珠海書院文史研究所教授陳直夫任團長，團員有香港大學高級講師林天蔚、孔仲岐紀念中學校長孔東，以及珠海書院研究生余偉雄、何文華等數十

56　添，〈中國歷史學會第十一屆會員大會〉，頁 236。
57　《中央日報》（臺北），1976 年 5 月 31 日，第 4 版。

人。抵臺傍晚，理事長黃季陸親自到松山機場迎接，款待晚宴後，安頓住於舟山路僑光堂。會後並邀請大家到新店國史館新址參觀整日，贈送紀念品。次日吩咐總幹事守孔先生陪同大家參觀國父紀念館、故宮博物院等地。[58]

　　第十三屆會員大會，於 1977 年 4 月 17 日假臺北市羅斯福路國立臺灣大學學生活動中心禮堂舉行。大會於是日上午 8 時 30 分開始辦理報到，領取資料及《中國歷史學會史學集刊》第九期，報到會員有三百餘人。9 時整，大會開幕，由理事長黃季陸主持。會中翁同文教授作專題講演，講題為「從天地會研究談史料及史學方法」。10 時 30 分，第二次大會開始，由常務理事宋晞主持。首先由總幹事守孔先生作會務報告。其次討論提案，共有四件：

（1）中國歷史學會理事會提「建議本會繼續舉辦中國通史教學研討會」案，決議由本會會同有關機關舉辦。

（2）中國歷史學會理事會提「請大會追認增加會員會費」案，決議本會會員常年會費增加為一百元，大會會費仍為五十元。

（3）中琉史文研究所所長、琉球大學史學會評議員、本會會員陳哲雄提「請准許琉球歷史學者以外籍會員身份集體參加本會，並設立中國歷史學會琉球分會」案，決議歡迎琉球史學會會員集體參加中國歷史學會為會員，並設立中國歷史學會琉球分會。雙

方並交換研究報告及出版品等。

（4）黃大受等二十一位教授提「大專聯招及各類考試，其採用測驗題者，請向有關方面建議，一律改問答思考題以利文化教育」案，決議本案送請有關機關辦理。[59]

與此同時，大會進行第十三屆理、監事選舉，開票結果，選出理事：黃季陸、守孔先生、黃大受、宋晞、黎東方、楊家駱、李符桐、張其昀、方豪、朱際鎰、閻沁恆、馬先醒、孫同勛、傅樂成、錢穆、高亞偉、蘇振申、逯耀東、李國祁、李樹桐、王曾才、李雲漢、程光裕、王家儉、郭榮趙、王任光、甲凱。監事：沈剛伯、陶希聖、蕭一山、蔣復璁、、劉崇鋐、毛子水、鄔玉田、張效乾、秦孝儀。[60]

下午，分組宣讀論文：

（1）第一組（上古史組）：由黎東方、閻沁恆、馬先醒等任召集人，宣讀人及其論文題目為何烈「中國牛耕技術的起源初探」、吳昌廉「秦代職官人物考略」、鄭均「試談詩經中所反映的周代農業社會」、李震「漢王劉邦劫五諸侯伐彭城考」。

（2）第二組（中古史組）：由宋晞、程光裕、李符桐、金發根、王壽南等主持，宣讀人及其論文為金發

59　〈中國歷史學會第十三屆會員大會紀要〉，《史學彙刊》，第8期（1977.8），頁316-317。

60　〈中國歷史學會史略〉，頁244。

根「論史漢兩書之傳布」、朱重聖「宋代曆法的修訂及其相關儀器的製造」、彭瀛添「兩宋的郵驛制度」、黃寬重「略論端平入洛與晚宋政局」。

(3) 第三組（近代史組）：由呂士朋、李國祁、王家儉、郭榮趙等主持，宣讀人及其論文為李德超「汪兆鏞與澳門之關係」、劉翰星「李準之巡視西沙群島」、趙雅書「清王素之耕織圖」。

(4) 第四組（現代史組）：由黃大受、張朋園、李雲漢、蔣永敬等任召集人，宣讀人及其論文為陳存恭「民國陸軍軍火之輸入問題」、張水木「第一次世界大戰期間中國參戰問題」、安嘉芳「新世紀週刊之始末及其言論趨向」、簡笙簧「粵漢鐵路全線通車與抗戰的關係」。

(5) 第五組（外國史組）：由孫同勛、王曾才、王任光等任召集人，宣讀人及其論文為古鴻廷「星馬華人反日反英之比較」、陳驥「美國外交革命」、莊尚武「俾斯麥與普法戰爭」。

(6) 第六組（史學方法及理論組）：由甲凱、王德毅、逯耀東、蘇振申等主持，宣讀人及其論文為徐先堯「歷史主義彼處之歷史學」。

　　5月1日，該會舉行第十三屆第一次理、監事聯席會議，選出黃季陸、守孔先生、李國祁、宋晞、黎東方、孫同勛、王曾才、閻沁恆、黃大受九人為常務理事，並互推黃季陸為理事長，守孔先生為總幹事。監事選出秦孝儀、

蕭一山、陶希聖三人為常務監事。會中並討論如何辦好中
國通史教學研討會等案。[61]

　　第十四屆會員大會，於 1978 年 5 月 21 日假臺北市
金華街淡江文理學院城中區分部中正堂舉行。大會於是日
上午 8 時 30 分開始辦理報到，領取資料及《中國歷史學
會史學集刊》第十期，報到會員有三百餘人。9 時整，大
會開幕，因理事長黃季陸有事不克前來，特請常務理事宋
晞代為主持，來賓淡江文理學院院長張建邦致詞。會中先
由名政論家陶希聖作專題演講，講題是「歷史上開國戰略
的研究」。10 時 30 分，第二次大會開始，由常務理事宋
晞主持，首先由總幹事守孔先生作會務報告。再次討論提
案共五件：

（1）黃大受等十位教授提「請建議有關單位辦理專科學
　　　校教師中國通史教學研討會」案，決議由本會會同
　　　有關機關辦理。

（2）中國歷史學會理事會提「建議教育部編印大學用書
　　　『中國通史』，及詳明歷史掛圖」案，決議由本會
　　　理事會商定後辦理。

（3）中國歷史學會理事會提「為紀念本會會員羅香林教
　　　授，酌量在大學歷史研究所設置譜系學獎學金」
　　　案，決議本案會同有關各校辦理。

（4）國立中興大學教授陳驥提「建議教育部建立國內各

61　〈中國歷史學會第十三屆會員大會紀要〉，頁 317。

大學間交換教授，並在各大學歷史系增設『中國海
上發展史』課程」案，決議送請教育部辦理。

（5）中國歷史學會理事會提「變通本會『史學集刊』徵
稿辦法，其印刷費由撰稿會員負擔」案，決議由本
會理事會商定後辦理。[62]

11 時 30 分，選舉第十四屆理、監事，開票結果，當
選者理事為：黃季陸、黎東方、守孔先生、宋晞、王曾
才、楊家駱、黃大受、甲凱、馬先醒、方豪、姚秀彥、張
其昀、程光裕、陳驥、王家儉、傅樂成、郭榮趙、石文
濟、王吉林、朱際鎰、李符桐、閻沁恆、梁嘉彬、李雲
漢、李國祁、李樹桐、王德毅。監事為：陶希聖、錢穆、
蕭一山、秦孝儀、張效乾、劉崇鋐、鄔玉田、蔣復璁、毛
子水。下午 1 時，舉行學術研討會，採集體研討方式，代
替以往分組宣讀論文，題目為「從歷史看中國前途」。首
先由大會主席即理事長黃季陸主持，主題的討論由黎東方
擔任引言的總報告人，然後進行分項的討論，計有：內
政、外交、邊政、經濟、社會、文化等六個項目，分別由
閻沁恆、郭榮趙、李符桐、程光裕、李國祁、黃大受六位
教授作引言的發言人。經與會會員踴躍發言討論，本屆大
會圓滿結束。[63] 本屆的理事長仍由黃季陸連任，總幹事則

62 〈中國歷史學會第十四屆會員大會紀要〉，《史學彙刊》，第 9 期（1978.10），
　　頁 319-320。

63 〈中國歷史學會第十四屆會員大會紀要〉，頁 320。

改由政大歷史系教授兼系主任閻沁恆擔任。[64]

綜觀守孔先生在為期七年的總幹事任內，盡心盡力地為中國歷史學會奉獻一己之力，使會員大會每年定期召開，地點輪換；會員人數激增，人事趨於和諧；《史學集刊》每年如期出版，內容臻於多元；並打破以往理監事選舉的保障制度，無疑地給該學會帶來一股朝氣。然誠如曾任中國歷史學會總幹事、理事長多年的李雲漢所感嘆的「歷史學會最大的困難，就是窮，窮到什麼事都不大敢做的程度」。歷史學會沒有基金，也從未接受過私人和團體的的補充，只靠臺北市政府的二萬四千元補助，中山學術文化基金會的二萬元補助，和會員會費的收入來勉強支應。會員會費是在會員大會時繳納，很多會員不出席大會，也就不繳納會費，故會員人數雖多，會費的收入卻甚少。李雲漢是有心之士，對中國歷史學會備致關心，並多所建議。如他一直企盼臺灣能有一種夠水準的權威史學期刊如美國《亞洲研究學報》（*Journal of Asian Studies*）之類的出現，國家的學術水準提高，做研究工作的國民自會感到光榮。因而建議《中國歷史學會史學集刊》由年刊改為季刊，每年出三至四期；多發表有創見及新發現的論文等等。對於每屆會員大會中宣讀的諸多論文，認為宜編為專輯發表。惟都以經費不足，未能實現。[65] 守孔先生亦曾

---

64 〈中國歷史學會史略〉，頁 244。
65 李雲漢，《史學圈裏四十年》（臺北：東大圖書公司，1996），頁 496-497、499-500。

在他發表的一篇文章中述及中國歷史學會經費之拮据，「每年僅出版一薄冊史學集刊，已有難以為繼之慮。筆者親司其事達七年之久，嘗盡艱苦，非楮墨所可形容」。[66] 當係有感而發。

此外，守孔先生記得他擔任歷史學會總幹事期間，早些年大致每年舉行三次至四次公開的學術演講，理事長黃季陸大多數親自主持，並晚宴招待主講先生。並且曾經在日月潭、澄清湖、先後舉辦過中國現代史、中國通史教學研討會各三天，邀請所有大專院校有關科目講師以上先生參加，都是黃季陸統籌全局，擔任總召集人。黃總是在大家安頓後，打電話把守孔先生叫到他房間中，仔細檢討當天引言報告人、發言人、結論人說話是否得體，研究明天日程細節如何安排，甚至顧慮到大家食宿交通等問題。[67]

其中在日月潭舉辦的中國現代史教學研討會，係由中國歷史學會與教育部、國民黨中央文化工作會、青年工作會共同主辦，時間是 1976 年 1 月 16 至 18 日。參加研討會的人員包括三十二所大專院校一一三位擔任中國現代史課程教學的教師。16 日下午在臺中市教師會館報到以後，即往南投縣日月潭青年活動中心。由教育部次長林清江於下午 4 時 30 分主持茶會，歡迎全體出席教師。歷史學會理事長黃季陸在茶會中致詞，青年工作會主任王唯

66　李守孔，〈近代國內中華民國史之編纂與研究〉。
67　李守孔，〈黃季陸先生與中國歷史學會〉，頁 439。

農也在茶會中講話。晚上舉行第一次大會，研討的主題是「當前中國現代史教學之重點與方向」，由國立臺灣師範大學教授李符桐擔任召集人，會中獲致三點結論。第二、三次研討大會在 17 日上午舉行，研討主題包括「中國現代史史料之整理供應與運用」與「中國現代史教學經驗之交換」，分別由中興大學教授黃大受與臺灣大學教授守孔先生主持。研討至中午結束。下午暢遊日月潭，晚間觀看「越、棉淪亡實錄」紀錄片。[68] 18 日上午 8 時，離開日月潭青年活動中心，啟程赴草屯鎮，參觀國民黨黨史會資料庫，黨史會並致贈每人「中國國民黨八十年大事年表」精裝本及「黃克強先生上國父革命計畫書」等資料。離開黨史會資料庫後轉赴中興新村訪問臺灣省政府，省府除作「省政簡報」、放映「愛心與信心」紀錄片外，並致贈「臺灣光復三十週年」叢書每人一套。省主席謝東閔以精緻的便當招待午餐。下午 1 時，離開中興新村返回臺北途中，順便參觀臺中圖書館正舉行的學生工藝品展覽，三天的研討活動到此結束。[69] 會後守孔先生撰有〈研究中國現代史的價值和方法──參加中國現代史教學研討會感想〉，發表於《自由青年》，第 55 卷第 3 期（1976.3）。

68　昭，〈中國現代史教學研討會〉，《史學彙刊》，第 7 期（1976.7），頁 236-237。

69　鄭國源，〈記中國現代史教學研討會〉，教育部、青年工作會編印，《中國現代史教學研討會資料彙編》（臺北：1976），頁 76-77。按：本文原載《革命思想》，第 40 卷第 2 期（1976.2）。

「中國現代史教學研討會」（1976 年 1 月 16 至 18 日）三位召集人，
右起黃大受、守孔先生、李符桐。
《中國現代史教學研討會資料彙編》。

1976 年 1 月 18 日上
午，「中國現代史教
學研討會」與會教師
參觀南投縣草屯國民
黨黨史會資料庫，前
立者為黃季陸，右側
站立者為守孔先生。
《中國現代史教學研
討會資料彙編》。

　　至於在澄清湖舉辦的中國通史教學研討會，則係由
中國歷史學會與教育部、國史館、國民黨中央黨史會、
文化工作會、青年工作會共同主辦，時間是 1978 年 1 月

20 至 22 日，地點是高雄縣澄清湖青年活動中心。到有三
十一所大學院校（包括六所軍事院校）講師以上的中國通
史教師一五〇餘人。1 月 20 日晚 7 時，主辦單位舉行歡
迎茶會，揭開了研討會的序幕。次日上午為參觀活動，由
國史館館長中國歷史學會理事長黃季陸擔任領隊，率隊出
發。先參觀中國鋼鐵公司，11 時轉往中國造船公司高雄
總廠，參觀廠區重要設施，並在百萬噸大船塢下車，參觀
正在建造中的四十四萬五千噸的大油輪。下午 2 時 30 分，
開始舉行第一次研討會，主題是「當前中國通史教學重點
與方向」，由黃季陸和臺灣師範大學歷史系教授李符桐擔
任召集人，並由守孔先生作引言報告。守孔先生建議：因
為受到教學時數的限制，並為避免與中等學校教材內容相
重複，大學院校中國通史教學的方向應採取重點教學法，
加重說明中國歷史精神的文化特質，例如中華文化之闡
揚，民族主義之提倡，高尚人格之培養等。引言報告後，
隨即由與會專家學者針對研討主題自由發言，各抒高見。
前後長達三小時，第一次的研討會告一結束。晚上，舉行
第二次研討會，主題是「中國通史教材之編撰與運用」，
由中央研究院歷史語言研究所所長屈萬里和國民黨黨史會
主任委員秦孝儀擔任召集人，並由臺灣大學歷史系系主任
王曾才作引言報告。至 9 時 30 分，歷時二小時半的研討
會告一結束。1 月 22 日上午，舉行第三次研討會，主題
是「中國通史教學方法與經驗之交換」，由中國文化學院
史學研究所教授黎東方和該所博士班班主任宋晞擔任召集

人，並由政治大學歷史系系主任閻沁恆作引言報告。至
11 時 30 分，歷時三小時的研討會告一結束。在大會正式
閉幕前，大家一致起立向黨國元老黃季陸鼓掌致敬，並請
他講話作為閉幕辭。中午會餐後，大家分別賦歸。[70]

「中國通史教學研討會」（1978 年 1 月 20 至 22 日）進行研討中，右
行右起第二、三人為臺大歷史系副教授徐泓、教授趙雅書。
《中國通史教學研討會資料彙編》。

　　守孔先生尚記得幾乎每年都追隨黃季陸參加過有意
義的社會活動。像宜蘭岳飛廟週年祭、新竹關帝廟慶典
等，黃都率領部分理監事及會員參加，並以歷史學會理事
長身份主祭，致送紀念品，以表達對先賢的追思。[71]

70 吳定，〈澄清湖畔的盛會──記中國通史教學研討會〉，教育部、文工會、
　　黨史會、國史館、中國歷史學會、青工會合編，《中國通史教學研討會資
　　料彙編》（臺北：1978），頁 64-74。按：本文原載《自由青年》，第 59
　　卷第 3 期（1978.3）。

71 李守孔，〈黃季陸先生與中國歷史學會〉，頁 440。

二、東海大學歷史研究所主任（1976-1981）

　　東海大學是基督教教會辦的大學，創校於 1955 年秋，校址位於臺中市的大度山上。近百餘年來，基督教教會曾在中國先後創辦了十三所大學，它們是燕京大學（北京）、齊魯大學（濟南）、金陵大學（南京）、金陵女子文理學院（南京）、聖約翰大學（上海）、滬江大學（上海）、東吳大學（蘇州）、之江大學（杭州）、華中大學（武昌）、華西協和大學（成都）、福建協和大學（福州）、華南女子文理學院（福州）、嶺南大學（廣州）；都聲譽卓著。1950 年，在臺灣的中華民國教育界與熱心教育的教會人士，紛紛向成立於 1932 年，負責襄助上述十三所大學的美國紐約中國基督教大學聯合董事會（The United Board for Christian Colleges in China）建議，希望一本過去培植中國青年的精神，在臺灣創辦一所理想的大學，藉以延續基督教在華的教育事業以及繼承淪陷於中國大陸的十三所大學的優良傳統。聯合董事會深表贊同，決定在臺設校。經過審慎地規劃和悉心地籌備，東海大學於 1955 年 11 月 2 日舉行創校始業典禮，並訂是日為校慶日。創校時學生只有兩百人，設有文、理兩學院，包括中文、外文、歷史、物理、化學、生物、化工七個學系。[72]

　　其中歷史系的創系系主任是當時國立臺灣大學歷史系的系主任劉崇鋐，他被借聘至東海大學創辦歷史系，兼

---

[72]　東海大學校史編纂委員會編纂，《東海大學校史（民國 44 年－69 年）》（臺中：東海大學出版社，1981），頁 3-58、470。

主任一年。他所延聘的教授，除了他早年在清華大學就讀時的老師麻倫（Carroll B. Malone, 1886-1973）外，大都是他的清華學弟，如：楊紹震是清華歷史系 1933 級，美國哈佛大學碩士，曾任中央研究院近代史研究所兼任研究員；藍文徵是清華國學研究院 1929 級，中國史專家；梁嘉彬是清華歷史系 1933 級，日本東京帝國大學博士；朱延豐是清華歷史研究所 1933 級，英國牛津大學林肯學院碩士。可以說都是當時知名的歷史學家，為東海歷史系樹立鞏固的基礎。[73]

直到 1970 年，東海才成立歷史研究所。係由藍文徵、祁樂同、楊紹震、呂士朋諸先生所籌劃，所主任由楊紹震擔任。每年招收碩士班研究生七名，修業年限二至四年。秉承東海精神，所有課程及研究生論文，均限於本國史範圍。因學者各有專長，任課先生以兼任為原則，論文指導則儘量聘請國內有關知名教授擔任。[74] 其第二任所主任為湯承業（1974-1975 學年），守孔先生係為第三任（1976 學年起接任），[75] 任期為 1976 至 1980 學年。

當時東海大學歷史系、所行政是分開的，亦即各有各的系、所主任，與守孔先生同時期任系主任的是臺大歷

---

73 蘇雲峰，〈劉崇鋐教授傳〉，國立臺灣大學歷史學系主編，《遨遊於歷史的智慧之海：臺大歷史學系系史》，頁 73。麻倫離開清華返回美國後，至科羅拉多大學（University of Colorado at Colorado Springs）任教。

74 〈學府紀事：東海大學歷史研究所〉，《中國歷史學會會訊》，第 2 期（1980.5），第 14 版。

75 東海大學校史編纂委員會編纂，《東海大學校史（民國 44 年－69 年）》，頁 511。

史系 1961 年畢業的張天佑。守孔先生任該所所主任係以
借調方式為之，他在臺大歷史系所的課仍需要教授，同時
也要在東海歷史研究所開授課程；東海又在臺中，南北奔
波，頗為辛苦。據當時在東海歷史研究所就讀兼為該所工
讀生的唐啟華回憶：守孔先生是隔週至東海上課，原來是
星期四下午上兩小時課，住一晚，星期五上午再上兩小時
課。後來是星期五下午及星期六上午上課，星期五晚上
則有「研究實習」課，由研究生輪流報告及討論。唐並憶
述云：

> 記得那時李老師隔週來學校，整個所日常事務由我處
> 理，晚上我也在所辦讀書，而李老師常在晚上打電話
> 來交辦各項工作。老師涵養甚好，對於我在所務工作
> 的處理上，只做大原則的指示，具體作法就交給我去
> 發揮，有時做錯事，他也都大度包容，訓勉幾句，點
> 到為止。也還記得當時老師公子文宣就讀東海大學大
> 學部，李老師來東海時就帶文宣去吃好東西，有時我
> 也跟著去，記得老師不吃魚。[76]

　　當時，守孔先生唯一的兒子李文宣，正在東海化工
系就讀（1974-1978），這或許是守孔先生不辭勞苦接任
東海歷史研究所主任的要因之一。

76　唐啟華，〈李守孔教授與東海歷史研究所〉（2014.4），載「臺大歷史學
　　系李守孔老師紀念網站」。

另據當時為東海歷史研究所研究生的李南海回憶：

> 因為路途遙遠，李老師每兩個禮拜來校上一次課，星
> 期五下午上兩堂課，星期六上午再上兩堂課，下了課
> 再趕回臺北。我還記得星期五下午上完課後，老師都
> 會請我們到校門口外的小館子吃飯。當時臺中榮總醫
> 院就建在校門口的斜對面，正在大興土木中，四周仍
> 是一片甘蔗田，空曠無其他住家，就只有這兩三家小
> 吃店。吃完飯後，大夥又回到教室，準備上「研究實
> 習」課，當時老師規定每人準備一個題目，輪流上台
> 報告，然後再互相討論，最後由老師做一講評。由於
> 同學們所報告的題目無奇不有，所以有時討論起來也
> 很熱烈，爭論不休，但老師在聽完同學們的報告後，
> 即便有同學準備不周，或講的不夠清楚，老師也都是
> 笑笑而已，並指出錯誤之處，從未責怪過同學。[77]

　　守孔先生在為時五年的所主任任內，最大的貢獻為：
（1）**延聘名師，充實該所課程**：除他本身曾在該所開授
　　　「中國近代史專題研究」、「中國現代史專題研
　　　究」及「研究實習」三門課外，並先後聘有：管東
　　　貴（上古史）、馬先醒（秦漢史）、鄭欽仁（魏晉
　　　南北朝史）、毛漢光（中古社會史）、宋晞（宋

史）、金中樞（宋史）、李符桐（遼金元史）、陳
捷先（清史）、楊雲萍（臺灣史）、唐美君（民族
人類學）等知名學者來所兼課，加上該系之楊紹震
（外交史）、呂士朋（明清史）、楊允元（思想
史）等教授，致該所師資陣容相當堅強，研究生
獲益甚大。[78] 為便於學生各就興趣所近增加學習機
會，每年課程均有變動。以 1978 學年度為例，曾
開課程計有宋晞之「宋史專題研究」、楊雲萍之
「臺灣史專題研究」、毛漢光之「魏晉南北朝史專
題研究」、守孔先生之「中國近代史專題研究」
等。1979 學年度曾開課程計有唐美君之「民族人類
學專題研究」、管東貴之「中國古代政治制度史專
題研究」、王德毅之「宋史專題研究」、李符桐之
「遼金元史專題研究」、呂士朋之「明清史專題研
究」、楊紹震之「中國外交史專題研究」、守孔先
生之「中國近代史專題研究」及「研究實習」。

（2）**定期舉辦學術講座**：以 1979 學年度為例，蒞所講
演的知名學者有王曾才、戴玄之、王樹槐、陶希
聖、張玉法、王業鍵等人。

（3）**增添所藏圖書**：計增添中外文及研究工具書籍三千
餘冊，東海圖書館古籍室及書庫藏有與史學有關書
籍八萬餘冊，已勉強可供研究生參考所需。[79] 另據

---

78 唐啟華，〈李守孔教授與東海歷史研究所〉。
79 〈學府紀事：東海大學歷史研究所〉，《中國歷史學會會訊》，第 2 期

唐啟華回憶：該所成立之初，正逢東海財政困難，
經費很有限，在有限的購書經費之外，守孔先生
以個人的交情，向文海出版社等，勸募到沈雲龍
主編的《近代中國史料叢刊》兩千多冊，供研究生
參考閱讀，讓該所建立基本的圖書史料，根基逐漸
鞏固。[80]

（4）與東海歷史系聯合創刊《東海歷史學報》：至 1977
年，東海歷史系已創辦二十二年，歷史研究所成立
亦已七年，迄無屬於系所的史學園地。故於是年創
刊該學報。發行人為當時的東海大學校長謝明山，
主編為東海歷史系教授呂士朋，編輯委員為守孔先
生、祁樂同、張天佑、蔡學海、張勝彥、陳錦忠、
劉必達、康樂。該學報第一期於是年 4 月 15 日出
版，載有「發刊辭」，略云：

本學報為純學術性之刊物，採用本系所同仁之稿件，
外稿亦極為歡迎。其旨趣：

（一）新史料之發現。

（二）新觀點之闡述。

（三）史料之綜合整理與鑑定。

（四）史學著作之評介。[81]

（1980.5），第 14 版。

80 唐啟華，〈李守孔教授與東海歷史研究所〉。

81 〈發刊辭〉，《東海大學歷史學報》，第 1 期（1977.4）。

　　　　該學報第二期於 1978 年 7 月出版，第三期於
1979 年 7 月出版，守孔先生都是編輯委員之一，
並在該學報第一、二期發表了〈晚清雲南回變始
末〉、〈段祺瑞與民初政局〉兩篇研究論文；都使
該學報生色不少。守孔先生並曾在《東海學報》第
十八卷（1977.6）及第二十一卷（1980.6）上先後發
表了〈同盟會時代湖北新軍之革命活動〉及〈辛亥
革命期間張謇與南北和議〉兩篇研究論文。

（5）**指導研究生撰寫碩士論文**：由守孔先生擔任指導教
授的研究生計有五人，他們及所完成的碩士論文為：
鄔之元的〈武則天生平初探〉（與藍文徵教授共同指
導）、劉常山的〈鄒魯研究（一八八五－一九二
五）〉、李南海的〈安福國會之研究（民國六年－民
國九年）〉、黃昭沛的〈許景澄與清季洋務運動〉、
林振賢的〈清朝茶葉專業經營的分析（1644-1911）〉。

第四章　教學指導

一、教學方面——春風化雨

　　1948 年 2 月，守孔先生至國立臺灣大學歷史系擔任助教，於茲七年半。當時的臺灣，除了臺灣大學設有歷史系外，只有臺灣省立師範學院（國立臺灣師範大學的前身）設有史地系。臺灣大學的前身是日據時期的「臺北帝國大學」，成立於 1928 年，成立之初即設有文政學部史學科，是為臺灣大學歷史系的前身。1945 年 8 月，抗戰勝利，臺灣回歸中國，國民政府接收了原「臺北帝國大學」，改名為「國立臺北大學」，不到半年後，即 1946 年，再度改名為「國立臺灣大學」，「史學科」亦改為「歷史學系」。[1]

　　據 1946 學年度（1946 年 8 月至 1947 年 7 月）起即在臺大歷史學系任教的夏德儀憶述，是時臺大接收纔逾半載，方作第一次招生，入學人數不多，文法兩學院開「中國通史」課兩班，每班每週三小時，由金祖同與夏各授一班，每班約三、四十人，開課未久，金即內渡，所遺一班由夏任之。夏回憶臺大歷史系無主任，有事則由社會學教

1　〈國立臺灣大學歷史學系系史〉，國立臺灣大歷史學系主編，《遨遊於歷史的智慧之海：臺大歷史學系系史》，頁 169-172。按：「史學科」係改為「史學系」，稍後才改為「歷史學系」。

授陳紹馨處理，歷史系教授僅夏一人，另有陳荊和為講師，學生亦僅張耀錡一人。1947 學年度（1947 年 8 月至1948 年 7 月），錢歌川長臺大文學院，聘涂序瑄為歷史系主任。涂又新聘張思海、郭廷以，郭為南京國立中央大學教授，適因休假，故來臺任教一年，授中國近代史（臺大該學年度課程表課名為中國近世史），夏德儀仍教文法兩院中國通史兩班。[2]

所以在臺大歷史系首開中國近代（世）史課的，是郭廷以。郭憶述 1947 年，臺灣大學陸志鴻校長邀他到臺大任教一年，是年 10 月，他偕同妻子和幼子搭中央輪來臺，到了臺大有點失望，歷史系學生很少，上課時只來了兩名學生。他教了兩個月返回南京，次年 3 月再來臺大上課，到了 6 月，教育部長朱家驊打電話要他回南京，他回去後才知道要他當教育部的邊疆教育司司長，他隨於 7 月就職。[3]

他對於在臺大歷史系開授中國近代（世）史課只有兩名學生來上有點失望，殊不知這或許已是全系學生三分之二的人數。據 1947 年 4 月出版的《國立臺灣大學概況》，當時（1947 年 2 月），該校共有學生一四五四人，內男生一四三四人，女生二十人（舊省立法商學院合併於該校後附設各專科的人數未列入），其中史學系學生只有

2　夏德儀遺作，〈執教臺大歷史系的回憶〉，《傳記文學》，第 95 卷第 3 期（2009.9），頁 119-120。

3　張朋園、陳三井、陳存恭、林泉訪問，陳三井、陳存恭紀錄，《郭廷以先生訪問紀錄》（臺北：中央研究院近代史研究所，1987），頁 216-217。

三人（男二、女一）。當時，臺大歷史系學生的必修科目為中國近世史（四學分）、中國斷代史（九學分）、西洋近世史（四學分）、西洋斷代史（九學分）、亞洲諸國史（六學分）、西洋國別史（三學分）、專門史（六學分）、中國地理總論（四學分）、中國沿革地理（三學分）、中國史學史（三學分）、史學方法（三學分）、史學通論（三學分）、畢業論文或研究報告（二學分）。選修科目為中國古代史研究（三學分）、民俗學（三學分）、考古學（三學分）、傳記學（三學分）、人類學（三學分）、歷史學科教材與教法（四學分）、社會心理學（三至四學分）、中國史學名著選讀（六學分）、國語或日文（二學分）。[4]

　　涂序瑄（西洋史）任臺大歷史系系主任為時僅有一年，除涂以外該系的本國籍教師有夏德儀、郭廷以、宋兆珩（以上中國史）、張思海（西洋史）、陳紹馨（社會學）、湛亞達（地理學）六位教授，以及謝康（中國史）、吳俶（西洋史）、周召南（地理學）三位副教授。此外留用日人學者桑田六郎（亞洲史）、宮本延人（民族學）兩位教授及國分直一副教授，總共十三名，另有兩名講師及三名助教。[5] 守孔先生應係此三名助教之一。

4　國立臺灣大學編輯，《國立臺灣大學概況》（臺北：國立臺灣大學，1947），頁 39、103。惟所列臺大史學系必修科目並計其學分總數為六十二，實則個別科目學分相加只有五十九。

5　〈國立臺灣大學歷史學系系史〉，頁 172。惟其將涂序瑄誤作涂序萱，宋兆珩誤作宋兆衍，吳俶誤作吳惆，特予更正。

　　1948 學年度（1948 年 8 月至 1949 年 7 月），陸志
鴻辭臺大校長職，莊長恭繼之。蒞任之初，對文學院頗有
改革，先罷錢歌川，代之以沈剛伯。次則解散歷史系諸教
師，涂序瑄主任、張思海教授與其他二講師皆不續聘。新
聘徐子明、張貴永、李宗侗以代之，並由沈剛伯院長自兼
歷史系主任。歷史系的中國近代（世）史必修課（每週三
小時），則由夏德儀教授，受課的僅有二年級學生宋文
薰、何廷瑞二人而已。莊長恭長臺大僅半年，遽萌退志。
國府命中央研究院歷史語言研究所所長傅斯年繼之，傅於
1949 年 2 月接長臺大，創合聘制度，由臺大與史語所合
聘董作賓、李濟、芮逸夫、凌純聲、勞榦為歷史系教授。
另又聘到劉崇鋐、姚從吾、方豪。於是歷史系教授陣容，
一時臻於極盛。[6]

　　傅斯年校長的姪兒傅樂成，係國立西南聯合大學歷
史系畢業，跟隨傅斯年來臺，進入臺大歷史系當助教，前
後七年半，至 1956 年 8 月升為講師。[7] 守孔先生比他早
一年當助教，同甘共苦六年半，相互砥礪，情誼甚深。另
外尚有兩位助教，則都是本省人，一為光復初期臺大歷史
系唯一的畢業生張美惠（專攻南洋史，1952 年升任講師，
曾開授「泰國史」，因 1954 年底赴西班牙留學而辭職）；
一為日本東北大學史學科畢業的徐先堯。

6　夏德儀遺作，〈執教臺大歷史系的回憶〉，頁 120。
7　傅樂成，〈追念玄伯先生〉，收入傅樂成，《時代的追憶論文集》（臺北：
　　時報文化出版事業公司，1984），頁 227-228。

　　1949 學年度（1949 年 8 月至 1950 年 7 月），臺大歷史系二年級的中國近代（世）史必修課，仍由夏德儀教授，受課學生二十六人。1950 學年度（1950 年 8 月至 1951 年 7 月），臺大文學院增設考古人類學系，李濟為系主任，董作賓、芮逸夫、凌純聲三位教授改屬該系。該學年歷史系二年級的中國近代（世）史必修課，仍由夏德儀教授，受課學生有史二：二十三人，史三、史四：各一人，共二十五人。1951 學年度（1951 年 8 月至 1952 年 7 月），歷史系二年級的中國近代（世）史必修課，仍由夏德儀教授，修習學生為史二：二十一人。1952 學年度（1952 年 8 月至 1953 年 7 月），歷史系二年級的中國近代（世）史必修課，仍由夏德儀教授，修習學生有史二：二十九人，史三：三人，史四：一人，共三十三人。[8]

　　1952 年，中華民國教育部通令各大學院校，設立中國近代史等課程，為全校各院系一年級學生共同必修科目。臺大於是年孟春奉命後即開始籌備，物色任教人選是首要工作。曾任教國立蘭州大學、河南大學的吳相湘，因其就讀北京大學歷史系時的老師姚從吾向臺大教務長兼歷史系主任劉崇鋐推薦，劉即函約吳與李定一、徐家驥等四人聚會，討論中國近代史課講授題目，首次聚會時推吳擬訂，在第二次聚會中討論通過。當時吳擬訂的講授單元，是按每一學期授課十四週為準，另有期中與期終考試兩

8　夏德儀遺作，〈執教臺大歷史系的回憶〉，頁 121-122。

週。每週授課二小時，一年共計二十八個單元，第一學期
自明末清初「中西文化交流」起講授，至晚清的腐化與人
民反抗止。第二學期自「中華民國建立」起，經軍閥亂
政、北伐、抗日、蘇俄的侵略告一段落。是年 8 月 1 日，
吳收到臺大聘約：文學院歷史學系兼任教授，每週授課六
小時，按教育部規定致送鐘點費。1952 年 9 月 29 日，吳
在臺大校總區臨時教室開始講授中國近代史，教的是文學
院外國文學系、理學院數學系、法學院經濟系。兼任教授
聘約為一年，次年 7 月，吳再得臺大兼任教授聘約。[9] 與
此同時（1952 及 1953 年），獲聘為臺大歷史系兼任副教
授、教外系中國近代史必修課的歷史學者，尚有梁嘉彬、
黃大受、李定一等人。由於臺大向無共同科的設置，舉凡
全校所有歷史方面的共同必修課程，師資均由歷史系提
供，為撙節師資人力，均採行兩系以上學生合班上課的教
學方式，而行之有年。

　　對於教育部通令各大學院校將中國近代史列為全校
各院系一年級學生必修科目之舉，原本教授臺大歷史系二
年級學生中國近代史必修課五個學年的夏德儀，頗不以為
然。認為該科目「常由某機構召集任課者舉行座談會，商

9 吳相湘，《三生有幸》（臺北：東大圖書公司，1985，增訂初版），頁 276-
277。惟吳記他首次在臺大教中國近代史教的是文學院外國文學系、理學院
數學系、法學院經濟系；經查對臺大 1952 學年度的全校課程表，應為「中
國近代史（四）」（化工、農化）、「中國近代史（八）」（中文、外文、
歷史、哲學、考古）、「中國近代史（九）」（地質、心理、動物、植物、
農藝、森林、畜牧、農經、園藝、植病）三班，由各系一年級學生合班上課，
並無數學系、經濟系學生在內。

討教材。予初以為此課純屬學術性質，不意一變而與黨義、軍訓同為青年訓練之科目。予自知缺乏訓練學生思想之能力，故於四十二年度停開中近史，而改授明清史。四十三年度，以任通史三班共九小時，可免開本系課。四十四年度再開明清史，乃正式辭去中近史課，改由吳君相湘任之」。[10]

　　1954 年 7 月，吳相湘獲得臺大專任聘約，每週授中國近代史課八小時，即四系新生四班，每週二小時，歷史學系一年級學生也不例外。吳旋以中國近代史是當時日本、美國各大學教授及研究生最感興趣的「顯學」，如臺大歷史學系學生不特加注意，如何迎頭趕上？因此，吳向系主任劉崇鋐建議：歷史學系的中國近代史一課最好增為每週三小時，教授以其中一小時專講授有關單元的重要史料與史籍，引起學生課外到圖書館借閱的興趣，作自動研習的門徑。經教務會議討論通過：將這一課程改在二年級講授，由吳負責自 1955 秋季開學起始。[11] 此後十年間，是為吳獨領臺大歷史系中國近現代史教學風騷的時期。

　　吳相湘是湖南常德人，出生於 1914 年，較守孔先生年長九歲，出道甚早，才氣縱橫，勤於著述，兩人的際遇亦因之大不相同。吳進入臺大歷史系任教時，職級已是教授，守孔先生只是助教。當時歷史系既無工友、電話，事務又極繁雜。環顧系內大師極一時之盛，在學術方面各有

10　夏德儀遺作，〈執教臺大歷史系的回憶〉，頁 124。
11　吳相湘，《三生有幸》，頁 278。

不同的造詣，守孔先生以自己一介「後生末學，輩份既相
懸殊，所知不啻天壤，仰望雲天，渺不可及；加以諸大師
間各立門戶，承顏觀色，少年不更世故，嘗盡人間辛酸。
起初幾年打算別尋出路」，[12] 終因前河南大學校長臺大歷
史系教授姚從吾的勗勉才打消此意。於是在處理系中行政
工作之餘，開始摸索研究工作。最初想研究秦漢史，先後
閱讀了《史記》、《漢書》、《資治通鑑》等書，後來又
轉向明史。但因乏人指導，全憑本身揣摩，成效終究有
限。此時先後完成匈奴史長編、流寇史長編等文，但皆屬
練習之作，並未發表。[13]

　　臺大歷史系教授陳弱水曾於 2010 年撰有〈臺大歷史
系與與現代中國史學（1950-1970）〉一文，就世代的觀
點，將現代中國史學家劃分為一、二、三代等。第一代，
特別是領導者，是一批出生於 1890 年代的學者，他們的
學生們，就是第二代，而後還有第三代等等。1950 年時，
第一代的學者五十餘歲，第二代的學者三、四十歲，而進
入臺大歷史系任教的大陸籍學者，基本上就是這兩代人，
共計十一位，依出生年先後為序即徐子明、姚從吾、李宗
侗、沈剛伯、劉崇鋐、夏德儀、勞榦、余又蓀、張貴永、
方豪、吳相湘；此外李定一可說是介於二、三代之間。當
時第三代學者才二十幾歲，即傅樂成與守孔先生，還是助
教級的身份。另系中尚有四位臺灣本地出身的教師楊雲

12　李守孔，〈我的大學時代〉，頁 28。
13　林能士，〈李守孔〉，頁 92。

萍、陳荊和、徐先堯、張美惠。[14]

1956 年 6 月，臺大歷史系教師及應屆畢業生合影，前排坐者左起守孔
先生、傅樂成（？）、吳相湘、楊雲萍、勞榦、張貴永（？）、姚從吾、
錢思亮（校長）、沈剛伯、李宗侗、余又蓀、陳荊和（？）；最後一
排右七為學生陳捷先，右十為學生陶晉生。該屆學生中後來成為知名
學者的尚有張春樹、駱雪倫、黃培、管東貴、趙中孚。
《姚從吾先生哀思錄》。

　　其中專長為中國近代史的只有吳相湘、李定一兩人。
李定一是四川銅梁人，出生於 1919 年，1943 年國立西南
聯合大學歷史系畢業，曾任教於湖北師範學院、臺灣省立
臺北地方行政專科學校（國立中興大學法商學院前身），
1952 年被臺大歷史系聘為兼任副教授，三年後改為專任。
李志在寫教科書，曾撰有《初中歷史》（六冊，臺北：臺
灣書店，1952）、《中國近代史》（臺北：臺灣中華書局，

14　陳弱水，〈臺大歷史系與與現代中國史學（1950-1970）〉，《臺大歷史學
　　報》，第 45 期（2010.6），頁 118-121。

1952）；並與包遵彭、吳相湘合編有《中國近代史論叢》
（共十八冊，臺北：正中書局，1956-1970）。1956 年，
李獲得美國哈佛大學哈佛燕京學社獎助，至該校訪問研究
兩年，開始注意近代中美外交史問題，有計劃地閱讀檔案
書籍。返國後除在臺大歷史研究所增開「中美外交史」
課程，其所著之《中美外交史第一冊（1784-1860）》亦
於 1960 年 6 月由臺北力行書局出版。1963 年夏，李辭去
臺大歷史系教職，赴香港擔任香港中文大學聯合書院歷史
系系主任。[15] 在臺大歷史系全職任教時間只有六年（不含
在美國訪問研究兩年）。上述吳、李兩人之外，早年曾在
臺大歷史系專職任教，教授外系中國近史必修課的尚有
講師陳大端。陳係臺大文學院文科研究所史學部的碩士
（1953 年夏畢業），碩士論文題目為〈清乾嘉時代的中
琉關係〉，畢業後被臺大歷史系聘為專任講師，為時僅兩
年，即於 1955 年 9 月留職停薪，赴美進修，[16] 乃至離開
臺大。其後陳取得印地安納大學博士學位，在普林斯頓大
學東亞系任教三十餘年，致力於華文教學，成就斐然。[17]

---

15 張力，〈李定一〉，《近代中國史研究通訊》，第 4 期（1987.9），頁 93-94。
惟其記李定一 1943 年畢業於西南聯大歷史社會系；實則應係歷史系。1937
年，西南聯大的前身長沙臨時大學成立時，曾將北大、清華兩校的歷史系
與清華的社會系合併，稱歷史社會系；1940 年，社會系獨立設置，復稱歷
史系；見西南聯大北京校友會編，《國立西南聯合大學校史：1937 至 1946
年的北大、清華、南開》（北京：北京大學出版社，1996），頁 148。又
記李 1952 年應聘為臺大歷史系兼任教授，三年後改為專任；實則應係副教
授；見國立臺灣大學編印，《國立臺灣大學概況（四十五年度）》（臺北：
國立臺灣大學，1956），頁 86。茲予以更正。

16 國立臺灣大學編印，《國立臺灣大學概況（四十五年度）》，頁 86。

17 周質平，〈陳大端先生與中文教學〉，《華文世界》，第 48 期（1988.7），
頁 55-59。

　　1955 年 8 月，守孔先生由助教升為講師，開始在校
內教授外系一年級學生的「中國近代史」必修課，教課之
餘全力從事中國近代史的研究。當時臺灣史學界研究中國
近代史者很少。此時大陸陸續出版了一系列近代史資料叢
刊，最先是義和團，隨後有辛亥革命、回民起義、鴉片戰
爭、甲午戰爭等。當時擔任中國國民黨中央設計考核委員
會主任委員的崔書琴，為了瞭解敵情，蒐購了一些大陸出
版品。守孔先生於是透過總幹事劉世昌（河大校友）的介
紹，得有機會看到這批資料。守孔先生鑒於在臺大講授
「中國近代史」必修課，每班人數動輒超過一、兩百人，
國內又缺乏適當的教本，遂決心撰寫一部有憑有據的
「中國近代史」。原本預計寫二、三十萬字，但完成時則
已厚達七百多頁，六十萬字。此書敘事始於 16 世紀葡萄
牙東航，迄於清朝之滅亡，為期約四百年，是當時國內註
明出處的第一本「中國近代史」教本。[18]

　　在守孔先生擔任臺大歷史系講師的四年間（1955 至
1959 年），本系二年級的中國近代史必修課，均由吳相
湘教授，唯一的例外是 1958 學年度的第二學期。據臺大
歷史系榮退教授劉景輝憶述：1959 年，當他還是臺大歷
史系二年級學生時，中國近代史一課，本由吳相湘講授，
但半年後，吳出國訪察史料，下學期遂由守孔先生代授。
守孔先生「正值盛年，上課時有循循儒者之風，態度誠懇

18　林能士，〈李守孔〉，頁 92。

篤實，授課條理分明，深受同學歡迎與愛戴」。[19] 這是守孔先生第一次在本系教授中國近代史課。

守孔先生於臺大文學院
歷史系研究室內（1950
年代末）。
李文捷女士提供。

1960 年暑假，守孔先生
（前排右三）帶領臺大
歷史系學生前往東海岸
考察。
劉景輝教授提供。

1962 年 6 月臺大畢業典禮，
守孔先生與學生劉景輝合影。
劉是守孔先生所教臺大歷史系
學生中的「黃埔一期生」。
劉景輝教授提供。

19　劉景輝，〈只留清氣滿人間——悼念李守孔師〉，載「臺大歷史學系李守孔
　　老師紀念網站」。

　　是時，守孔先生編著的《中國近代史》一書已於
1958 年 9 月出版，次年 8 月，守孔先生由講師升為副教
授，更專心著述，短短數年之間，完成不少論文。當時他
與在臺灣師範大學任教的戴玄之時相往返論學，討論研究
方向。兩人咸認有關太平天國的研究名家輩出，而義和團
的研究似乎尚乏人問津，同時有關這方面新近刊布的資料
也不少，於是兩人決定往此一範圍攜手並進。後來戴的研
究大抵皆以近代中國的祕密社會與宗教為主，未改其志，
而守孔先生個人則在寫過〈清季山東之教案與拳亂〉後，
研究興趣則轉向清末民初革命黨與立憲派的互動關係。當
時臺灣的研究環境並不理想，有關中國近代史的書籍期刊
尤其貧乏。適巧原在臺中的國立中央圖書館此時已搬至臺
北，守孔先生乃就近翻遍該館所藏的清末民初的報刊雜
誌，先後寫成〈各省諮議局聯合會與辛亥革命〉、〈光緒
戊戌前後革命保皇兩派之關係〉、〈唐才常思想之兩極
端〉、〈唐才常與自立軍〉、〈民初之國會與黨爭〉等論
文，分別在《大陸雜誌》及《中國現代史叢刊》上發表。
也撰成《民初之國會》一書，獲得中國學術著作獎助委員
會資助出版。[20]

　　儘管守孔先生已升為副教授，仍然只能在外系教中
國近代史必修課，本系的中國近代史、現代史課還是悉由
吳相湘教授。吳為人霸氣，個性剛直，自稱其老師傅斯年

20　林能士，〈李守孔〉，頁 92-93。

「反鄉愿」的作風，更加強其此湖南人的特性。[21] 李定一
小吳相湘五歲，個性豪爽、熱忱，易與人相處，且係西南
聯大畢業，吳視其同為臺大歷史系同仁中居多數的「北方
派」。故起初吳、李交好，其後因吳與中央研究院近代史
研究所創所人兼所長郭廷以不睦，1958 年，郭與李在哈
佛大學相遇與談，一見如故，郭返臺後曾請李到近史所講
演，郭、李交好，使吳、李的友誼急轉直下。[22]

　　郭廷以曾在日記中記述他在哈佛大學訪問時，與李
定一相遇、往還的經過：1958 年 5 月 6 日下午，郭自耶
魯大學所在地新港（New Haven）乘車抵達波士頓；次日
午前到哈佛大學，「訪周法高、李定一、嚴耕望三先生，
定一留午飯」；「晚應周、李、嚴三先生宴於『映利』飯
店」；「與蓮生（按：即楊聯陞）、定一等分談近人軼
事」。5 月 10 日，「到李定一、嚴耕望二君處閒談，定
一人頗豪爽、熱忱，甚談得來」。5 月 11 日，「晚應楊
蓮生先生宴，同席有周法高、李定一及袁守和（按：即袁
同禮）之女公子……。飯後轉局，並作牌戲，至深夜」。
5 月 13 日，「上午與定一遊波斯頓美術館，午在唐人街
用飯。下午以頗感疲乏，返寓休息。閱鄧之誠『護國軍紀
實』，乃定一自燕京史學年報複印本」。5 月 17 日，「查
閱書報，午在李定一先生處用膳，談至下午四時」。5 月

21　吳相湘，《三生有幸》，「自序」，頁 19。
22　楊金華，〈郭廷以與吳相湘緣何走向對立〉，《傳記文學》，第 116 卷第
　　1 期（2020.1），頁 52-53。

20 日，「午前與紹林及李定一、嚴耕望二君重去 Salem，參觀 Peabody 航海博物館。……尋又參觀 Essex 歷史博物館，及 Essex 研究所。……午定一請吃飯。下午四時離波斯頓，五時十分抵紐約」。[23]

同年 8 月 15 日，郭廷以自美國西雅圖搭機返國，17 日抵東京，停留一週，24 日抵達臺北。11 月 4 日，董作賓（字彥堂）面告郭，謂吳相湘對郭多方為難，尤不滿上月李定一之演講。郭惟有一笑置之，以太無謂也。[24] 11 月 8 日，郭在日記中記云：

> 前日承彥堂告，吳相湘君近對余多方攻訐，今日又聞其致函立法委員程敬志女士，謂「海防檔」內所附聲明紙條，有損中國學術界聲譽，應提質詢。吳君之不滿余者，遠因為未聘其為近史所研究員及余審查其教授資格著作時，耽擱太久，近因為余請李定一君到所講演，渠與李君原為好友，近年絕交，認余有意拉攏李君，同時復有人挑撥。凡此余均不以為意，一笑置之。[25]

1959 年 6 月 14 日，李定一、李樹桐（臺灣省立師範

23　郭廷以，《郭量宇先生日記殘稿》，頁 61、63、64、65 及 66，1958 年 5 月 7、10、11、13、17 及 20 日條。
24　郭廷以，《郭量宇先生日記殘稿》，頁 98，1958 年 11 月 4 日條。
25　郭廷以，《郭量宇先生日記殘稿》，頁 99，1958 年 11 月 8 日條。

學院史地系教授）走訪郭廷以與談，郭「始知定一與吳相湘先生齟齬由來，吳對李誤會較多」。[26] 至於吳相湘、李定一是否有「瑜亮情節」？曾上過吳中國近代史課的臺大歷史系系友陸善儀、汪榮祖有如下的記述：

　　記得大二那年（按：應為 1958 學年度），中國近代史是必修課，本班同學循慣例上吳相湘老師的課，但劉顯叔與班上其他幾位轉學生卻選了李定一老師開的中國近代史。第二週上課的一天，吳老師怒氣衝天地走進教室，用力把書摔在講臺上，大聲斥責：「你們要鬧學潮嗎？我在北大看多了，才不怕呢！」他還警告說：「對付學生造反，我是很有經驗的，決不讓你們得逞。」最後罵我們頑劣不受教，所以不再來上課了，氣沖沖奪門而出。我們被罵得莫名其妙，面面相覷，一聲都不敢響。後來覺得茲事體大，決定讓班代表李楣去告知系主任劉崇鋐老師，徵詢解決的辦法。劉主任查明選課情況後，叮嚀我們去吳老師家說明原委，務必要替冒犯他的同學們道歉，懇請他回來教課。班代表李楣約了另外四位同學（包括陸善儀在內）為她壯膽，一同前往吳老師家。五位女生跟吳老師一再說：那幾位是新轉學來的同學，並非故意做錯了事，他們剛轉入本系，排課時間衝突，沒法上吳老

26　郭廷以，《郭量宇先生日記殘稿》，頁 126，1959 年 6 月 14 日條。

師的課。不應該急著今年選讀中國近代史，等到明年再選老師的課才是。懇請吳老師回來繼續教導我們等等好話，吳老師終於回心轉意繼續來教課了。至於劉顯叔，事情發生後，他從不問詳情，僅僅輕描淡寫地說：「哦！這是他有問題，可讓你們大家都挨罵了！」他處變不驚，做事隨性，這件事他沒有錯！選課原是學生可以自己決定的事，歷史系也沒有必須選吳老師課的規定，問題的確是在吳老師，他頗有湖南人的脾氣，可能也有點不夠自信，他與能說善道的李定一老師之間有瑜亮情節，所以最忌本系同學去選李老師的課。除了顯叔，全班同學都乖乖聽了吳老師一年的課。[27]

以上的記述，突顯出吳相湘驕傲、脾氣大，缺乏度量的個性，但對於該事件的一些批評則值得商榷：

（1）臺大歷史系二年級學生必須上本系開授的中國近代史課，不僅是慣例，更係規定。而且只此一班，學生並無選擇餘地。

（2）歷史系開授的中國近代史必修課是以學術為導向，一學年六學分，每週三小時，其中一小時係講授史料及史學。外系一年級的中國近代史課是所謂共同必修科目，一學年四學分，每週二小時，只講授史

27　陸善儀、汪榮祖，〈懷念瀟灑名士劉顯叔〉，《漢學研究通訊》，第 39 卷第 2 期（2020.5），頁 10-11。

事，不需講授史料及史學。這是兩門性質內容及學分數都有差異的課程。陸、汪二人似乎沒有弄清楚，當時李定一教的是外系的中國近代史課（由其他各系學生合班上課），歷史系二年級的學生當然可以去選修，但四學分的課是不能抵免六學分的課的，以多抵少是可以的，以少抵多則不能。劉顯叔等即使修習完李定一在外系教授的中國近代史課，應該還是需於畢業前再修習完歷史系開授六學分的中國近代史必修課才是。陸、汪的記述文中，似乎吳相湘及系主任都不知道外系的中國近代史課不可以抵免本系的中國近代史課，有點不可思議。

（3）對劉顯叔過於迴護，說這件事他沒有錯。然而一個剛升上大二的學生，行事可以如此隨性？外系的中國近代史課能不能抵免本系的中國近代史課，茲事體大，系上定有規定，劉在改修李定一課之前，為何不先去系辦公室查詢清楚，即自以為是地去改修，就這一點而言，不能說沒有錯。

（4）對吳相湘的批評失之嚴苛武斷，說問題的確是在吳。實則吳的問題只是不該大發脾氣，並且遷怒於全班絕大多數無辜的學生。並說吳與李之間有瑜亮情節，最忌本系同學去選李課。實則是太抬舉了李，論當時的學術聲望成就，李既遠不如吳，而且尚未升等為教授，以吳的驕傲自大，盛氣凌人，未必會把李放在眼中，應無所謂的瑜亮情節，而且當

時（1958 年 9 月）吳與李交好，尚未交惡。他憤怒的是竟然有少數幾名學生不尊敬他，敢不修他教的必修課，以為是在搞學潮，未必是針對李。當時，守孔先生已在外系開授有好幾班的中國近代史必修課，如果劉顯叔等改修的是職級既低（講師），派系又非北非南（河南大學畢業），可以對之頤指氣使的守孔先生的課，相信他的憤怒或將更甚。

　　1958 學年度第二學期起，一向教外系中國近代史必修課的李定一，首次在歷史授課，課名為「中美外交史」，係半年（一學期）三學分的選修課。並自1961 學年度起在系、所開授「中美外交史專題」，係半年（一學期）三學分的選修課；修習年級為大學三、四年級及研究所（當時只設有碩士班）研究生。吳相湘則自1960 學年度起在系、所開授「中國近代現代史專題討論」，係全年（一、二學期）各三學分的選修課。1964 學年度起，一向教外系中國近代史必修課的守孔先生，首次在歷史系開課，課名為「民國政治史」，係全年各二學分的選修課；修習年級為大學二、三、四年級。並教授原本由吳相湘教的中國近代史課，但僅教了一學期，即因吳相湘銷假返系而由吳教授。擔任外系中國近代史教學的各兼任教授如徐家驥、黃大受、張基瑞等，自該學年度起離職，外系的中國近代史必修課悉由臺大歷史系的專任教師余又蓀、守孔先生、孫同勛、張忠棟、王曾才等人授課。自此之後，臺

大歷史系即「自給自足」，不再聘請兼任「外援」來教外
系的中國近代史必修課。諸位兼任「外援」十年來，對臺
大歷史系的貢獻誠多，他們均係史學名家。如徐家驥早年
留學法國蒙百里大學，曾任國民政府駐荷蘭領事、上海暨
南大學、廣州中山大學教授，國立政治大學於 1967 年成
立歷史系，徐是創系系主任。黃大受畢業於四川大學政治
系，曾任臺灣省立法商學院（國立中興大學法商學院前
身）共同科教授兼主任。張基瑞畢業於北京大學歷史系，
曾任臺灣省立師範大學史地系副教授、教授，1966 年赴
香港，任教於香港中文大學聯合書院。另如 1952 至 1954
學年度曾在臺大教外系中國近代史必修課的兼任教授梁
嘉彬，畢業於清華大學歷史系，日本東京大學博士候選
人，時任行政院僑務委員會簡任視察。1955 東海大學成
立，梁應聘為該校歷史系教授，後轉至國立政治大學外交
研究所任教，退休後，繼續至中國文化學院史學研究所
任教。[28]

　　1965 年，臺大歷史系的中國近現代史教學領域又有
了大的變化，即吳相湘的辭職他去及守孔先生升等為教
授。吳相湘任教於臺大歷史系共十三年（含兩年的兼任教
授），他的個性脾氣帶給他自己及系裡不少的麻煩，但他
學識過人，編輯撰述又勤，肩負臺大歷史系的中國近現代
史方面的教學和論文指導重責大任，甚著貢獻。曾任中央

28 王樹槐，〈梁嘉彬〉，《近代中國史研究通訊》，第 3 期（1987.3），頁
63-66。

研究院近代史研究所研究員的陶英惠，憶述他就讀臺大歷史系時（1955 至 1959 年）「因為上了吳老師相湘教授所開的中國近代史課程，便對近代史發生了興趣」。[29] 並謂吳上課時「除講授史實外，而特別詳細介紹近代有關的史料，這在史料非常缺乏、且各庋藏單位以擁有寶貴史料自重、不肯輕易示人的情形下，尤為難能可貴」。[30] 臺大歷史系榮退教授趙雅書憶述上吳的課時：「他講解精采，尤其是他教導我們如何研讀史料，我原有意跟吳老師繼續唸下去的」；「有一次，他還請到哈佛大學教授研究中國近代史泰斗的費正清，來歷史系演講，我當時也在場」。[31] 臺大歷史系系友、臺大圖書資訊系榮退教授盧秀菊亦憶述：「大二修習課程中，本系的中國近代史是必修的重要課目，由資深的吳相湘教授教課。吳教授教課嚴格，除須熟習史實和史料外，並訓練我們撰寫報告。」盧於 1966 年夏自臺大歷史系畢業，即考入臺大歷史研究所碩士班，選讀中國近代史組，擬以中國近代史作為未來研究的重心，並大致摸索出碩士論文將朝向清季工業發展的議題去研究。[32]

　　當時臺大歷史系大學部的學生都必須要撰寫畢業論

29　陶英惠，《雪泥鴻爪——近代史工作者的回憶》（臺北：秀威資訊科技公司，2006），頁 36。

30　陶英惠，《往事不能如煙——陶英惠回憶錄》（臺北：秀威資訊科技公司，2020），頁 91。

31　趙雅書，《金婚湖心路～我的回憶》（新北：撰者印行，2019），頁 91。

32　盧秀菊，《回首暮雲平：盧秀菊回憶錄》（臺北：秀威資訊科技公司，2012），頁 58、69、70、72。

文，也就是學士論文，由學生請系裡教授指導。據吳相湘
記述他因在臺大歷史系教授中「年齡居末位，所任課程又
是世界『顯學』，不免被先進嫉妒——家居臺灣的男生都
不敢請我指導論文，課餘卻常來我的宿舍請教；祇有應屆
畢業女生準備赴美進修，不畏權勢，以及海外僑生請我指
導。今中央研究院主任祕書陶英惠在校時請我指導論文，
可說是僅有」。[33] 當時陶英惠的學士論文題目是〈清軍攻
克金陵各種不同記載之比對〉（1959 年畢業），最主要
的參考材料為甚少人使用過的《能靜居日記》（趙烈文
撰），該學士論文稍後易名為〈湘軍攻克金陵考證〉，發
表於《幼獅學報》第 2 卷第 2 期（1960.4）。[34] 其他由吳
指導的學士論文尚有金炳陞的〈李鴻章對俄政策之研究〉
（1955 年畢業）、邱丕君的〈鴉片戰爭期間國內政治社
會情況概述〉（1956）、姚醒華的〈戊戌維新前後張之洞
對於新政的看法〉（1956）、孫培貞的〈曾文正公修身齊
家之事蹟（曾國藩傳上）〉（1957）、胡蓉裳的〈梁啟超
對於種族革命的見解及其轉變〉（1959）、劉志潭的〈梁
啟超與護國軍〉（1959）、諶育清的〈太平天國之宗教思
想及其行動之剖析〉（1959）、龔忠武的〈從中文檔案中
試探「阿思本兵輪」遣散原委〉（1961）、朱炎佳的〈吳
祿貞與中國革命〉（1963）、羅匯榮的〈一九〇四年榮赫

33　吳相湘，《三生有幸》，頁 284。
34　陶英惠，《雪泥鴻爪——近代史工作者的回憶》，頁 37-38。惟陶在書中直
　　稱其學士論文題目為〈湘軍攻克金陵考證〉。

鵬進軍拉薩始末〉（1964）、賴喜美的〈清末對歸國留學生的安撫政策〉（1964）、陳亦俊的〈一九五〇年～發生在中國的幾件大事〉（1964）。其中朱炎佳的〈吳祿貞與中國革命〉發表於吳相湘主編的《中國現代史叢刊》第六冊（臺北：文星書店，1964）；羅匯榮的〈一九〇四年榮赫鵬進軍拉薩始末〉則分成上、中、下發表於《大陸雜誌》第 29 卷第 7、8、9 期（1964.10、11）。另據臺大歷史系榮退教授趙雅書記述：1963 年秋他甫升為大四學生時，特別選修學士論文，當時學士論文已非必修，於是他在吳相湘教授的指導下，先開始讀《清實錄》及《東華錄》這兩部史料型的書，他的學士論文題目是〈清末楊乃武與小白菜一案之研究〉，後來發表於《春秋》雜誌，約三、四萬字。[35]

　　除了教學與指導學士論文，吳相湘還曾介紹工作給臺大歷史系的學生，據他記述：他曾介紹甫自臺大歷史研究所碩士班畢業的張存武至國立歷史博物館工作；美國印第安那大學教授鄧嗣禹來臺搜集資料為李劍農名著《中國近百年政治史》英譯本作註釋時，他也約張擔任，故英譯本序言中列有張姓名。[36] 這兩件事張存武後來在回憶錄中均予以證實，並說在此之前，並不認識吳，因為讀大學時上的是夏德儀教的中國近代（世）史，沒上過吳的課，是吳主動到研究生的研究室找人，碰巧只有張一個人在，

---

35 趙雅書，《金婚溯心路～我的回憶》，頁 91。
36 吳相湘，《三生有幸》，頁 284。

乃有此機緣。[37] 學士論文由吳指導的陶英惠，在服完預備軍官役後，其第一個專職工作──《新時代》雜誌社助理編輯，亦係吳所介紹。[38] 吳還記述：若干碩士班研究生如黃培、陶晉生等都經吳寫寄推薦信給美國印第安那大學教授鄧嗣禹，郝延平、蕭啟慶、龔忠武等都經吳推薦入哈佛大學就讀，[39] 其後都卓著成就。黃培曾憶述他於1952年考入臺大歷史系，1956年畢業後又進入研究所碩士班就讀，主修清史，系中吳相湘教授雖非其指導教授，但吳熟悉清史，他每多請教，受益良多。1959年初，正寫碩士論文時，吳鼓勵他向美國印第安那大學申請，吳有好友鄧嗣禹在那裡任教。同年4或5月間，他獲知印第安那大學給他獎學金的消息，就準備辦理出國手續赴該校留學深造。[40]

　　至於吳相湘辭職他去的原因，最為關鍵的就是他負責主編「中國現代史料叢書」翻印一些舊書，未察其中一書的內容「有辱國家元首」，經人舉發後遭到黨政當局的嚴厲懲處，帶給他身心莫大的壓力所致。「中國現代史料叢書」是1962年由臺北之文星書店影印出版，其中有謝彬著的《民國政黨史》，是1925年上海學術研究會

37　張存武，《生平絮語：張存武回憶錄》（臺北：秀威資訊科技公司，2019），頁127-128。

38　陶英惠，《雪泥鴻爪──近代史工作者的回憶》，頁38-39。

39　吳相湘，《三生有幸》，頁284。

40　黃培，〈留學生時代的回憶〉，《華美族研究集刊》，第3期（2002.2），頁50-52。

總會發行的舊書，其第十三章——最近社會黨之派別及新
中國黨，在（甲）中國共產黨條下，謂中共係為第三國際
共產黨之一支部；現在該黨「對於東方革命，暫行放棄社
會革命，努力於國民革命云；其在中國支部之幹部人物，
為陳獨秀、李大釗、廖仲愷、蔣介石、譚平山、邵力子諸
人」。[41] 將蔣中正誤記為中共創黨初期的幹部人物，吳相
湘身為該叢書的主編，將該書「收入叢書而未加檢校，
毫無疑問是一時疏忽與錯誤，他本人亦已自承」。[42] 叢
書中還有一本「遜清遺老」尚秉和著的《辛壬春秋》，內
容「更是荒謬之至」。[43] 係述辛亥（1911 年，即民國前 1
年）、壬子（1912 年，即民國元年）年事，其取材多得
自北洋舊人，褒貶之間，立場不無問題。其中關於南方各
省光復，革命先進胡漢民、陳其美等倡議舉事經過記述，
行文用字，更頗有未盡客觀之處。[44] 此書與前舉的《民國
政黨史》，被時人視為兩本「怪書」。[45] 怪書內容經人舉
發後，時任立法委員的胡秋原，正與《文星雜誌》撰稿人
居浩然、李敖等人進行激烈的中西文化論戰，乃在立法院
提出質詢，並在《世界評論》發表長文，一面表示他將對

41　謝彬，《增補訂正民國政黨史》（上海：學術研究會總會，1925），頁
　　130、131。

42　此為陶希聖語。見陶希聖，〈法務漫話：夏蟲語冰錄（三八）〉，《法令
　　月刊》，第 13 卷第 10 期（1962.10），頁 14。

43　霍甫幽，〈吳相湘被開除黨籍〉，《新聞天地》，第 771 號（1962.11.4），
　　頁 5。

44　〈某史學家開除黨籍〉，《徵信新聞》（臺北），1962 年 11 月 21 日，第 2 版。

45　〈社論：國民黨革新運動的「祭旗」！——由懲處黨幹與「怪書」案兩事說
　　起〉，《工商日報》（香港），1962 年 11 月 21 日，頁 2。

《文星雜誌》之誹謗提出訴訟，一面檢舉文星書店出版的「中國現代史料叢書」中的《民國政黨史》有侮辱國家元首的罪嫌，而牽連到與中西文化論戰毫無關係的第三者吳相湘。[46]

　　當時也有若干人士認為吳相湘的疏忽將遭致不幸而予同情，甚至在國民黨八屆五中全會（1962 年 11 月 12 日開幕）中談論到黨員應重視和研究中國國民黨黨史這件事上，還有一位候補中央委員傅啟學起立發言為吳解釋，傅還提起過去胡秋原的事不過「留黨察看」的處分，吳的疏忽希望也能從輕處理。傅的發言非但無利於吳，反而使全場的中央委員、評議員和列席人士，恭聆蔣中正總裁對此事的看法。[47] 1962 年 11 月 20 日，國民黨中央常務委員會決議，開除吳相湘的國民黨黨籍。是日晚，臺大訓導長劉發煊即面告吳，吳表示「自應欽遵，絕無怨言」。[48] 話雖如此，國民黨此舉，對於後來曾被大陸學界目為「頑固堅守國民黨正統史觀」、「倔強、鮮明的政治立場」[49] 的吳而言，打擊之大，不言可喻，而對他不滿的人也與日俱增。如時任中央研究院近代史研究所所長的郭廷以聞知此事結果後，在日記中寫道：

46　陶希聖，〈法務漫話：夏蟲語冰錄（三八）〉，頁 14。

47　霍甫幽，〈吳相湘被開除黨籍〉，頁 5。

48　吳相湘，《三生有幸》，頁 288。

49　「頑固堅守國民黨正統史觀」，係郝振楠，〈吳相湘與民國人物傳記研究〉（上海：華東師範大學中國史碩士論文，2015）第三章第三節的標題。「倔強、鮮明的政治立場」，係李勇，〈論吳相湘史學〉（淮北：淮北師範大學史學理論及史學史碩士論文，2021）第三章第四節的標題。

吳某編印此類叢書，不必有何政治用心，而其疏忽草
率及治學之不認真則為有口莫辯，何況每書均有其自
撰之序，真不知其何據而云然。[50]

　　據吳相湘記述：自 1963 年春季始業，校園中對他的
各種冷嘲熱諷，逐漸增加。至 1965 年春，已達到使他無
法再忍受的地步，是年 4 月 17 日，他因而上函臺大校長
錢思亮請辭。次日晨，錢思亮冒雨至吳宿舍慰留，再三鄭
重說明：一切完全了解，下學年度起將為吳提供特別研究
費。吳再三婉謝盛意。並於 4 月 23 日再上函錢說明「經
於上課時向學生沉痛宣佈：此為湘在臺大課堂最後之十
週」；「士可殺不可辱，讀聖賢書知行合一即在於此，敬
祈諒督」。5 月 12 日，錢覆信：「先生去志既堅，自不
敢過於相強，敬當勉從尊意」。6 月 1 日，吳全家遷出臺
大宿舍，遷入臺北市金華街新居。[51]

　　正當吳相湘請辭臺大教職的期間，臺大歷史系教授
兼系主任余又蓀於是年 4 月 27 日因車禍逝世。余是四川
涪陵人，畢業於北京大學哲學系，繼入日本東京帝國大學
研究西洋哲學史。歷任四川大學教授、中央研究院祕書及
總務主任、重慶大學教授兼教務長。1949 年冬，隨中央
研究院疏遷臺灣，同年，任臺灣大學教授兼總務長；1950
年，專任臺大歷史系教授，主講日本史；1958 年 8 月，

50　郭廷以，《郭量宇先生日記殘稿》，頁 363，1962 年 11 月 16 日條。
51　吳相湘，《三生有幸》，頁 291-294。

借聘為香港珠海書院文史學系教授兼系主任三年。1961
年 7 月，復任臺大歷史系教授。1963 年兼系主任、研究
所所長。[52] 車禍發生的經過是：1965 年 4 月 27 日下午 2
時 50 分許，肇事的車主周錦元（二十五歲，臺北縣人）
騎摩托車行經臺北市南昌街一段九巷口，因閃避一輛穿越
馬路的三輪車，適值臺大教授余又蓀（五十六歲，住臺北
市雲和街一二〇號）在馬路邊行走，該摩托車自三輪車後
面靠馬路邊超車，不慎將在三輪車前面靠馬路邊行走的余
撞倒，後腦受到震盪，經立即送往附近的郵政醫院急救，
由於傷勢過重，延至 3 時 50 分不治逝世。[53] 由於在車禍
發生前不久，吳相湘曾與余又蓀大吵了一架，因而車禍發
生後引發一些人的聯想，牽及於吳。如當年在臺大歷史系
上過吳課的陸善儀、汪榮祖夫婦，憶述他們畢業多年後，
聽說「吳老師與系主任余又蓀（1908-1965）大吵了一架，
余老師生氣之後，走在馬路上，不慎被機車撞死，吳老師
引咎辭職」。[54] 事實上是吳已辭職在先，車禍發生在後。
時任中央研究院近代史研究所所長的郭廷以，亦在其 5 月
6 日的日記中記稱：「台大歷史系主任余又蓀上週因車禍
身亡，該系教授吳相湘與余不和，最近復有衝突，竟於課

---

52 關志昌，〈余又蓀（1908-1965）〉，《傳記文學》，第 50 卷第 6 期（1987.6），
　　頁 141。

53 參照《中央日報》（臺北），1965 年 4 月 28 日，第 4 版；《聯合報》（臺
　　北），1965 年 4 月 28 日，第 3 版的報導。

54 陸善儀、汪榮祖，〈懷念瀟灑名士劉顯叔〉，頁 11。

堂上斥余遭天誅！」。[55] 至於余是否係因受吳與其大吵了一架影響，心緒不寧，以致「不慎」遭到車禍，則無法證明而論斷了。據多年後守孔先生告訴筆者，余又蓀在車禍前不久，曾分兩批宴請系上同仁，以避免彼此不和者同餐共飲，吳相湘係第二批，尚未被告知時；已參加過第一批與宴的年輕教授傅樂成，在系上遇見吳，詢問吳為何未見其與宴，吳聞之大怒，即赴系主任辦公室找余理論，大吵大鬧，之後不時予以騷擾，致余為此心緒不寧。

　　吳相湘離開臺大後，於 1966 年 7 月應聘為新加坡南洋大學歷史系教授，並兼系主任。嗣因為左派報紙攻擊，於 1969 年 3 月辭職返臺。旋應中國文化學院（中國文化大學前身）之聘，擔任史學研究所教授並兼史學系主任。至 1975 年 8 月赴美定居，雖不再擔任公私有給職務，但仍著述不輟，[56] 受到海內外史學界的推崇。大陸的北京、復旦、南京等三個著名大學，曾先後設立「吳相湘教授講座」，以鼓勵研究中國近、現代史。吳九十歲時（2002年），他的學生出版祝壽專集，執筆者都是中國近、現代史領域內的學者。國立臺灣大學校友會於 2004 年在芝加哥聚會，向以前三位師長致贈獎牌，以表敬意，吳是其中的一位。吳是研究民國史的巨擘，雖未曾寫過一部正式的民國史，但他出版了很多與民國史有關的論文與書籍，這些出版品環節相扣，絕對可抵上一部民國史，甚而過

55　郭廷以，《郭量宇先生日記殘稿》，頁 570，1965 年 5 月 6 日條。

56　陶英惠，〈吳相湘〉，《近代中國史研究通訊》，第 1 期（1986.3），頁 44。

之。[57] 吳的辭職他去，固然是他的損失，更是臺大歷史系中國近、現代史教學和研究方面無法彌補的損失。

　　吳相湘係1965年8月1日起正式自臺大歷史系離職，守孔先生則由副教授升等為教授，李定一已於1963年辭職赴香港任教，臺大歷史系的中國近代、現代史教學遂悉歸守孔先生負責與教授，前後長達二十餘年，地位始終屹立不搖。他除了開授歷史系學生必修的中國近代史課外，並開授同樣是一學年六學分的中國現代史選修課。自1973學年度起，臺大歷史系的中國現代史改為必修課，原來的中國近代史必修課，則改為選修課，也都仍由守孔先生教授，直至1990年8月自臺灣大學歷史學系退休為止，為時長達二十五年（其間守孔先生因1983學年度休假一年，中國現代史必修課由他的弟子臺大歷史系副教授胡平生暫授）。此外，臺大尚有夜間部，是1960年成立的（其前身為1955年成立的臺大夜間補習班），初設有外文、法律、商學、農推四系，繼設有數學、經濟兩系，

---

57 黃培，〈吳相湘先生與民國史研究〉，《民國肇建與在美華人國際學術研討會論文集》（臺北：中央研究院近代史研究所，2011），頁51、63。文中提及的祝壽專集，是吳當年臺大歷史系的學生李又寧（美國聖若望大學教授）主編的《近現代中國的主流與領航者：慶祝吳教授相湘先生九十華誕論文集》（紐約：天外出版社，2002）；全書五〇二頁，執筆者二十餘人，絕大多數為大陸學者。至於北京大學於1995年11月起，南京大學於1996年1月起，分別舉辦「吳相湘教授中華現代史學術講座」，每學年各邀請五名前沿學者作專題講演，係由李又寧發起並出資者。上海復旦大學於1999年1月起，亦開始舉辦「吳相湘教授講座」專題講演。吳相湘本人則應邀於1996年10月20日自美國赴大陸，至北京、南京等地參觀訪問，全程二十四天，於11月14日返抵美國，撰有〈睽違北京五十春，盧溝曉月分外明〉等文，發表於臺北之《傳記文學》上，作為此次「神州學術之旅見聞記略」。

1963 年起因經費問題停招新生。1967 年復開辦新制夜間
部，定位為大學之第二部。初設外文、法律、商學三系，
1971 年增設歷史系，次年增設中文系。歷史系亦比照日
間大學部，開有中國現代史（初為中國近代史）必修課，
由守孔先生教授，至 1976 學年度起，交由其弟子臺大歷
史系講師胡平生教授。[58]

　　研究所方面，臺大歷史研究所的前身為 1949 年設立
的文學院文科研究所史學部，1956 學年度第 2 學期（1957
年 2 至 7 月）起，文科研究所改為中國文學、外國文學、
歷史學、考古人類學四研究所。1957 學年度起，歷史研
究所正式開始招收碩士班研究生。至1967 年 9 月，歷史
研究所成立博士班，正式開始招生。[59]據臺大圖書資訊系
榮退教授盧秀菊憶述：她於 1966 年夏考入臺大歷史研究
所碩士班，開學後選修了「中國近代史專題討論」、「中
國近代現代史專題研究」等課程；前者涵蓋清季鴉片戰爭
至清朝覆亡，特別請中央研究院近代史研究所的專家學者
們，分週向學生講授他們研究的專題成果，當時該所研究
學者傾巢而出，包括李恩涵、王萍、呂實強、張存武、張
朋園、王樹槐、王爾敏等來所上課；期末，學生則交自選
題目的報告一篇。後者涵蓋清季鴉片戰爭至民國的歷史，
由守孔先生教授，亦是專題討論性質，學生期末須撰寫

58　胡平生，〈韶光易逝卅五年──臺大夜間部歷史系憶往〉，《臺大歷史系
　　學術通訊》，第 11 期（2011.10），頁 40-41 左。
59　〈附錄：國立臺灣大學歷史學系大事記〉，頁 190、192、194。

研究報告。[60] 這是臺大歷史系首次請中研院近史所的研究
人員來所開課，不過此一情形，在其後至 1990 學年度的
二十餘年中極其少見，只有請過張玉法開授過「中國現
代化專題研究」（1984、1985 學年度第二學期，各二學
分）、「中國現代史料分析」（1986-1989 學年度第二學
期，各二學分），張存武開授過「中韓關係史」（1985
學年度第一、二學期，各三學分）、「中國近代海關專題
研究」（1986 學年度第二學期，三學分），趙中孚開授
過「近代東北史專題研究」（1987-1989 學年度第一學期，
各三學分），以及與近史所合聘的陳永發開授過「民國
史專題研究」（1987-1990 學年度第一、二學期，各二學
分），呂芳上開授過「北伐史研究」（1990 學年度第一
學期，三學分）；都是 1980 年代中期以後的事了。中央
研究院經濟所的劉翠溶，則自 1977 學年度起先後開授過
「中國近代經濟史」、「中國近代經濟史專研」等課程。

　　在這二十餘年中，守孔先生在臺大歷史研究所開授
的課程主要是「中國近代史專題研究」（1969、1971、
1976、1978、1980、1982、1984、1986、1988 學年度第一、
二學期，各二學分）及「中國現代史專題研究」（1970、
1972、1974、1977、1979、1981、1985、1987、1989 學
年度第一、二學期，各二或三學分）。此外，偶或開授過

60　盧秀菊，《回首暮雲平：盧秀菊回憶錄》，頁 70-72。惟她將課程名稱記為
　　「中國近代史專題研究」和「中國近代現代史專題討論」，經查對該學年
　　度臺大歷史研究所課程表，應為「中國近代史專題討論」及「中國近代現
　　代史專題研究」，茲予以更正。

「中國近代現代史專題討論」（1965 學年度第一、二學期，各二學分）、「中國近代現代史專題研究」（1966、1967 學年度第一、二學期，各二學分）、「十九世紀中國近代化專題研究」（1973 學年度第一、二學期，各三學分）、「高級中國近代史專題研究」（1976 學年度第一、二學期，各二學分，係專為博士班研究生開授的）、「民國政治史專題」（1983、1991 學年度第一、二學期，各二學分）。

其他與中國近現代史相關的研究所課程，尚有客座教師李又寧的「西文中國近代名著選讀」（1967 學年度）、郝延平的「近代化與中國近代史專題」（1970 學年度）、郭恆鈺的「中國現代史專題討論」（1988 學年度）、辛勝夏的「近代中韓關係史」（1988 學年度）。專任教師方豪的「近代中外文化關係專題研究」（1968 學年度）、鮑家麟的「中國近代史西文名著導讀」（1969-1971 學年度）、「中國近代思想史」（1972、1974 學年度）、「中國近代史西文名著選讀」（1973、1974 學年度）、石錦的「中國近代思想史（十七世紀－廿世紀）」（1971 學年度）、李永熾的「中國近代思想史」（1976、1980 學年度）、「中國近代思想史專題」（1983 學年度）、孫會文的「近代中國改革運動史」（1976、1977 學年度）、古偉瀛的「中近史英文論著專題」（1985-1987 學年度）、「中國近代化專題（一）（二）」（1990 學年度）、胡平生的「近代西北史專題研究」（1988、1989

學年度）、張忠棟的「當代中國自由主義專題」（1989
學年度）、「當代中國自由主義（二）」（1989 學年
度）、「中國近代思想史研究二」（1990 學年度）。

1986 年 10 月 9 日，守孔先生與學生在臺大歷史系研究室外合影。
本照片原置放於守孔先生臺大歷史系研究室書櫃中，翻攝自《臺大歷
史系學術通訊》，第 16 期（2014.4）。

1989 年守孔先生伉儷與部份弟子合影，後排左起胡平生、朱志騫、林
能士、古偉瀛。
李文捷女士提供。

　　與吳相湘相較，守孔先生質樸寬厚，為人低調謙和，是兩種截然不同的性格。

　　守孔先生是北方人，面色較為黧黑，他的好友同儕便以此特色稱呼他，而當時年輕一輩就加上一個「公」字，久之「黑公」之名就成為通稱，數十年來史學界幾乎無人不知，無人不曉，每每稱其號而不呼其名，這一稱呼正代表了史學界對守孔先生的尊敬與親厚之情。[61]

　　守孔先生的弟子，現為臺大歷史系名譽教授的古偉瀛曾憶述：1960 年代中期上守孔先生的中國近代史必修課時的情景，如謂「李老師除了聲若洪鐘，而且有很重的河南口音，極具特色」；「李師上課雖然有課本，但從來是空手而來，憑記憶滔滔不絕，將細節娓娓道來，而且在講史之前，先介紹史料，這也是他最拿手的部分」。「李師能將當時蒐集到的中文史料鉅細靡遺地背出來，而且連封面的顏色都敘明：「紅色皮子的，一般書攤上有賣！」「除了介紹史料，李師描寫細節也很生動精彩，講到馬戛爾尼晉見乾隆皇帝，他提到清朝是：『堂堂天朝』，若不向皇帝『三跪九叩，那還了得！」[62]

　　另一位弟子，現為臺大歷史系名譽教授的胡平生亦曾憶述：

　　猶憶初識老師，是在 1965 年 9 月，我大學二年級伊

61　陳立文，〈李守孔〉，頁 104。
62　古偉瀛，〈懷師雜憶〉（2014.3），載「臺大歷史學系李守孔老師紀念網站」。

始，上他開授的「中國近代史」必修課（一學年，共
6 學分），上課的所在，似為文學院的第 18 教室。
那時的他，甫四十出頭，中等身材，體態健壯，膚色
微黑，短短的平頭髮式，更顯得精神奕奕。我原就
對中國近、現代史特別有興趣，初上老師的課，就被
他內容豐富、敘事生動的教學深深吸引。老師聲如洪
鐘，濃濃的鄉音，卻清晰易懂。他記憶力過人，雖已
撰就出版了厚厚的中國近代史教科書，但授課時從不
攜帶，講台上空無一物，而娓娓道來，史事俱在，甚
至連何年何月幾時幾分發生，都能倒背如流，且所述
史事非全同其教科書。印象最深刻的，是他每講述及
歷史人物被殺時，即加速並加重語氣曰「殺之」，同
時，伸出右掌，用力斜劈而下，從朱一貴、肅順、石
達開、李秀成，到譚嗣同、唐才常、彭楚藩等，一學
年下來，「殺人」不少。

惟講述及洪秀全之仰藥自盡，良弼之被炸傷死，吳祿
貞之遭槍擊致命等時，他那慣用的「掌刀」即無從施
展，是否另有手勢？已無印象了。[63]

---

[63] 胡平生，〈永懷守孔師〉（2014.3），載「臺大歷史學系李守孔老師紀念
網站」。

又憶述：

大三時，我又選修了他的「中國現代史」課（一學年6學分），感覺一如上「中國近代史」，每次都是「高高興興地來，心滿意足地回去」。……老師授課時，於每一單元之始，都會先介述相關論著史料及研究情形。研究太平天國史有成的學者，如謝興堯（老長毛）、羅爾綱、簡又文、蕭一山、郭廷以等先生的大名及略歷，都是在他課堂上首度聞知。此外，他在講述及北洋三傑王士珍、段祺瑞、馮國璋時，特別以「王龍」、「段虎」、「馮狗」稱之，令我歷久不忘。他如講述洪憲帝制始末時舉示的「起病六君子，送命二陳湯」，及諷刺1919年南北和議兩主要人物徐世昌、岑春煊的「北有東海，南有西林，且看這兩個東西，如何調和南北」等流傳的對聯，都意趣橫生。其後我進入碩、博士班就讀時，還上過他開授的兩三門專題研究的課，至今只記得其中有「段祺瑞」、「張謇與沈壽」之單元名目。[64]

守孔先生的弟子，現為國立中興大學歷史系教授的李君山則憶述：

---

[64]　胡平生，〈永懷守孔師〉。

老師在臺大任職超過 40 年，開課講授、指導論文，
實際都有自由之風。以當年的言論尺度，老師每每在
課堂間，會插入一句「接下來的不用記」，聽課同學
會心微笑，知道「精彩的」來了。[65]

另一位弟子，現為國立臺北科技大學文化事業發展
系兼任教授的李南海憶述：

記得老師上課從不帶課本，只帶幾張事先寫好的綱要
就上台講了，每禮拜講一專題，在講課之前，先介紹
與此題目有關的史料，並介紹相關的研究成果，如此
的講法，對我們學生往後欲從事此類問題之研究時，
幫助很大。

老師講課偶而也會講些奇聞軼事，以增添一些上課樂
趣。記得有一次在上近代史專題課時，老師學著乾隆
皇帝大罵小太監的神情十分傳神，兩隻眼睛瞪得大
大的，一隻手還高高舉起，張著嘴罵小太監「你真
該打」，說時遲那時快，那高舉的手瞬間就往桌上一
拍，這一拍著實把大家給嚇壞了。

由於表情生動，像極了包黑子判案，此情此景深印在
我腦海中。以後，老師上課時，凡講到有關臧否人物
時，常會有類似的表情出現，班上有位女同學，每當

65　李君山，〈守孔老師與我〉（2014.4），載「臺大歷史學系李守孔老師紀
　　念網站」。

看到老師有此一表情出現時，都會摀著嘴低著頭，偷偷地笑個不停。[66]

　　由上述四人的憶述，可略知守孔先生教學的特色為：

（1）講授聲音洪亮。

（2）雖有鄉音，並不難懂。

（3）博聞強記，授課全憑記憶所得，不攜帶教本。

（4）講授史事內容豐富細密，亦注重史料的介紹。

（5）講課時有生動表情，或配以語氣手勢，以加強效果。

（6）偶而穿插些許史籍未載的「內幕」消息或逸事。

　　此外守孔先生開授的課，都規定學生要撰寫並繳交報告。以大學部的中國近代史必修課為例，不僅有期末考筆試，學年結束前尚需繳交研究報告一篇。期末考試題，一般都是四大題，前三者為問答題，第四題為十個名詞解釋，可謂宏觀性與微觀性兼顧。[67]研究所的課，只繳交研究報告，沒有期末考筆試。

66　李南海，〈東海三年，憶吾師～李守孔教授〉。

67　胡平生，〈永懷守孔師〉。

1990 年 8 月，守孔先生自臺大退休，與參加退休儀式的臺大同仁合影，前坐者左起楊雲萍、守孔先生、黃啟方（文學院院長），後立者左二起李東華、古偉瀛、黃俊傑、周伯戡、梁庚堯、徐泓（歷史學系系主任）、楊肅獻。筆者適在美進修，未能躬逢其盛。李文捷女士提供。

二、指導方面——桃李滿門

　　主要是指指導學生撰寫畢業論文。臺大歷史系早年曾規定大學部學生必須要撰寫畢業論文，亦即學士論文，為零學分；至 1950 年代後期，才改為選修，四個學分。學士論文改為選修後，選修的學生人數甚少。守孔先生僅曾指導過一本學士論文，即吳劍雄撰寫的〈華盛頓會議與山東問題〉。[68] 1965 年吳相湘辭職他去後，守孔先生才開始指導臺大歷史研究所研究生撰寫碩士論文。1970 年代初，開始指導研究生撰寫博士論文。

68　吳劍雄（1940-1992），其學士論文完成於 1965 年 6 月，長約二萬字；計分七章：（一）華盛頓會議的背景；（二）會議之發端、組織與各國代表；（三）山東問題之始末；（四）中國參與華盛頓會議的經過；（五）中國之十項原則與路權四議案；（六）山東問題會外解決；（七）山東權益之收回與評價。吳劍雄後赴美深造，獲匹茲堡大學博士學位，曾任東海大學歷史系教授、中央研究院中山人文社會科學研究所研究員，著有《海外移民與華人社會》、《美國排華運動與排華法案之成立》及有關美國華人社會論文多篇。以病於 1992 年壯年早逝。

　　猶憶守孔先生指導學生撰寫學位論文，認真而盡責，不僅逐字細閱論文初稿，親筆批示意見，並且作面對面地討論。他氣度恢宏，嚴而不厲，很少堅持己見。當他提出看法前或後，往往會問學生：「你看這樣好不好？」、「我的看法不一定對」、「你看該怎麼辦？」等，讓學生在沒有壓力之下，有所陳述，而商討出一個較妥當的結果。他對於論文題目的命名及章節的標題的用詞，尤為重視，與學生反覆斟酌，一再推敲，務使其簡要醒目，精準貼切。守孔先生的弟子，現為中央研究院近代史研究所兼任研究員的李達嘉憶述：

　　我的碩士論文寫完幾個章節的初稿後，才交給李老師看。當時言論尺度較緊，我的論文對孫中山和陳炯明之間的衝突提出異於習見的觀點，李老師看後原本擔心我會觸犯禁忌，但是隨後表示既然有所論據，應該沒關係，他說我的論點可能會在學界更有影響力。李老師對學生的包容和對學術研究自由的尊重，於此可見一斑。1986年，我回到臺大歷史研究所唸博士班，再度請李老師指導博士論文寫作。當時中央研究院近代史研究所所長張玉法先生應聘到所裡開課，所裡老師建議我請李老師和張老師共同指導，希望我能在兩位老師的共同啟迪下開拓更大的視野。李老師深表贊同，並高度推崇張老師的學術成就，展現學人的恢宏

氣度。[69]

　　另一位弟子，現為中興大學歷史系教授的李君山則憶述：

> 對於學生論文寫作，老師也干預無多，總待全文趕
> 完，才一次批閱。記得 1991 年我的碩士論文初成，
> 和老師在書房討論。文中未製地圖，老師特為取出地
> 圖，研究「蘊藻浜」究為一城鎮抑或河川？[70]

　　由於守孔先生曾在臺大三民主義研究所開過「國民革命史」課，並在外校兼過課，亦曾指導過一些同校他所及他校各所的研究生撰寫博、碩士論文。總計由守孔先生所指導的臺大及他校的博、碩士論文，共一○五本。茲將他所指導的研究生姓名、論文題目及畢業年份分校分所列舉如下：[71]

69　李達嘉，〈懷念吾師李守孔教授〉（2014.4），載「臺大歷史學系李守孔老師紀念網站」。

70　李君山，〈守孔老師與我〉。

71　胡平生輯，〈李守孔教授指導之博、碩士論文目錄〉，國立臺灣大學歷史學系主辦，《李守孔教授追思會》（臺北：2014.4.19），頁 23-29；筆者再略事增補訂正。此外，臺灣大學歷史研究所外籍研究生寇偉義的碩士論文〈川黔滇軍政之中央化〉（1968 年），亦可能係守孔先生所指導，惟該論文已軼而不存，無法查證了！

（一）國立臺灣大學歷史學研究所

博士班：

1. 樂炳南，〈日本出兵山東與中國排日運動──一九二七～二九年〉（1976 年畢業）

2. 林能士，〈辛亥革命時期北方地區的革命活動〉（1977）

3. 陳　華，〈清代咸同年間山東地區的動亂──咸豐三年至同治二年〉（1982）

4. 胡平生，〈復辟派在民國〉（1984）

5. 張水木，〈兩次世界大戰之間中德外交關係之演變〉（1985，與王曾才教授共同指導）

6. 睦銀均，〈晚清中韓關係之研究（一八六四～八五）──以興宣大院君與清廷的關係為中心〉（1987）

7. 李達嘉，〈商人與政治──以上海為中心的探討（1895-1914）〉（1994，與張玉法教授共同指導）

8. 李君山，〈全面抗戰前的中日關係──自九一八至青島事件〉（2002）

碩士班：

1. 花俊雄，〈民國八年到民國十四年的中國勞工運動〉（1968）

2. 何　烈，〈晚清厘金制度之研究〉（1969）

3. 莊吉發，〈京師大學堂〉（1969）

4. 林能士，〈清季湖南的新政運動──一八九五～一八九八）〉（1970）

5. 彭先進，〈段祺瑞推動中國參加歐戰之研究（1970）

6. 曾祥鐸，〈第三國際與中國共產黨——一九一九～一九二三〉（1970）

7. 朱志騫，〈張謇的實業主張〉（1970）

8. 具良根，〈韓國東學黨亂事之研究〉（1971）

9. 梁惠錦，〈光復會（一九〇二～一九一一）〉（1971）

10. 劉元珠，〈華興會（一九〇三～一九一二）〉（1971）

11. 班一魯，〈拳亂前後袁世凱的處變〉（1972）

12. 張勝彥，〈臺灣建省之研究〉（1972）

13. 古偉瀛，〈中國早期的電報經營〉（1973）

14. 林維紅，〈同盟會時代女革命志士的活動（一九〇五～一九一二）〉（1973，與鮑家麟教授共同指導）

15. 段昌國，〈恭親王奕訢與咸同之際的外交與政治糾紛自一八五八年至一八六五年〉（1973）

16. 胡平生，〈梁蔡師生與護國之役〉（1973）

17. 唐德龍（Patrick B. Abernathy），〈羅克希爾與中國〉（1973）

18. 高瑞穗，〈崔東壁與疑古史學〉（1974，與杜維運教授共同指導）

19. 陳秋坤，〈十八世紀上半葉臺灣地區的開發〉（1975，與楊雲萍教授、鮑家麟教授共同指導）

20. 劉石吉，〈清中葉後江南市鎮的發展與農業經濟的商品化〉（1975）

21. 胡映芬，〈傅斯年與中國近代史學的發展（1900-1950）〉（1976）

22. 陳　華，〈捻亂之研究〉（1976）

23. 林瑞明，〈晚清譴責小說的歷史意義〉（1977，與楊雲
萍教授、侯健教授共同指導）

24. 陳欽國，〈廣州護法軍政府之研究一九一七～一九
二一〉（1977）

25. 謝世芬，〈九江貿易研究──1861-1911〉（1977）

26. 馮明珠，〈近代中英西藏之交涉：光緒二年至民國十三
年（一八七六～一九二四）（1978）

27. 李孝悌，〈平教會與河北定縣的鄉村建設運動（民國
十五年－民國二十五年）〉（1979，與鮑家麟教授共
同指導）

28. 張念平，〈清末的師範教育〉（1979）

29. 周惠民，〈德國租借膠州灣研究〉（1980）

30. 徐平國，〈上海會審公廨探微〉（1980，與王曾才教
授共同指導）

31. 曾華璧，〈閻錫山與民初政局（民國元年至十六年）〉
（1980）

32. 楊肅献，〈晚清的反變法思想（一八九一～一九〇〇）
──近代中國保守主義的一個分析〉（1980）

33. 廖秀真，〈清末的女子教育（一八九七～一九一一）〉
（1980，與鮑家麟教授共同指導）

34. 楊麗祝，〈晚清時期的岑春煊──光緒二十六年至宣
統三年（一九〇〇～一九一一）〉（1981）

35. 方惠芳，〈曹錕賄選之研究〉（1982）

36. 藤井志津枝，〈一八七一～一八七四年台灣事件之研究〉（1982）

37. 牛道慧，〈日本田中內閣滿洲政策之研究〉（1983）

38. 王汎森，〈章太炎的思想之研究〉（1983，與李永熾教授共同指導）

39. 王玥民，〈中日軍事協定與日本對華侵略之研究〉（1983）

40. 沈松僑，〈學衡派與五四時期的反新文化運動〉（1983，與侯健教授共同指導）

41. 周雲錦，〈新文化運動的價值觀〉（1983）

42. 李達嘉，〈民初聯省自治運動之研究〉（1984）

43. 杜繼平，〈五四時期的反傳統思想〉（1984）

44. 許鼎彥，〈山東的反袁帝制運動〉（1984）

45. 薛化元，〈晚清「中體西用」思想研究一八六一～一九〇〇〉（1984，與李永熾教授共同指導）

46. 韓嘉玲，〈濟南慘案後的反日運動──一九二八年五月～一九二九年五月〉（1985，與許介鱗教授共同指導）

47. 紀欽生，〈晚清時期的端方──一位改革官僚之研究〉（1985）

48. 詹士模，〈宣統朝的政治領導階層（一九〇九～一九一二）〉（1986）

49. 辛太甲，〈中國與朝鮮早期之電線經營（一八八五～一八九四）〉（1987）

50. 金仁文，〈清代湖南會黨之革命活動〉（1987）

51. 金鴻文，〈張作霖生平之研究〉（1987）

52. 張　儁，〈中國本位文化與全盤西化論戰的本質（1934-1935）〉（1987）

53. 李榮泰，〈湘鄉曾氏研究〉（1988）

54. 于永廷，〈納米比亞獨立問題的探討與透視〉（1989）

55. 李君山，〈論抗戰初期京滬地區作戰〉（1991）

（二）國立臺灣大學三民主義研究所

碩士班：

1. 林蘊石，〈國父與新文化運動〉（1977）

2. 習賢德，〈孫中山先生與革命思想的傳播〉（1978，與黃季陸教授共同指導）

3. 許繼峰，〈鄒魯與國民革命（西元一八八五至一九二五）〉（1979，與黃季陸教授共同指導）

4. 任秀姍，〈北伐時期宣傳工作之研究）〉（1981）

5. 江清松，〈陳少白與中國革命〉（1985）

6. 鄭淑蓮，〈國民革命與臺灣（一八九五年～一九一四年）〉（1985）

7. 劉公昭，〈張人傑與中國革命建設〉（1987）

8. 劉明香，〈抗戰時期西南地區高等教育之研究〉（1987）

9. 陳淵源，〈孫中山聯俄政策之研究〉（1988）

10. 張善穎，〈中共教育政策研究（一九四九～一九六六）〉（1989）

11. 金英培，〈中國朝野對韓國獨立之支援〉（1990）

（三）國立臺灣師範大學三民主義研究所

碩士班：

1. 西岡強，〈西歐國家與中國近代化關係之比較〉（1981）

（四）國立政治大學歷史學研究所

博士班：

1. 楊維真，〈從合作到決裂──論龍雲與中央的關係（1927-1949）（1997，與林能士教授共同指導）

碩士班：

1. 毛知礪，〈梁士詒與民初政局（一九一二～一九一六）〉（1981）

（五）政治作戰學校政治學研究所

博士班：

1. 林籐輝，〈曾國藩軍事思想之研究〉（1994，與徐瑜教授共同指導）

碩士班：

1. 楊承嗣，〈中國社會論戰起因之研究〉（1986）
2. 蕭耀清，〈國父革命方略未能貫徹因素之分析（一九〇五～一九一三）〉（1988）

（六）東海大學歷史學研究所

碩士班：

1. 鄔之元，〈武則天生平初探〉（1978，與藍文徵教授共

同指導）

2. 劉常山，〈鄒魯研究（一八八五～一九二五）〉（1981）

3. 李南海，〈安福國會之研究（民國六年－民國九年）〉
（1982）

4. 黃昭沛，〈許景澄與清季洋務運動〉（1982）

5. 林振賢，〈清朝茶葉專業經營的分析（1644-1911）〉
（1984）

（七）中國文化大學（學院）史學研究所

碩士班：

1. 董志群，〈郭嵩燾洋務思想之研究〉（1970）

2. 李月美，〈清季之資政院〉（1971）

3. 楊緒賢，〈薛福成之外交識見〉（1971）

4. 洪水深，〈中華革命黨與討袁運動〉（1972）

5. 熊秉純，〈王韜研究〉（1979）

6. 曹中平，〈清季直隸教務與拳亂〉（1980）

7. 謝敏聰，〈明清北京的城垣與宮闕之研究〉（1980）

8. 張建隆，〈革命的歧見：一八九五～一九一一〉
（1980）

9. 楊濬津，〈沈葆楨與自強運動〉（1982）

10. 謝政憲，〈晚清經營新疆之研究〉（1982）

11. 陳立文，〈居里兩度訪華與戰時中美外交關係之研究〉
（1983）

（八）中國文化大學（學院）三民主義研究所

博士班：

1. 張公子，〈韓國（李朝）與中日外交關係（1876-1894）〉
　　（1978，與傅啟學教授共同指導）
2. 韓仁熙，〈甲午戰爭以後（一八九四～一九一一）中國
　　民族主義運動〉（1988）

（九）中國文化學院政治學研究所

碩士班：

1. 王聿琥，〈張之洞與晚清政局〉（1965）
2. 羅志興，〈左宗棠收復新疆政策之研究〉（1965）
3. 詹文雄，〈李鴻章對俄外交之研究〉（1966）
4. 詹德湖，〈翁同龢與晚清政局〉（1967）
5. 史連聘，〈宋教仁與民初政局〉（1968）

（十）中國文化大學中美關係研究所

碩士班：

1. 陳一梅，〈中美戰時軍事合作之研究——中美特種技術
　　合作所之分析（一九四一～一九四六）〉（1986，與葉
　　禧年教授共同指導）

（十一）香港珠海大學中國歷史研究所

博士班：

1. 謝敏聰，〈隋唐明清國都設計建置之比較——以長安

城、北京城為例〉（1992）

　　以上列舉的一〇五本學位論文，略加分析歸納，可知：

（1）其中博士論文有十三本，碩士論文九十二本。

（2）其中博、碩士論文均由守孔先生指導的研究生有六人，扣除此重複的六人，被守孔先生指導過的研究生有九十九人。

（3）純粹由守孔先生一人指導的學位論文有八十六本（博八、碩七十八），與其他教授共同指導的有十九本（博五、碩十四）。

（4）被指導的研究生，分屬於七校十一個研究所；其中以臺大歷史研究所的研究生最多，有五十八人（六十三本論文）。

（5）所指導的外國籍研究生有九人（博三、碩六），其中韓國籍的有七人（具良根、睦銀均、金仁文、辛太甲、張公子、韓仁熙、金英培），日本籍二人（藤井志津枝、西岡強），美國籍一人（唐德龍）。

（6）所指導的研究生畢業年份集中於 1960 至 1980 年代，最早的為 1965 年自中國文化學院政治學研究所碩士班畢業的王聿琥及羅志興，最晚的是 2002 年自臺大歷史研究所博士班畢業的李君山，是時守孔先生自臺大退休已十二年。

（7）其中有幾本論文非為中國近現代史領域者，如〈武

則天生平初探〉、〈崔東壁與疑古史學〉、〈納米
比亞獨立問題的探討與透視〉等，多為與其他教授
共同指導的學位論文。

上述九十九位守孔先生所指導的研究生，其後來
各有不同的發展和成就，茲就所知及有資料可查尋者簡述
如下：

（一）國立臺灣大學歷史研究所：

博士班研究生：

（1）**樂炳南**：畢業於省立屏東師範學校，東海大學
歷史系學士，中國文化學院史學研究所碩士，是守孔先生
在臺大所指導的第一位博士班研究生。獲博士學位後曾任
海洋學院（大學）共同科教授兼科主任，以迄於退休。
主要著作：撰有《太平天國忠王李秀成年譜》（原碩士
論文出版者）、《日本出兵山東與中國排日運動：1927-
1929》（原博士論文出版者）、《徐復觀對儒家思想的詮
表與創發》、《鄭介民將軍生平》等書。

（2）**林能士**：畢業於省立屏東師範學校，國立臺灣
師範大學歷史系學士，臺大歷史研究所碩士。獲博士學位
後曾任國立政治大學歷史系教授兼系主任，以迄於退休。
主要著作：有《清季湖南的新政運動 1895-1898》（原碩
士論文出版者）、《中國現代史》（主編）、《深坑鄉
志》（總纂）、《經費問題與護法運動（1917-1923）》
等書。

（3）陳華：國立臺灣大學歷史系學士，臺大歷史研究所碩士。獲博士學位後曾任國立清華大學歷史研究所教授兼所長，以迄退休為榮譽教授。主要著作：撰有《捻亂之初步研究》（原碩士論文出版者）等書。

（4）胡平生：國立臺灣大學歷史系學士，臺大歷史研究所碩士。曾任臺大歷史系講師、副教授、教授兼系主任、研究所所長，以迄退休為名譽教授。主要著作：撰有《梁蔡師生與護國之役》（原碩士論文出版者）、《民國初期的復辟派》（原博士論文易名出版者）、《民國時期的寧夏省（1929-1949）》、《抗戰前十年間的上海娛樂社會（1927-1937）——以影劇為中心的探索》、《僕僕風塵——戰後蔣中正的六次北巡（1945-1948）》、《周非將軍與民國海軍》（與周先俐合著）等書；編著有《中國現代史書籍論文資料舉要》（四冊）、《中華民國電影史論著資料目錄舉要》（上下二冊）。

（5）張水木：輔仁大學德文系學士，東海大學歷史研究所碩士。獲博士學位後曾任國立彰化師範大學英語系教授兼系主任、文學院院長、大葉大學外語學院院長，以迄退休為大葉大學英語系榮譽講座教授。歷史領域的主要著作：除未正式出版的碩、博士論文外，曾發表有研究論文〈民國二年善後大借款初探〉、〈民國二年列強銀行團對華善後大借款及中國政治風潮之激盪〉、〈一九一三年美國對中華民國政府之外交承認〉、〈德國與庚子拳亂〉、〈對日抗戰時期的中英關係〉、〈從歷史觀點論國

民政府領導中國對日抗戰之歷史地位〉、〈拿破崙戰敗後弱勢法國善用會議外交以突困之啟示〉等。

（6）睦銀均：韓國籍研究生，獲博士學位後回韓國，曾任淑明女子大學歷史系教授兼系主任、特殊大學院院長，韓國之中國學會會長等。

（7）李達嘉：國立中興大學歷史系學士，臺大歷史研究所碩士。歷任中央研究院近代史研究所副研究員兼副所長、研究員，以迄退休為該所兼任研究員。主要著作：有《民國初年的聯省自治運動》（原碩士論文出版者）、《商人與共產革命，1919-1927》等書。

（8）李君山：國立臺灣大學歷史系學士，臺大歷史研究所碩士。曾任國立中興大學歷史系副教授兼系主任，現任該系教授；主要著作：撰有《為「政略」殉——論抗戰初期京滬地區作戰》（原碩士論文出版者）、《上海南京保衛戰》、《全面抗戰前的中日關係（1931-1936）》（原博士論文出版者）、《臺灣最後防線：政府治臺後的防空發展，1945-1988》、《蔣中正與中日開戰（1935-1938）：國民政府之外交準備與策略運用》等書。

碩士班研究生：

（1）花俊雄：國立臺灣大學歷史系學士，是守孔先生在臺大歷史研究所指導的第一個碩士班研究生。畢業後獲美國匹茲堡大學（University of Pittsburgh）獎學金前往深造，1970 年通過博士資格考，博士論文為「1923 至1927 年的中國農民運動」，論文已完成，但未獲答辯，未

拿到博士學位。1973 年進入聯合國工作至 2001 年退休。
1993 年當選紐約中國和平統一促進會第三屆會長，2013
年卸任。

（2）何烈：係尉級軍官退役後考入國立臺灣大學歷
史系，取得學士學位，碩士班畢業後續入臺大歷史研究所
博士班就讀（博士論文由夏德儀指導）。取得博士學位後
任國立中興大學歷史系副教授，惜 1978 年壯年早逝。主
要著作：撰有《釐金制度新探》（原碩士論文出版者）、
《曾國藩》、《清咸、同時期的財政》（原博士論文出版
者）等書。

（3）莊吉發：畢業於省立臺北師範學校，國立臺灣
師範大學史地系學士。臺大歷史研究所碩士班畢業後，至
國立故宮博物院任職，升至研究員，迄於退休。並曾在各
大學兼任授課，講授課目有中國近代史、中國現代史、中
國通史、清史專題研究、故宮檔案專題研究、中國秘密社
會史、中國邊疆文化史、滿文等。他極其用功，撰述極
勤，所撰寫、編著、編譯、譯注、校注的專書，粗估不下
四、五十種，為守孔先生眾弟子中之最。所撰寫（不含編
著、編譯、譯注、校注）的主要著作：有《京師大學堂》
（原碩士論文出版者）、《孫文成奏摺》、《清代奏摺制
度》、《清代檔案述要（一）（二）》（二冊）、《清代
天地會源流考》、《清高宗十全武功研究》、《故宮檔案
述要》、《清世宗與賦役制度的改革》、《清史拾遺》、
《清代秘密會黨史研究》、《故宮臺灣史料概述》、《清

史隨筆》、《薩滿信仰的歷史考察》、《清代史料論
述》、《清史論集（一）-（二十九）》（共二十九冊）、
《故宮檔案與清代臺灣史研究》（四冊）、《清代臺灣會
黨史研究》、《真空家鄉：清代民間秘密宗教史研究》、
《清史講議》、《雙溪瑣語》、《生肖圖騰文化趣談》
等書。

（4）**曾祥鐸**：國立臺灣大學歷史系學士，臺大歷史
研究所碩士班畢業後，曾任國立中興大學歷史系講師、副
教授。由於對政治的興趣，教學之餘從事政治活動，主持
廣播電台「新聞論壇」節目，為名政論家。主要著作：有
《解凍的時刻》、《李登輝批判》等書。

（5）**朱志騫**：校級軍官退役，考入國立臺灣大學外
文系，轉至歷史系，獲學士學位。臺大歷史研究所碩士班
畢業後，任教於龍華工專（後升格為技術學院、科技大
學）共同科、通識教育中心至教授，以迄於退休。主要著
作：有《張謇的實業主張》（原碩士論文出版者）、《南
京臨時政府財政問題之研究（民國元年一月–四月）：中
山先生辭讓臨時大總統的金錢因素》等書。

（6）**具良根**：韓國籍研究生，韓國外國語大學中文
系學士。臺大歷史研究所碩士班畢業後，赴日、美留學，
獲東京大學東洋史博士學位，回韓國教書。曾任誠信女子
大學校長，2008 至 2011 年，任駐臺北韓國代表部代表。
主要著作：有《甲午農民戰爭原因論》、《中國歷代白
話小說選》（選注）、《韓中日三國의觀念比較研究》

等書。

（7）梁惠錦：輔仁大學歷史系學士，臺大歷史研究所碩士班畢業後，任職於中華民國國史館，歷任科長、纂修等，以迄於退休。主要著作：有〈南社──清末民初的革命文藝團體〉、〈戰時兒童保育會（民國二十七年三月至三十四年九月）〉、〈抗戰時期的婦女組織〉、〈中美、中英平等新約簽訂之經過〉、〈婦女爭取財產繼承權的經過〉、〈婚姻自由權的爭取及其問題（1920-1930）〉、〈戰時兒童保育會的建立與組織運作〉等研究論文。

（8）劉元珠：國立臺灣大學歷史系學士，臺大歷史研究所碩士班畢業後，即赴美國哈佛大學東亞語言文化系深造，跟隨著名漢學家柯立夫（Francis W. Cleaves）教授改習蒙元史。1979 年獲博士學位後，任教於波士頓近郊的衛斯理學院（Wellesley College）東亞語言文化系，曾任該系教授兼系主任，以迄於退休，獲聘為榮譽教授。主要著作：多為蒙元史領域，如〈虞集「道園類稿」在元史研究上的價值〉、〈從修史諸儒看《元史》之撰修〉、〈曾在歷史巨輪前喘息的羅布人〉、〈元代儒吏關係：延祐之開科與抑吏〉等研究論文。

（9）張勝彥：國立臺灣大學歷史系學士，臺大歷史研究所碩士班畢業後，曾赴日本留學，獲京都大學博士學位。曾任東海大學歷史系教授、國立中央大學歷史研究所教授兼所長。後至國立臺北大學，曾任歷史系教授兼主

任、民俗藝術研究所所長、人文學院院長，以迄於退休
為臺北大學歷史系兼任教授。主要著作：撰有《臺灣史
研究》、《清代臺灣廳縣制度之研究》；編著有《臺灣
史》（與黃秀政、吳文星共同編著）；編纂有《南投開拓
史》、《臺中市史》、《臺灣省政府財政廳志》、《鹿
港鎮志政事篇》、《臺中縣志──行政篇・役政篇・戶政
篇》等書；總編纂有《續修臺北縣志》、《臺中縣志（續
修）》、《善化鎮志》、《外埔鄉志》等書。

（10）**古偉瀛**：國立臺灣大學歷史系學士，臺大歷
史研究所碩士班畢業後，任臺大歷史系講師，赴加拿大
英屬哥倫比亞大學（University of British Columbia）深造，
獲博士學位後曾任臺大歷史系教授兼系主任、研究所所
長，以迄退休為名譽教授。主要著作：有《清廷的立憲
運動──處理變局的最後抉擇》、《後現代與歷史學：中西
比較》（與王晴佳合著）、《臺灣天主教史研究論集》、
《歷史的轉捩點》（編著）、《塞外傳教史》（主編）、
《平涼歲月：27 位嘉布遣的 27 年》（與潘玉玲合譯）
等書。

（11）**林維紅**：國立臺灣大學歷史系學士，臺大歷
史研究所碩士班畢業後，任臺大歷史系講師，赴美國夏威
夷大學（University of Hawaii-Manoa）深造，曾任臺大歷
史系副教授，曾多次膺選全校教學傑出教師，以迄於退
休。主要著作：有〈同盟會時代女革命志士的活動（一九
〇五－一九一二）〉、〈清季的婦女不纏足運動（1894-

1911）〉、"Chastity in Chinese Eyes-Nan-Nu Yu-Pieh 男女有別"、"Women's Studies Curriculum: Experience and Appraisal"、〈無言的女眷——「曾紀澤日記」女眷生活輯錄〉等研究論文。

（12）**段昌國**：國立臺灣大學歷史系學士，臺大歷史研究所碩士班畢業後，赴美國普林斯頓大學（Princeton University）深造，取得博士學位。曾任國立中興大學歷史系副教授兼系主任、國立中央大學共同科副教授兼科主任、國立空中大學人文學系教授兼系主任、國立宜蘭大學教授兼人文及管理學院院長、佛光大學未來學系教授兼系主任，以迄於退休。主要著作：撰有《明鏡亦非臺》、《保守與進取：十九世紀俄國思想與政治變動之關係》、《長鋏歸來》、《變局與突破：近代俄國思想與政治》、《恭親王奕訢與咸同之際的外交與政治糾紛（1858-1865）》（原碩士論文出版者）等書。編著有《中國近代史》、《近代史》、《現代史》、《中國現代史》、《西洋近代文明發展史》（與莊尚武共同編著）、《俄國史》、《十五至十八世紀歐洲史》、《西洋中古史：西元第五世紀至十五世紀》、《十九、二十世紀歐洲史》等書。

（13）**陳秋坤**：國立臺灣大學歷史系學士，臺大歷史研究所碩士班畢業後，赴美國史丹佛大學（Stanford University）深造，取得博士學位。曾任中央研究院臺灣史研究所、近代史研究所研究員、國立屏東大學社會發展學系特約講座教授，以迄於退休。主要著作：撰有《臺

灣歷史上的土地問題》、《清代臺灣土著地權：官僚、
漢佃與岸裡社人的土地變遷1700-1895》、《臺灣古書契
（1717~1906）》、《清代客家產權交易與財富累積過程：
以屏東平原為例，1800-1900》等書；編著有《大崗山地
區古契約文書匯編》（與蔡承維共同編著）；譯有佛洛姆
（Fromm Erich）撰《為自己而活》、馬若孟（Ramon H.
Myers）著《臺灣農村社會經濟發展》（與陳其南合譯）；
編有《萬丹李家古文書》；編纂有《里港鄉志》（與吳庚
元共同編纂）；主編有《臺灣歷史上的土地問題》（與許
雪姬共同主編）、《契約文書與社會生活（1600-1900）》
（與洪麗完共同主編）等書。

　　（14）**劉石吉**：國立臺灣大學歷史系學士，臺大歷
史研究所碩士班畢業後，曾任中央研究院三民主義研究所
（後改名為中山人文社會科學研究所）、人文社會科學研
究中心（由中山人文社會科學研究所整併而成）研究員，
以迄於退休。主要著作：撰有專書《明清時代江南市鎮研
究》；研究論文〈小城鎮經濟與資本主義萌芽：綜論近年
來大陸學界有關明清市鎮的研究〉、〈傳統城市與通商口
岸：特徵、轉型及比較〉、〈城市·市鎮·鄉村——明清
以降上海地區城鎮體系的形成〉、"The Formation of the
Treaty-port System in Modern China"、〈小城鎮大問題：
略論近代江南市鎮與城鄉文化〉等。

　　（15）**林瑞明**：筆名林梵、林退嬰，國立成功大學
歷史系學士。臺大歷史研究所碩士班畢業後，任教於國

立成功大學歷史系，升至教授，其間曾借調出任國家臺
灣文學館館長（2003 年 10 月至 2005 年 9 月）；2018 年
11 月逝世。主要著作：學術專書有《晚清譴責小說的歷
史意義》（原碩士論文出版者）、《賴和與臺灣新文學運
動》、《臺灣文學與時代精神──賴和研究論集》、《臺
灣文學的歷史考察》、《臺灣文學的本土觀察》等；文學
創作結集有《失落的海》、《流轉：林梵詩集》、《未名
事件：林梵詩集》、《冷焰集》、《少尉的兩個世界》、
《青春山河》、《海與南方》、《日光與黑潮》等書；
傳記有《王光祈的一生與少年中國學會》（與郭正昭合
著）、《楊逵畫像》等書。

（16）**陳欽國**：東海大學歷史系學士，臺大歷史研
究所碩士班畢業後，任中央研究院三民主義研究所助理研
究員，1987 年辭職離所，赴美定居。主要著作為《護法
運動：軍政府時期之軍政研究（一九一七－一九二一）》
（原碩士論文出版者）。

（17）**馮明珠**：國立臺灣大學歷史系學士，臺大歷
史研究所碩士班畢業後，任職於國立故宮博物院文獻處，
歷任該院編纂、研究員、處長、副院長、院長等，以迄於
退休。主要著作：撰有《近代中英西藏交涉與川藏邊情：
從廓爾喀之役到華盛頓會議》、《披荊斬棘：十七世紀後
的臺灣》、《清宮檔案叢談》等書。

（18）**李孝悌**：國立臺灣大學歷史系學士，臺大歷
史研究所碩士班畢業後，任職於中央研究院歷史語言研究

所。後赴美深造，獲哈佛大學博士學位。歷任史語所副研究員、研究員、香港城市大學中文及歷史學系教授兼系主任、上海復旦大學文史研究院研究員；現任國立中央大學歷史研究所講座教授。主要著作：撰有《清末的下層社會啟蒙運動 1901-1911》、《戀戀紅塵：中國的城市、欲望與生活》、《昨日到城市：近世中國的逸樂與宗教》、*Opera, Society and Politics in Modern China*（原博士論文出版者）、《明清以降的宗教城市與啟蒙》等書。

（19）**周惠民**：國立政治大學歷史系學士，臺大歷史研究所碩士班畢業後，赴德國深造，獲佛萊堡大學（University of Freiburg）歷史學系博士。歷任政治大學歷史系副教授、教授兼系主任、文學院院長，以迄於退休為該系兼任教授。主要著作：撰有《德國對華政策研究》、《飲膳隨緣》、《飲膳佳會：餐桌上的文化史》、《臺灣原住民族教育發展》等書；編著有《德國史：中歐強權的起伏》、《愛爾蘭史：詩人與歌者的國度》等書；編有《1945-2005 年臺灣地區清史論著目錄》。

（20）**曾華璧**：國立臺灣大學歷史系學士，考入國史館工作；臺大歷史研究所碩士班畢業後，赴美進修，獲哈佛大學教育碩士。歷任國立交通大學通識教育中心教授、客家學院副院長、長庚大學通識教育中心特聘教授，以迄於退休。主要著作：撰有《民初時期的閻錫山：民國元年至十六年》（原碩士論文出版者）、《十年來臺灣環境保護運動的歷史省察》、《臺灣的媒體與環境主義：

以 1980 年代《中國時報》為例之研究》、《人與環境：臺灣現代環境史論》、《哈佛沒有教的課：濟公活佛在臺灣》等書；編著有《1980-1989 環境大事記：《中國時報》環境報導彙編》等書。

（21）**楊肅献**：國立臺灣大學歷史系學士，臺大歷史研究所碩士班畢業後，赴英國留學，改習西洋史，獲愛丁堡大學（University of Edinburgh）博士學位。歷任臺灣大學歷史系副教授、教授兼系主任、研究所所長；現為臺大歷史系教授，曾於 2020 年獲選為英國皇家歷史學會會士（Fellow of the Royal Historical Society）。主要著作：撰有研究論文二十餘篇，其中約半數都極具份量，如〈法國大革命時期英國激進派的人權理論〉、〈馬克斯主義與法國大革命的解釋──一個解釋傳統的解體〉、"Edmund Burke on the Origins of the French Revolution"、〈臺灣的西洋史研究，1950-1995〉、〈英格蘭有啟蒙運動嗎？──歷史家論十八世紀的英國與啟蒙思想〉、〈青年吉朋── 一位羅馬帝國歷史家的養成〉、〈柏克思想與英格蘭啟蒙運動〉、〈吉朋的史學與近代歐洲的古典學術〉、〈從人文主義史學到哲學的歷史：吉朋歷史寫作的近世歐洲史學脈絡〉、〈吉朋史學的現代性：《羅馬帝國衰亡史的解析》〉、〈歷史懷疑論、古物研究與近代歐洲史學的起源〉等。另譯有《柏克》（麥克佛森 C. B. Macpherson 著）、《翁同龢與戊戌維新》（蕭公權著）等書。

（22）**廖秀真**：國立成功大學歷史系學士，臺大歷

史研究所碩士班畢業後，任國立成功大學歷史系講師，以
迄於退休。主要著作：有研究論文〈清末女學在學制上的
演進及女子小學教育的發展（1897-1911）〉、〈簡介臺
灣最近出版的四本近代中國婦女史資料目錄〉。

（23）**楊麗祝**：國立臺灣師範大學歷史系學士，臺
大歷史研究所碩士班畢業後，歷任國立嘉義農專講師、國
立臺北工專講師、國立臺北科技大學通識教育中心、文化
事業發展系副教授，以迄於退休為該系兼任副教授。主要
著作：有《歌謠與生活：日治時期臺灣的歌謠采集及其時
代意義》、《百年風華‧北科校史，1912-2011》（與鄭麗
玲共同編著）等書。

（24）**方惠芳**：國立臺灣大學歷史系學士，臺大歷
史研究所碩士班畢業後，曾任高雄醫學院共同科講師、高
醫董事會祕書、服務最美社社長等。主要著作：有《曹錕
賄選之研究》（原碩士論文出版者）、《高雄市二二八相
關人物訪問紀錄》（與許雪姬共同訪問）等書。

（25）**藤井志津枝**：日本籍研究生，中文姓名傅琪
貽，日本大東文化大學日文系學士；臺大歷史研究所碩士
班畢業後，繼入國立臺灣師範大學歷史研究所深造，獲博
士學位。因與臺大政治系教授許介鱗結縭，定居臺灣。曾
任政治大學日本語言學系教授兼外語學院跨文化研究中心
主任。主要著作：撰有《日本軍國主義的原型：剖析一
八七一－七四年臺灣事件》（原碩士論文出版者）、《日
據時期臺灣總督府的理蕃政策》（原博士論文出版者）、

《七三一部隊：日本魔鬼生化戰的恐怖》、《誘和：日本對華諜報工作》、《臺灣原住民史—政策篇》、《理蕃：日本治理臺灣的計策》、《原住民部落重大歷史事件：大嵙崁事件研究》、《日治末期臺灣原住民族皇民化之研究》、《桃園復興鄉志》、《日本統治時期臺灣原住民抗日史研究——以北臺灣泰雅族抗日運動為例》、《大嵙崁事件1900-1910》、《大分事件：布農族郡社群抗日事件1914-1933》、《大豹社事件：1900-1907》、《李香蘭的戀人：電影與戰爭》（石觀海、王建康譯）等書。

（26）**牛道慧**：國立臺灣大學歷史系學士，臺大歷史研究所碩士班畢業後，任教於龍華工專共同科，曾至中國文化大學史學研究所深造，獲博士學位。曾任龍華科技大學文化與數位媒體設計系教授兼通識教育中心主任，現為該系、中心教授。主要著作：撰有《認識西洋文明》、《希臘神話故事與名畫欣賞》等書。

（27）**王汎森**：國立臺灣大學歷史系學士，臺大歷史研究所碩士班畢業後，赴美國普林斯頓大學深造，獲博士學位後，任職於中央研究院歷史語言研究所，曾任研究員兼所長，2004 年獲選為中央研究院院士，2005 年獲選英國皇家歷史學會會士；擔任過中央研究院副院長；現任該院史語所特聘研究員。主要著作：撰有《章太炎的思想》（原碩士論文出版者）、《古史辨運動的興起》、*Fu Ssu-nien: A Life in Chinese History and Politics*（原博士論文出版者）、《中國近代思想與學術的系譜》、《晚明清初思想

十論》、《近代中國的史家與史學》、《權力的毛細管作
用：清代的思想、學術與心態》、《執拗的低音：一些歷
史思考方式的反思》、《天才為何成群地來：知識創造的
人文向度》、《傅斯年：中國近代歷史與政治中的個體生
命》（王曉冰譯）、《思想是生活的一種方式：中國近代
思想史的再思考》、《啟蒙是連續的嗎？》、《近世中國
的輿論社會》等書。

（28）王玥民：國立臺灣大學歷史系學士，臺大歷
史研究所碩士班畢業後，曾赴美國加州大學洛杉磯分校
（University of California, Los Angeles）攻讀，獲史學碩士
學位，返國後從事翻譯寫作，繼入國立臺灣師範大學翻譯
研究所深造，取得博士學位。主要著作：譯有布萊恩・
費根（Brian Fagan）著《古文明七十謎團》（與張冠韶，
黃聿君合譯）、帕金（Neil Parkyn）著《世界建築七十
奇蹟》（與楊惠君，張璁菲合譯）、大衛・哈維（David
Harvey）著《新帝國主義》（與王志弘、徐苔玲合譯）、
《資本的空間：批判地理學芻論》（與王志弘合譯）、愛
德華・索雅（Edward W. Soja）著《第三空間：航向洛杉
磯以及其他真實與想像地方的旅程》（與王志弘、張華蓀
合譯）、雪倫朱津（Sharon Zukin）著《權力地景：從底
特律到迪士尼世界》（與王志弘、徐苔玲合譯）、《裸
城：純正都市地方的生與死》（與王志弘、徐苔玲合譯）
等書。

（29）沈松僑：東海大學歷史系學士，臺大歷史研

究所碩士班畢業後，任職於中央研究院近代史研究所，至
副研究員，以迄於退休。主要著作：撰有專書《學衡派與
五四時期的反新文化運動》（原碩士論文出版者）。另發
表有甚具份量、頗獲佳評的研究論文，如〈振大漢之天聲
——民族英雄系譜與晚清的國族想像〉、〈我以我血薦軒
轅——黃帝神話與晚清的國族建構〉、〈近代中國民族主
義的發展——兼論民族主義的兩個問題〉、〈國權與民權
——晚清的「國民」論述，1895-1911〉、〈江山如此多
嬌——1930年代的西北旅行書寫與國族想像〉、〈中國
的一日，一日的中國——1930年代的日常生活敘事與國
族想像〉等。

　　（30）杜繼平：淡江大學歷史系學士，臺大歷史研
究所碩士班畢業後，曾赴大陸深造，獲中國人民大學經濟
學博士學位。曾任《批評與再造》雜誌總編輯。主要著
作：撰有專書《階級、民族與統獨爭議；統獨左右的上下
求索》；譯有《社會主義與反全球化譯文集》、《中國與
社會主義及評論：市場改革與階級鬥爭》（Martin Hart-
Landsberg and Paul Burkett 著；與林正慧、郭建業合譯）
等書。

　　（31）許鼎彥：國立中興大學歷史系學士，臺大歷史
研究所碩士班畢業後，任教於德明商業專科學校，曾任該
校升格為德明財經科技大學後的通識教育中心副教授兼該
校之主任祕書。主要著作：撰有專書《民國初年的交通系
（1912-1916）》。

（32）**薛化元**：國立政治大學歷史系學士，臺大歷史研究所碩士班畢業後，續入同所博士班就讀，獲博士學位。曾任交通大學共同科副教授、政治大學歷史系教授兼系主任、臺灣史研究所所長、文學院院長等，現任政治大學歷史系、臺灣史研究所合聘教授。主要著作：撰有《晚清「中體西用」思想論（1861～1900）》（原碩士論文出版者）、《民主憲政與民族主義的辯證發展——張君勱思想研究》（原博士論文出版者）、《「自由中國」與民主憲政（1949～1960）》、《戰後臺灣歷史閱覽》、《逆勢破局：九〇年代的見證與反思》、《自由中國與民主憲政：1950 年代臺灣思想史的一個考察》、《戰後臺灣人權發展史（1945-2000）》（與蘇瑞鏘、楊秀菁合著）、《臺灣，不是中國的：臺灣國民的歷史》（與戴寶村、周美里合著）、《臺灣石化業發展史》（合著）、《雷震與1950 年代臺灣政治發展：轉型正義的視角》等書。編著有《中國近代史》、《中國現代史》、《臺灣開發史》、《臺灣地位關係文書》、《自由化民主化：臺灣通往民主憲政的道路》、《追尋臺灣法律的足跡：事件百選與法律史研究》（與王泰升、黃世杰共同編著）等書。編譯有《臺灣先民的遺跡》（與劉燕儷共同編譯）；編有《公論報言論目錄暨索引》、《戰後臺灣人權年表：1945-1960》》（與林果顯、楊秀菁合編）。

（33）**韓嘉玲**：臺大歷史研究所碩士班畢業後，前往大陸發展，從事農村扶貧脫困工作，1997 年獲北京大

學博士學位，歷任廣州暨南大學政策研究中心特聘研究員、經濟與社會研究院講座教授、北京中國社會科學院社會學研究所研究員等。主要著作：撰有《中國貧困農村婦女發展進程研究》；編著有《播種集：日據時期臺灣農民運動人物誌》。

（34）紀欽生：臺大歷史研究所碩士班畢業後，往補教界發展，為儒林升大學補習班名師、慧燈高中歷史科教師，合編有三民書局版《高中歷史（一）（二）（三）——自學手冊》等書。

（35）詹士模：國立臺灣大學歷史系學士，臺大歷史研究所碩士班畢業後，曾取得國立中正大學歷史研究所博士學位，任教於國立嘉義大學史地系，並兼系主任。以迄於退休為該校應用歷史系兼任副教授。主要著作：撰有《反秦集團滅秦與分裂戰爭成敗之研究》（原博士論文出版者）、《中國中古戰亂與移民》、《興漢關鍵人物研究》、《董仲舒治道思想研究：天人感應　陰陽五行　諸家思想》等書。

（36）辛太甲：韓國籍研究生，臺大歷史研究所碩士班畢業後回韓國，曾任東亞大學校人文科學大學史學科教授、韓國之中國史學會會長等。曾將大陸著名軍旅詩人作家王久辛寫的五百行抗日長詩〈狂雪〉譯為韓文出版，頗受讚譽。

（37）金鴻文：國立臺灣大學歷史系學士，臺大歷史研究所碩士班畢業後，曾任教於中華科技大學；現任該

校通識教育中心講師。主要著作：撰有〈美國對臺軍售政策之初探（1979~2008）〉、〈現階段中共加強兩岸大學青年交流之研析——以臺灣大學青年赴陸交流為例〉、〈決策模式與美國對臺軍售政策決定因素之分析〉、〈美國智庫及其對華政策傾向〉、〈三次臺海危機與中美臺之互動（1954~1996）〉、〈蘇聯解體後美國對華政策演變之分析（1992~2008）〉、〈中美關係：從解凍到中美關係正常化（1969~1979）〉等研究論文。

（38）**李榮泰**：國立臺灣大學歷史系學士，臺大歷史研究所碩士班畢業後，曾任輔英科技大學通識教育中心講師。曾合編有《中華民國人民團體調查錄：民國元年至八十四年》，合譯有《美國的中國近代史研究》。並撰有〈清末陸軍軍事教育與現代化〉、"Behind the Facade of Bationalism"、〈西洋史的宿命？——淺談希特勒的侵蘇之役〉等論文。

（39）**于永廷**：就讀臺大歷史研究所碩士班畢業前，已任職於外交部，曾任該部駐南非代表處業務組副組長、經濟部經貿談判代表等。主要著作：撰有專書《納米比亞獨立問題的探討與透視》（原碩士論文出版者）；研究論文〈貿易與發展談判之主要議題與可能影響〉等。

（二）其他研究所：

1. 國立臺灣大學三民主義研究所（碩士班）：

（1）**習賢德**：輔仁大學大眾傳播學系學士，臺大三

研所碩士班畢業後，繼於同所攻讀，取得博士學位。歷任
輔仁大學大眾傳播學系副教授兼系主任、影像傳播學系、
新聞傳播學系系主任、傳播學院行政副院長，以迄於退
休。曾榮獲第十二屆新聞文學類國家文藝獎；2021 年 5
月逝世。主要著作：撰有《孫中山先生與革命思想的傳
播》（原碩士論文出版者）、《風向集》、《清末中文報
刊呈現的美國形象》、《統獨啟示錄：飛彈危機下的臺海
和戰抉擇（1996-2006）》、《北平輔仁大學札記（1925-
1952）》、《中國國民黨與社會菁英：革命實踐研究院
五十年史（1949-1999）》、《聯合報企業文化的形成與
傳承：（1963-2005）》（二冊）、《孫中山與美國》、
《警察與二二八事件》（口述歷史）、《兩岸情緣 30 年》
等書。

　　（2）許繼峰：臺大三研所碩士班畢業後，赴美攻讀，
獲密西西比大學政治學博士學位。曾任帛琉共和國第一印
刷公司廠長、豪年有限公司經理、臺灣省勞資關係協會理
事長。現任國立中正大學勞工關係學系副教授，曾代理系
主任兼勞工研究所所長。主要著作：撰有專書《鄒魯與中
國革命（西元一八八五－一九二五）》（原碩士論文出版
者）、《勞資關係與爭議問題》（與衛民合著）、《勞資
關係：平衡效率與公平》（與衛民合著）、《職場暴力高
風險行業危害調查與預防策略之研究》（與陳旺儀合著）
等；譯有專書《比較工會運動》（Richard Hyman 著，與
吳育仁合譯）。

（3）任秀姍：國立政治大學新聞系學士，臺大三研所碩士班畢業後，曾任《科學月刊》執行編輯，並從事專訪撰文，之後至今在臺北基督教會參與宣教工作。

（4）鄭淑蓮：曾任弘光科技大學通識中心講師，現任該校通識學院副教授。主要著作：撰有《國民革命與臺灣一八九五年至一九一四年》（原碩士論文出版者）、《從清初宗教政策論天主教在華的政教關係（1644-1722）》、《立石為記：一個蒙恩的故事》、《臺灣史論文集》、《勇敢：劉榮春人生紀實》、《飛鴻印雪》等書。

（5）劉公昭：曾任臺北城市科技大學（原光武工專、北臺灣科學技術學院）化妝品應用管理學系講師。

（6）劉明香：東吳大學中文系學士，臺大三研所碩士班畢業後，曾任教於亞東技術學院，現任該校通識教育中心副教授兼主任。主要著作：撰有《從問題導向學習到翻轉教室之創新教學：性別議題:課程設計與教學實務》等書，編著有《生活中的性別觀察》等書。

（7）張善穎：曾任臺北護理學院通識教育中心講師，現任該中心助理教授。主要著作：撰有《女人是天生的收藏家》、《描金的影子》、*Paris, Paris*、《十二個孩子的人生哲學》、《水星之歌》、《孔子心目中的天命》、《勞思光哲學要義：超越中國哲學史》等書；譯有專書《給不讀詩的人：我的非小說：詩與畫（鈞特‧葛拉斯（Günter Grass）繪著》。

2. 國立政治大學歷史研究所：

（1）博士班研究生：**楊維真**：畢業後任教於國立中正大學歷史系，曾任該系教授兼系主任、研究所所長；現任該系、所教授。主要著作：撰有《唐繼堯與西南政局》（原碩士論文出版者）、《從合作到決裂：論龍雲與中央的關係（1927-1949）》（原博士論文出版者）等書。

（2）碩士班研究生：**毛知礪**：畢業後曾獲國立政治大學歷史研究所博士學位，並曾任該校歷史系講師、副教授，以迄於退休。主要著作：撰有《張嘉璈與中國銀行的經營與發展》（原博士論文出版者）等書。

3. 政治作戰學校政治學研究所（博士班）：

（1）**林籐輝**：曾任臺北城市科技大學教學資源中心教授。

4. 東海大學歷史學研究所（碩士班）研究生：

（1）**劉常山**：東海大學歷史系學士，曾任逢甲大學大學通識教育中心副教授。主要著作：撰有專書《清代後期至民國初年鹽務的變革》，研究論文〈善後大借款對中國鹽務的影響（1913-1917）〉、〈丁恩與中國鹽務的改革（1913-1918）〉、〈張謇的鹽務思想與實踐〉、〈陶澍與兩淮鹽務的改革〉、〈嘉慶道光年間兩淮鹽商消乏倒閉原因初探（1796～1850）〉等。

（2）**李南海**：國立政治大學歷史系學士，東海大學

歷史學研究所碩士班畢業後赴香港珠海大學中國歷史研究
所攻讀，獲博士學位；曾任國立臺北科技大學文化事業發
展系教授；以迄於退休為該系兼任教授。主要著作：撰有
《1947年行憲國民大會代表選舉之研究》（原博士論文
出版者）、《制憲國民大會代表選舉之歷程》、《民國36
年臺灣省行憲國民大會代表選舉之研究》、《地方自治
史上的重要一頁：臺灣第一屆縣市長選舉之研究（1949-
1951）》等書。

　　（3）**黃昭沛**：曾任國立彰化女子高級中學教師。

5. 中國文化大學（學院）史學研究所（碩士班）研究生：

　　（1）**董志群**：曾任教於政治作戰學校通識教育中心；
主要著作：撰有研究論文〈郭嵩燾的洋務思想研究〉、
〈中共初期之建黨〉、〈北伐前期之國共關係〉等。

　　（2）**楊緒賢**：曾任臺灣省文獻委員會編撰，及任教
於環球科技大學通識教育中心。主要著作：撰有《臺灣區
姓氏堂號考》；編撰有《改善基層生活環境：基層建設的
執行效益》一書。

　　（3）**熊秉純**：畢業後赴美國深造，獲加州大學
洛杉磯分校社會學博士學位，現任加拿大多倫多大學
（University of Toronto）社會系及亞洲研究中心教授。主
要著作：撰有專書 *Living Rooms as Factories: Class, Gender, and the Satellite
Factory System in Taiwan*（中譯本為蔡一平、張玉萍、劉子
劍譯《客廳即工廠》）；研究論文〈王韜志事與生平初

探〉、〈婦女、外銷導向成長和國家：臺灣個案〉、
"Family Structure and Fertility in Taiwan:An Extension and
Modification of Caldwell's Wealth Flows Theory"、"The
Women's Studies Movement in China in the 1980s and
1990s"、"The Outsider Within and the Insider Without:A
Case Study of Chinese Women's Political Participation"、
"Chinese Women Organizing:Cadres, Feminists, Muslims,
Queers"、"The Chinese Women's Movement in the Context
of Globalization" 等。

　　（4）**謝敏聰**：國立臺灣大學歷史系學士，文化大學
史學研究所碩士班畢業後，曾赴香港深造，獲珠海大學中
國歷史研究所博士學位，指導教授亦為守孔先生。曾任玄
奘人文社會學院副教授、北臺灣科學技術學院資訊傳播學
系副教授、國立清華大學歷史研究所兼任副教授、故宮
博物院客座研究員。主要著作：撰有《中國歷代帝王陵
寢考略》、《明清北京的城垣與宮闕之研究》（原碩士論
文出版者）、《宮殿之海紫禁城》、《考古大震撼——中
國文明的奧秘》、《蜿蜒的巨龍——長城》、《史蹟與文
物》、《中國名勝古蹟》、《北京: 九重門內的宮闕》、
《北京的城垣與宮闕之再研究，一四〇三－一九一一》
（修訂原碩士論文者）、《中國歷史旅遊文集：建築‧城
市‧考古‧地理訪查 17 年：紀念故宮博物院建院 80 週年
1925-2005》、《盛世皇都旅遊：隋唐長安與明清北京對
比探奇：紀念北京紫禁城肇建 600 週年 1406-2006》、《科

學家的智慧：圖說中國科技史名人事蹟：紀念利瑪竇、徐光啟漢譯幾何原本 400 週年 1607-2007》、《大歷史的風景：中國通史旅遊景點紀行：紀念孫中山先生領導辛亥革命、清華大學建校 100 週年 1911-2011》、《中國帝王陵通考》等書。譯有《中國古建築與都市》（Andrew Boyd 著）等書。

（5）張建隆：曾任「淡水史田野工作室」負責人、淡水鎮刊《金色淡水》主編、「美麗島事件口述歷史工作室」研究員、臺灣省教育廳出版讀物《兒童的》月刊中「老照片說故事」專欄作家、淡水社區大學主任等。主要著作：撰有《尋找老淡水》、《看見老臺灣》、《珍藏美麗島》、《尋找老淡水續篇》、《你所不知道的淡水史》等書；編纂有《日治初期淡水：史料匯編》、《西荷時期淡水：史料匯編》等書。

（6）謝政憲：曾任崑山科技大學通識教育中心講師。

（7）陳立文：國立臺灣大學歷史系學士，文化大學史學研究所碩士班畢業後，繼入同校所博士班攻讀，取得博士學位。曾任文化大學史學系副教授、教授兼系主任，及國史館主任祕書。現任文化大學史學系教授兼圖書館館長。主要著作：撰有《宋子文與戰時外交》（原博士論文出版者）、《從東北黨務發展看接收》等書；編撰有《蔣中正的讀書誌思》、《蔣中正的信仰寄情》、《蔣中正的生活拾趣》等書。

6. 中國文化大學三民主義研究所（博士班）研究生：

（1）張公子：韓國籍研究生，現為韓國忠北大學名譽教授。

（2）韓仁熙：韓國籍研究生，韓國建國大學政治外交學科政治學士、建國大學大學院政治學科政治碩士、博士課程修了。曾任建國大學中國研究院教授兼院長、國際融合學院院長等。

7. 中國文化學院政治學研究所（碩士班）研究生：

（1）詹德湖：曾任職於高雄硫酸錏公司，國立彰化師範大學地理學系兼任副教授，開授政治地理學。主要著作：編輯有專書《高雄硫酸錏公司發展史》（與朱力行共同編輯》；撰有研究論文〈康有為之維新思想〉、〈省營事業民營化之政策與推動〉等。

由上述可知，守孔先生所指導的博、碩士班研究生們，絕大多數都分佈在臺灣各大學院校從事中國近現代史的教學，或各史學研究機構從事中國近現代史的研究。如今，他們雖大半已屆齡退休，但他們大半也都曾指導過博、碩士班研究生，這些數倍（或十數倍）於守孔先生弟子的「再傳弟子」們，如今正值青、壯之年，也大半在臺灣從事中國近現代史的教學和研究，現在或未來亦各有其發展和成就，誠所謂世代傳承，生生不息，而且發榮滋長。

結論

綜觀守孔先生，自 1943 年 9 月進入國立河南大學文史系歷史組就讀，至 1991 年 8 月在臺北市出席「中華民國建國八十年學術討論會」，並且在會中宣讀他所撰寫的最後一篇史學著作〈革命黨人對建立民國之共信與合作〉為止，其史學生涯前後長達四十八年。期間他曾專職任教於國立臺灣大學歷史系，由助教、講師、副教授、而至教授，至 1990 年 8 月起退休被聘為名譽教授，前後長達四十二年，幾乎與他的史學生涯相始終。

他對於臺大歷史系的貢獻約為：

一、擔任助教期間（1948-1955），襄助系主任處理繁瑣複雜的系務工作，備極辛勞：他回憶當時臺大歷史系大師極一時之盛，在學術方面各有不同的造詣，他以一介「後生末學，輩份既相懸殊，所知不啻天壤，仰望雲天，渺不可及；加以諸大師間各立門戶，承顏觀色，少年不更世故，嘗盡人間辛酸，起初幾年打算別尋出路」。[1]

二、擔任講師、副教授期間（1955-1965），教授外系的共同必修科目「中國近代史」，往往每班學生有一、兩百人，每學年開授五、六班不等。因此臺大非歷史系的畢業生中上過他課的粗計在萬人左右。

---

1 李守孔，〈我的大學時代〉，頁 28。

三、**升為教授（1965 年 8 月）後**，專事在歷史系、所開授中國近現代史方面的課程：所開課程計有「中國近代史」、「中國現代史」、「中國近代史專題研究」、「中國現代史專題研究」、「高級中國近代史專題研究」、「中國近代現代史專題討論」、「中國近代現代史專題研究」、「十九世紀中國近代化專題研究」、「民國政治史專題」，前後共二十餘年，所教過的臺大歷史系所學生粗計超過兩千人。他教學的特色為：

（1）講授聲音洪亮。

（2）雖有鄉音，並不難懂。

（3）博聞強記，授課全憑記憶所得，不攜帶教本。

（4）講授史事內容豐富細密，亦注重史料的介紹。

（5）講課時有生動表情，或配以語氣手勢，以加強效果。

（6）偶而穿插些許史籍未載的「內幕」消息或逸事。因而備受學生們的敬重和歡迎。

四、**協助歷史研究所向教育部爭取經費**，在所碩士班內成立近代史組（守孔先生為召集人）以及專門研究室（即第八研究室）：自 1968 年 6 月起，臺大歷史研究所即分為一般史組、近代史組招考碩士班研究生，應考者必須在報名時決定組別，分組錄取。其後至 1988 年兩組合併，不再分組為止，約二十年間，共招收了約八十餘名近代史組碩士班研究生，對培育研究中國近現代史的人才、提升這方面的研究風氣，貢獻甚大。並大量購買近現代史的書籍資料（均放置於第八研究室內），致所內圖書設備

漸形充實。

五、指導碩、博士班研究生研究，並撰寫學位論文：
1968 至 2002 年間，由他擔任指導教授取得碩士學位的有
五十五人，博士學位的有八人。他所有的門弟子們，日後
絕大多數都任教於大學院校，或任職於學術機構，各有其
不凡的成就。

除了專職任教於臺大歷史系所外，守孔先生亦曾在
同校三民主義研究所開授課程，並且被禮聘至他校兼課，
包括國立臺灣師範大學三民主義研究所、輔仁大學歷史
系、國立中山大學中山學術研究所、政治作戰學校政治研
究所、東海大學歷史研究所等。1976 年至 1981 年，還兼
任過東海大學歷史研究所主任。任內致力於延聘名師，充
實該所課程；定期舉辦學術講座；增添所藏圖書；與東海
歷史系聯合創刊《東海歷史學報》；指導該所研究生撰寫
碩士論文。至於其他校所慕名而請他擔任論文指導教授的
研究生，也不在少數。包括國立臺灣大學三民主義研究
所、國立臺灣師範大學三民主義研究所、國立政治大學歷
史研究所、政治作戰學校政治學研究所、東海大學歷史學
研究所、中國文化大學（學院）之史學研究所、三民主義
研究所、政治學研究所、中美關係研究所、香港珠海大學
中國歷史研究所。因而取得碩士學位的有三十七人，博士
學位的有五人。

教學指導之外，守孔先生也經常參加國內外的重要
學術會議，交換研究心得。而且每次與會，大多有論文發

表。如 1977 年，參加韓國嶺南大學三十週年國際學術會議，在會中發表學術演講。1981 年 10 月，出席在日本東京舉行的辛亥革命七十週年紀念國際學術會議，並提出〈清季留日陸軍學生與辛亥革命〉論文，受到與會日本學者很高的評價。此外，自 1981 年以來，國內外有關中國近現代史學術討論會經常舉行，他都是這些會議的常客，所提出的論文以及會中的發言，都備受矚目。他也常應邀到外面演講，結合了歷史與社會。如他長期擔任軍方所辦的「心廬」和「青邨」的講座，受訓者皆為國軍中的年輕將領。此外，1954 年成立於臺北的中國歷史學會，是臺灣史學界最大最重要的民間團體，初始會員中有許多文史哲學界的大師，可說是學海風雲人物，能當選為第一屆理、監事的，尤為其中之最。守孔先生自 1969 年第五屆會員大會起，當選為該學會的理事，1971 年第七屆起，以常務理事身分，擔任該學會的總幹事，並且連任七屆，襄助理事長黃季陸，實際推動會務，前後達七年之久。在此之前，中國歷史學會從成立到 1971 年的十七年間，總共才召開過七次會員大會，出版過三本《中國歷史學會史學集刊》。守孔先生擔任總幹事期間，在經費不充裕的情況下，會員大會每年定期召開，地點輪換；會員人數激增，人事趨於和諧；《史學集刊》每年如期出版，內容臻於多元而充實；並定期舉辦學術演講會及教學研討會；打破以往理監事選舉的保障制度；無疑地給該學會帶來了一股朝氣。

由上述可知守孔先生史學生涯中的一些面相，成就頗著。益以他治學嚴謹，撰述極勤，四十年如一日，迄未間斷，使得他深為國內外史學界所推重，享有盛名。他回憶他就讀國立河南大學文史系歷史組期間，因值八年對日抗戰，戰局動蕩，校址不斷遷徙，大半課業荒廢於烽火播遷途中，既無閱覽典籍的機會，又乏名師的汲引。直到畢業後至臺大歷史系擔任助教期間，才開始摸索研究工作。最初想研究秦漢史，後來又轉向明史。但因乏人指導，全憑本身揣摩，成效終究有限。此時先後完成匈奴史長編、流寇史長編等文，但皆屬練習之作，並未發表。最後乃轉向中國近代史。其著作的特色為：

（1）數量極鉅：粗計撰有專書十七本，期刊論文六十五篇，論文集之論文或專書之篇章三十篇，未出版的會議論文三篇，報紙文章十四篇，名人傳記叢書中各傳記十五篇，總字數粗估約三百餘萬。

（2）偏重教科書及單篇論文的撰寫：尤其是單篇論文為他學術研究成果的精華所在，其篇數之多，著實驚人，並且大部分論文均足具份量、品質亦佳。

（3）從事研究撰述的時日長而緊密持續：守孔先生自1952年發表了第一篇學術論著，至1989年（退休前一年）為止，長達三十七年間，撰述極勤（退休後1991年仍撰有一篇研究論文發表），最難能可貴的是每年都有專書出版或論文、文章發表，而且往往還不止一本或一篇。

（4）研究撰述的史事人物涵蓋好幾個歷史時段。從〈明
　　代白蓮教考略〉到1950年代之〈中國國民黨改造
　　之意義與價值：旋乾轉坤開創契機〉，上下互延甚
　　長，而幾全以晚清民國史為研撰領域，可說是兼擅
　　中國近代及現代史。

（5）撰述的題旨內涵幾全為政治、軍事史，兼及外交
　　史，包括教科書在內，亦皆如此。

（6）秉持傳統中國史學的撰述風格：即講求史料的蒐
　　集和考訂，著重史事的忠實陳述，不崇尚解釋析
　　論。尤其是篤信直接史料，非不得已，不用轉手之
　　記載。

（7）具有強烈的國家民族意識。

（8）以國民黨為正統來論人敘事。

　　其中較被史學界質疑的，乃是第（7）、（8）點，
尤其是第（8）點。守孔先生曾自我陳述他的著作「無不
以配合國策激發民族精神為圭臬」。[2] 實則，史學家具有
國家民族意識，揮發於其史著中，只要不偏離史實，不違
背史德，亦係無可厚非，並不致影響其公正性和客觀性，
守孔先生絕大部分的著作，尤其是述民國初年以前史事
者，類皆屬此。至於部分著作，尤其涉及中共人物及史事
時，為「配合國策」，多予以貶稱貶評。對中華民國在臺
灣的政績，備致讚揚，竭誠擁護；對彼岸「中共政權」的

2　李守孔，〈我的大學時代〉，頁28。

舉措，輒以暴政稱之，視為殘民害民等，不一而足。

此以國民黨為正統的「反共」史觀，自難以為賢者諱。守孔先生卻從不避諱，始終如一，究其原因：

一、他是忠貞的國民黨員：1946 年 4 月他大學畢業前夕，全國各地爆發學潮，河南大學內的中共職業學生也發動罷課遊行，搗毀報館，侮辱軍警。當時他擔任學校三民主義青年團幹事，在幹事長的領導下，對中共職業學生展開激烈的反制行動，卒使校園恢復寧靜。[3] 其後他加入國民黨為黨員，任教期間，經常參加黨內各活動，自然對中共不具好感。

二、基於對孫中山、蔣中正的景仰：據守孔先生的弟子李君山憶述，守孔先生在臺北市的住家書房桌前，常置兩物，一是孫中山的半身瓷像；一是加框照片一幀，上首「守孔同志」，下款「蔣中正」。[4] 可見其景仰之一斑。

三、深受他大學時代的老師兼校長姚從吾的影響：姚從吾是著名的遼金元史學者，中央研究院院士。早年畢業於國立北京大學文科史學門，留學德國歸國後，任教於北京大學歷史系，並曾任系主任。抗戰期間執教國立西南聯合大學，曾任三民主義青年團西南聯大分團部團長，與共黨份子從事思想鬥爭。稍後加入國民黨，任西南聯大國民黨區黨部書記長。抗戰勝利後任國立河南大學校長，並在文史系授課，任內曾一次開除共黨職業學生數十人。繼

3　李守孔，〈我的大學時代〉，頁 28。
4　李君山，〈守孔老師與我〉。

而當選國民大會代表。來臺後，又任國民黨知識青年黨部
紀律委員會主任委員，國民黨中央評議員等。故大陸史學
界曾有人以「政客」稱之。[5]臺灣史學界極少數自居為
自由主義派的學者，認為他依附政治，亦不喜歡他，瞧不
起他。守孔先生為人敦厚，素重鄉誼，姚既是他河南同鄉
前輩，又是他的老師、校長，且同時在臺大歷史任教共處
二十餘年，姚對他多所照顧，他對姚欽敬有加，在政治傾
向上亦深受其影響，他生平迄未出席過大陸史學界舉辦的
學術討論會，或與此有關。姚在北大歷史系任教時的學
生，後來成為著名中國近現代史學者的吳相湘，亦曾為忠
貞的國民黨員，一生堅決反共。

　　惟守孔先生受之於姚從吾影響的不僅在政治傾向方
面，其他如治學為人，乃至日常生活，都以姚為典範，亦
步亦趨。他曾憶述「從吾師能吃苦耐勞，平日極少缺課，
擔任校長期間亦不例外」。在臺大任教「二十多年以來，
大部分時間都在研究室工作」。「最樂意參加學術性討論
會，每次一定提供寶貴的意見。日常生活不講究服裝」，
「生平不常看電影，但對豫劇最感興趣。天性豪爽，願和
年輕人接近，特別篤念故舊」。並謂「從吾師擇善固執，
不羨名，不慕利。看不慣的事情，本著世人皆醉我獨醒，
盡其在我的精神，充其量私下發一點感慨，絕不作公開的
批評。這是從吾師的修養功夫，是學人特有的風格。從吾

5　如劉宜慶，〈姚從吾：從學者到政客〉，《名人傳記（上半月）》，2015
　　年第 4 期，頁 63-69。

師有良好的社會關係，倘若從政可能有相當高的位置，
但他認為從事著述與啟迪後進為生活中最大的樂趣」。[6]
以上種種的描述，雖在憶姚，毋寧說是守孔先生自己一生
的真實寫照。他的言行風範，治學精神，在在都足資我輩
弟子們矜式永懷。

---

6 李守孔，〈永憶從吾師〉，頁 59。惟其中「取迪」似應為「啟迪」，茲擅
予更正。

徵引書目

一、專書

1. 《清史列傳》（王鍾翰點校）。北京：中華書局，1997。

2. 王樹槐，《咸同雲南回民事變》。臺北：中央研究院近代史研究所，1968。

3. 朱希祖，《朱希祖日記》，上冊。北京：中華書局，2012。

4. 西南聯大北京校友會編，《國立西南聯合大學校史：1937 至 1946 年的北大、清華、南開》。北京：北京大學出版社，1996。

5. 李守孔編著，《中國最近四十年史》。臺北：臺灣中華書局，1954。

6. 李守孔編著，《中國現代史》。陽明山：光華出版社，1958。

7. 李守孔編著，《中國近代史》。臺北：三民書局，1958。

8. 李守孔，《民初之國會》。臺北：中國學術著作獎助委員會，1964。

9. 李守孔編著，《國民革命史》。臺北：中華民國各界紀念國父百年誕辰籌備委員會，1965。

10. 李守孔編著，《歷史》，第一冊。臺北：幼獅書店，1969。

11. 李守孔，《李鴻章傳》。臺北：臺灣學生書局，1978。

12. 李守孔，《中國近代史》。臺北：幼獅文化事業公司，1988。

13. 李守孔，《中國近代史（近代及現代史）》。臺北：三民書局，1994，增訂初版。

14. 李守孔，《中國近百餘年大事述評——中國近代現代史論文集》，第 1 冊。臺北：臺灣學生書局，1996。

15. 李恩涵，《八十憶往：家國與近代外交史學》。臺北：秀威資訊科技公司，2011。

16. 李雲漢，《史學圈裡四十年》。臺北：東大圖書公司，1996。

17. 吳相湘，《三生有幸》。臺北：東大圖書公司，1985，增訂初版。

18. 東海大學校史編纂委員會編纂，《東海大學校史（民國 44 年－69 年）》。臺中：東海大學出版社，1981。

19. 河南大學校史編寫組編纂，《河南大學校史》。開封：河南大學出版社，2002。

20. 孫中山撰，中央黨史史料編纂委員會編，《國父全集》，第 4 集。臺北：中央文物供應社，1957。

21. 秦瘦鷗編，《中國國民革命史》。上海：三民圖書公司，1935。

22. 張存武，《生平絮語：張存武回憶錄》。臺北：秀威資訊科技公司，2019。

23. 張朋園、陳三井、陳存恭、林泉訪問，陳三井、陳存恭紀錄，《郭廷以先生訪問紀錄》。臺北：中央研究院近代史研究所，1987。

24. 張梓生，《中國國民革命史略》。上海：商務印書館，1937。

25. 郭廷以，《郭量宇先生日記殘稿》。臺北：中央研究院近代史研究所，2012。

26. 陶英惠，《雪泥鴻爪──近代史工作者的回憶》。臺北：秀威資訊科技公司，2006。

27. 陶英惠，《往事不能如煙──陶英惠回憶錄》。臺北：秀威資訊科技公司，2020。

28. 國父百年誕辰紀念實錄編輯小組編輯，《國父百年誕辰紀念實錄》。臺北：中華民國各界紀念國父百年誕辰籌備委員會，1966。

29. 國立臺灣大學編輯，《國立臺灣大學概況》。臺北：國立臺灣大學，1947。

30. 國立臺灣大學編印，《國立臺灣大學概況（四十五年度）》。臺北：國立臺灣大學，1956。

31. 黃嘉謨，《滇西回民政權的聯英外交》。臺北：中央研究院近代史研究所，1976。

32. 傅振倫，《傅振倫文錄類選》。北京：學苑出版社，1994。

33. 趙雅書，《金婚溯心路～我的回憶》。新北：撰者印行，2019。

34. 劉鳳翰，《新建陸軍》。臺北：中央研究院近代史研究所，1967。

35. 黎東方，《平凡的我》，第 2 集。臺北：國史館，1998。

36. 盧秀菊，《回首暮雲平：盧秀菊回憶錄》。臺北：秀威資訊科技公司，2012。

37. 謝彬，《增補訂正民國政黨史》。上海：學術研究會總會，1925。

38. 鄺德生主編，《國民革命史》。南京：肇文書店，1929。

39. 顧頡剛，《當代中國史學》。南京：勝利出版公司，1947。

40. 顧頡剛，《顧頡剛日記》，第 5 卷。臺北：聯經出版事業公司，2007。

二、論文及專文

1. 〈中國歷史學會史略〉，《中國歷史學會史學集刊》，第 11 期，1979 年 5 月。

2. 〈中國歷史學會議第四屆年會〉，《史學彙刊》，第 1 期，1968 年 8 月。

3. 〈中國歷史學會第五屆年會紀要〉，《史學彙刊》，第 2 期，1969 年 8 月。

4. 〈中國歷史學會第六屆年會紀要〉，《史學彙刊》，
   第 3 期，1970 年 8 月。

5. 〈中國歷史學會第七屆年會紀要〉，《史學彙刊》，
   第 4 期，1971 年 12 月。

6. 〈中國歷史學會第十三屆會員大會紀要〉，《史學彙
   刊》，第 8 期，1977 年 8 月。

7. 〈中國歷史學會第十四屆會員大會紀要〉，《史學彙
   刊》，第 9 期，1978 年 10 月。

8. 〈李守孔教授事略〉，國立臺灣大學歷史學系主辦，
   《李守孔教授追思會》。臺北：2014 年 4 月 19 日。

9. 〈附錄：國立臺灣大學歷史學系大事記〉，國立臺灣
   大學歷史學系主編，《遨遊於歷史的智慧之海：臺大
   歷史學系系史》。臺北：國立臺灣大學歷史學系，
   2002。

10. 〈社論：國民黨革新運動的「祭旗」！——由懲處黨
    幹與「怪書」案兩事說起〉，《工商日報》（香港），
    1962 年 11 月 21 日，第 2 頁。

11. 〈某史學家開除黨籍〉，《徵信新聞》（臺北），
    1962 年 11 月 21 日，第 2 版。

12. 〈發刊辭〉，《東海大學歷史學報》，第 1 期，1977 年
    4 月。

13. 〈學府紀事：東海大學歷史研究所〉，《中國歷史學
    會會訊》，第 2 期，1980 年 5 月 25 日，第 14 版。

14. 王爾敏，〈盛宣懷與中國電報之經營〉，中央研究院近代史研究所編，《清季自強運動研討會論文集》。臺北：中央研究院近代史研究所，1988。

15. 王樹槐，〈梁嘉彬〉，《近代中國史研究通訊》，第3期，1987年3月。

16. 方豪，〈我所認識的姚從吾先生〉，《傳記文學》，第16卷第5期，1970年5月。

17. 孔祥吉，〈金梁其人與《近世人物志》——兼論其以日記勾畫人物的治學特色〉，《福建論壇（人文社會科學版）》，2006年第5期。

18. 田汝康，〈杜文秀對外關係以及劉道衡"使英"問題的研究〉，《回族研究》，2009年第2期。

19. 朱理峰，〈百團大戰述評〉，《松遼學刊》（社會科學版），1994年第2期。

20. 伍野春、華國樑、謝世誠，〈臺灣研究中國近現代史的第三代學者〉，《揚州師院學報（社會科學版）》，1992年第2期。

21. 吉，〈中國歷史學會召開第十屆年會〉，《史學彙刊》，第6期，1975年4月。

22. 李守孔，〈明代白蓮教考略〉，《國立臺灣大學文史哲學報》，第4期，1952年12月。

23. 李守孔，〈馬如龍降清之研究〉，《大陸雜誌》，第20卷第1期，1960年1月。

24. 李守孔，〈咸豐六年雲南省城滅回考實〉，《大陸雜誌》，第 20 卷第 6 期，1960 年 3 月。

25. 李守孔，〈清季之立憲運動——兼論梁啟超、張謇之立憲主張〉，《幼獅學報》，第 2 卷第 2 期，1960 年 4 月。

26. 李守孔，〈清季山東之教案與拳亂〉，《幼獅學報》，第 3 卷第 2 期，1961 年 4 月。

27. 李守孔，〈八國聯軍期間慈禧歸政德宗之交涉（上）（下）〉，《大陸雜誌》，第 23 卷第 7、8 期，1961 年 10 月。

28. 李守孔〈各省諮議局聯合會與辛亥革命〉，吳相湘主編，《中國現代史叢刊》，第 3 冊。臺北：正中書局，1961。

29. 李守孔，〈自立軍勤王之研究〉，未刊手稿，1962 年 6 月。

30. 李守孔，〈光緒戊戌前後革命保皇兩派之關係（下）〉，《大陸雜誌》，第 25 卷第 2 期，1962 年 7 月。

31. 李守孔，〈梁任公與民初之黨爭〉，《新時代》，第 3 卷第 6 期，1963 年 6 月。

32. 李守孔，〈唐才常思想之兩極端（上）（下）〉，《大陸雜誌》，第 28 卷第 2、3 期，1964 年 1、2 月。

33. 李守孔，〈甲午戰後三國干涉還遼之因果〉，未刊手稿，1964 年 7 月。

34. 李守孔，〈三國干涉還遼之交涉（上）（中）（下）〉，《大陸雜誌》，第 29 卷第 7、8、9 期，1964 年 10、11 月。

35. 李守孔，〈唐才常與自立軍〉，吳相湘主編，《中國現代史叢刊》，第 6 冊。臺北：文星書店，1964。

36. 李守孔，〈國父誕生前後中國之變局〉，《新時代》，第 5 卷第 11 期，1965 年 11 月。

37. 李守孔，〈清季河南之革命運動〉，中州文化論集編輯委員會編，《中州文化論集》。臺北：1967。

38. 李守孔，〈國文孫中山先生中日兩國合作之主張〉，《百年來中日關係論文集（為張岳軍先生八十壽）》。臺北：中日文化經濟協會，1968。

39. 李守孔，〈雜談盛宣懷的事功（1）（2）（3）〉，《傳記文學》，第 14 卷第 3、4、5 期，1969 年 3、4、5 月。

40. 李守孔，〈清末之諮議局〉，《史學彙刊》，第 2 期，1969 年 8 月。

41. 李守孔，〈李鴻章傳（一）〉，行政院國家科學委員會研究報告，1969 年 8 月至 1970 年 7 月，未刊手稿。

42. 李守孔，〈清季新軍之編練及其演變〉，《中國歷史學會史學集刊》，第 2 期，1970 年 4 月。

43. 李守孔，〈李鴻章襄贊湘軍幕府時代之表現〉，《幼獅學誌》，第 9 卷第 2 期，1970 年 6 月。

44. 李守孔，〈光緒己亥建儲與庚子兵釁〉，《故宮文獻》，第 1 卷第 4 期，1970 年 9 月。

45. 李守孔，〈常勝軍協剿太平軍之研究〉，《新時代》，第 10 卷第 11、12 期，1970 年 11、12 月。

46. 李守孔，〈李鴻章遺摺薦袁世凱繼任直隸總督辨〉，《中國歷史學會史學集刊》，第 3 期，1971 年 5 月。

47. 李守孔，〈李鴻章傳（三）〉，行政院國家科學委員會期終研究報告，1971 年 8 月至 1972 年 7 月，未刊手稿。

48. 李守孔，〈淮軍平捻之研究〉，《新時代》，第 11 卷第 10、11 期，1971 年 10、11 月。

49. 李守孔，〈民初之政黨〉，《中國現代史專題研究報告》，第 1 輯。臺北：中華民國史料研究中心，1971。

50. 李守孔，〈李鴻章與同光新政（下）〉，《故宮文獻》，第 3 卷第 2 期，1972 年 3 月。

51. 李守孔，〈李鴻章與甲午戰爭〉，《新時代》，第 12 卷第 4、5 期，1972 年 4、5 月。

52. 李守孔，〈段祺瑞與辛亥革命〉，《中國歷史學會史學集刊》，第 6 期，1974 年 5 月。

53. 李守孔，〈國父護法之研究〉，行政院國家科學委員會研究補助費期終研究報告，1974 年 8 月至 1975 年 7 月，未刊手稿。

54. 李守孔，〈中華革命黨與護國軍〉，《中華學報》，
　　第 2 卷第 1 期，1975 年 1 月。

55. 李守孔，〈民國六年國父護法中文史料隅錄〉，黃季
　　陸等撰，《研究中山先生的史料與史學》。臺北：國
　　史館，1975。

56. 李守孔，〈研究中國現代史的價值和方法——參加中
　　國現代史教學研討會感想〉，《自由青年》，第 55 卷
　　第 3 期，1976 年 3 月。

57. 李守孔，〈民六政潮與南北分裂〉，《史學彙刊》，
　　第 7 期，1976 年 7 月。

58. 李守孔，〈晚清雲南回變始末〉，《東海大學歷史學
　　報》，第 1 期，1977 年 4 月。

59. 李守孔，〈同盟會時代湖北新軍之革命活動〉，《東
　　海學報》，第 18 卷，1977 年 6 月。

60. 李守孔，〈國父護法與廣州軍政府之成立（一九一七
　　—— 一九一八）〉，《中華學報》，第 4 卷第 2 期，
　　1977 年 7 月。

61. 李守孔，〈晚清知識分子與救國運動〉，中華學術院
　　編輯，《史學論集》。臺北：華岡出版公司，1977。

62. 李守孔，〈晚清之立憲運動〉，《中華文化復興月刊》，
　　第 11 卷第 3 期，1978 年 3 月。

63. 李守孔，〈段祺瑞與民初政局〉，《東海大學歷史學
　　報》，第 2 期，1978 年 7 月。

64. 李守孔，〈序〉（1978 年 2 月），謝敏聰編著，《中華歷史圖鑑》。臺北：聯經出版事業公司，1978。

65. 李守孔，〈近代國內中華民國史之編纂與研究〉，《中國時報》（臺北），1979 年 10 月 10 日，第 14、15 版，「雙十節特刊」。

66. 李守孔，〈辛亥革命期間之國際背景〉，《中華民國史料研究中心十週年紀念論文集》。臺北：1979。

67. 李守孔，〈辛亥革命期間張謇與南北和議〉，《東海學報》，第 21 卷，1980 年 6 月。

68. 李守孔，〈我的大學時代〉，《中原文獻》，第 13 卷第 2 期，1981 年 2 月。

69. 李守孔，〈全民革命的辛亥革命〉，《青年戰士報》（臺北），1981 年 10 月 8 日，第 10 版。

70. 李守孔，〈辛亥革命之序幕——興中會之創立與首次廣州起義〉，《中華民國中山學術會議論文研討集》，第 1 冊。臺北：中央文物供應社，1981。

71. 李守孔，〈民國十四年五卅慘案與國民救國運動〉，《中央研究院國際漢學會議論文集》（歷史考古組），下冊。臺北：1981。

72. 李守孔，〈南京臨時政府成立前後清帝退位之交涉〉，《孫中山與辛亥革命》，下冊。臺北：中華民國史料研究中心，1981。

73. 李守孔，〈清季留日陸軍學生與辛亥革命〉，《孫中山與辛亥革命》，下冊。臺北：中華民國史料研究中心，1981。

74. 李守孔，〈第四屆中韓學者會議報告書〉，《中國歷史學會會訊》，第 8 期，1982 年 12 月 1 日，第 15 版。

75. 李守孔，〈河南與辛亥革命——辛亥革命區域研究〉，《辛亥革命研討會論文集》。臺北：中央研究院近代史研究所，1983。

76. 李守孔，〈民國三十三年日本打通中國大陸作戰之背景——美國戰略之歧見與衡陽保衛戰〉，《近代中國》，第 42 期，1984 年 8 月。

77. 李守孔，〈中國國民黨改造之意義與價值——旋乾轉坤開創契機〉，《近代中國》，第 43 期，1984 年 10 月。

78. 李守孔，〈中國國民革命與韓國早期復國運動關係之研究〉，《近代中國》，第 44 期，1984 年 12 月。

79. 李守孔，〈北伐前後國民政府外交政策之研究——民國十三年（一九二四）元月至民國十六年（一九二七）三月〉，《中華民國初期歷史研討會論文集，1912-1927》，上冊。臺北：中央研究近代史研究所，1984。

80. 李守孔，〈中國國民黨訓政之實施與憲政之預備——民國十七年至二十六年〉，《中華民國歷史與文化討論集》，第 1 冊。臺北：中華民國歷史與文化討論集編輯委員會，1984。

81. 李守孔，〈國民政府之國家統一運動（民國十八年至十九年）〉，《抗戰前十年國家建設史研討會論文集1928-1937》，上冊。臺北：中央研究院近代史研究所，1984。

82. 李守孔，〈駁斥中共曲解國父思想與辛亥革命的本質——紀念同盟會成立八十週年〉，《近代中國》，第48期，1985年8月。

83. 李守孔，〈訓政時期的政治〉，秦孝儀主編，《中華民國政治發展史》，第2冊。臺北：近代中國出版社，1985。

84. 李守孔，〈抗戰初期中共之輸誠與攘奪政權之陰謀（一九三七～一九四〇）〉，《抗戰建國史研討會論文集（1937-1945）》，上冊。臺北：中央研究院近代史研究所，1985。

85. 李守孔，〈中共攘奪抗日戰果之史實——論所謂「平型關之役」與「百團大戰」〉，《孫中山先生與近代中國學術討論集》，第4冊。臺北：孫中山先生與近代中國學術討論集編輯委員會，1985。

86. 李守孔，〈訓政時期的中國國民黨〉，《政治文化》，創刊號，1986年4月。

87. 李守孔，〈蔣中正先生與討袁運動〉，《蔣中正先生與現代中國學術討論集》，第2冊。臺北：蔣中正先生與現代中國學術討論集編輯委員會，1986。

88. 李守孔，〈青年軍之教育與訓練〉，青年軍史編輯小組編輯，《青年軍史》。臺北：青年軍聯誼會總會，1986。

89. 李守孔，〈黃季陸先生與中國歷史學會〉，中華民國史料研究中心編印，《黃季陸先生與中國近代史研究》。臺北：中華民國史料研究中心，1986。

90. 李守孔，〈抗戰期間中央政府之職權與功能〉，《近代中國》，第 60 期，1987 年 8 月。

91. 李守孔，〈孫中山先生與五四學生愛國運動〉，《珠海學報》，第 15 期，1987 年 10 月。

92. 李守孔，〈閩變之研究〉，《珠海學報》，第 16 期，1988 年 10 月。

93. 李守孔，〈永憶從吾師〉，《中原文獻》，第 21 卷第 4 期，1989 年 10 月。

94. 李守孔，〈趙聲與清季革命〉，《中央研究院第二屆國際漢學會議論文集：明清與近代史組》，下冊。臺北：中央研究院，1989。

95. 李守孔，〈革命黨人對建立民國之共信與合作〉，《中華民國建國八十年學術討論集》，第 1 冊。臺北：近代中國出版社，1991 年 12 月。

96. 李守孔，〈南洋華僑與討袁運動——一九一四至一九一六〉，收入李守孔，《中國近百餘年大事述評——中國近代現代史論文集》，第 4 冊。臺北：臺灣學生書局，1996。

97. 李南海，〈東海三年，憶吾師～李守孔教授〉，2021 年 2 月，未刊手稿。

98. 李敖，〈現代史辨偽方法論——用「閩變」做例子〉，《文星》，第 12 卷第 1 期，1963 年 5 月。

99. 李勇，〈論吳相湘史學〉，淮北：淮北師範大學史學理論及史學史碩士論文，2021。

100.李淑珍，〈二十世紀「中國通史」的創造與轉化〉，《新史學》，第 19 卷第 2 期，2008 年 6 月。

101.李雲漢，〈中國歷史學會與其第八屆會員大會（上）（下）〉，《新知雜誌》，第 2 年第 3、4 期，1972 年 6、7 月。

102.李夢曉，〈流動的校園：抗戰時期河南大學的學生生活〉，武漢：華中師範大學歷史學碩士論文，2020。

103.李霜青，〈記中國歷史學會第十屆大會〉，《東方雜誌》，復刊第 8 卷第 2 號，1974 年 8 月。

104.吳定，〈澄清湖畔的盛會——記中國通史教學研討會〉，教育部、文工會、黨史會、國史館、中國歷史學會、青工會合編，《中國通史教學研討會資料彙編》。臺北：1978。

105.吳忠良、王效良，〈陳訓慈與民國時期的中國史學會〉，《浙江社會科學》，2007 年第 3 期。

106.吳劍雄，〈華盛頓會議與山東問題〉，臺北：國立臺灣大學歷史學系學士論文，1965。

107. 沈渭濱，〈蔣廷黻《中國近代史》導讀──兼論近代
通史體系的推陳出新〉，蔣廷黻撰，沈渭濱導讀，
《中國近代史》。上海：上海古籍出版社，2001。

108. 沈雲龍，〈雷著「李鴻章新傳」序〉，《傳記文學》，
第 41 卷第 6 期，1982 年 12 月。

109. 林能士，〈李守孔〉，《近代中國史研究通訊》，第
11 期，1991 年 3 月。

110. 林荃，〈再評劉道衡出使英國與杜文秀大理政權的關
係問題〉，《思想戰線》，1986 年第 3 期。

111. 周恆，〈河南大學概述〉，董鼎總編輯，《學府紀
聞：國立河南大學》。臺北：南京出版公司，1981。

112. 周勇，〈趙聲與辛亥革命〉，長沙：湖南師範大學中
國近現代史碩士論文，2004。

113. 周質平，〈陳大端先生與中文教學〉，《華文世界》，
第 48 期，1988 年 7 月。

114. 岳思平、于虎，〈幾起幾落的百團大戰功過是非評
說〉，《黨的建設》，2005 年第 8 期。

115. 明，〈中國歷史學會第八屆年會紀要〉，《史學彙
刊》，第 5 期，1973 年 3 月。

116. 姚從吾，〈國立河南大學志〉，中州文化論集編輯委
員會編，《中州文化論集》。臺北：1967。

117. 姜克實，〈平型關大捷死傷數考証〉，《文化共生學
研究》（岡山大学学院社会文化科学研究科），第 16
號，2017 年 3 月。

118.胡平生，〈李守孔教授學術和事功綜論〉，國立臺灣
大學歷史學系主辦，《李守孔教授追思會》。臺北：
2014 年 4 月 19 日。

119.胡平生輯，〈李守孔教授指導之博、碩士論文目錄〉，
國立臺灣大學歷史學系主辦，《李守孔教授追思會》。
臺北：2014 年 4 月 19 日。

120.胡平生，〈韶光易逝卅五年——臺大夜間部歷史系憶
往〉，《臺大歷史系學術通訊》，第 11 期，2011 年
10 月。

121.侯坤宏、李宇平、林蘭芳，〈王樹槐〉，《近代中國
史研究通訊》，第 30 期，2000 年 9 月。

122.昭，〈中國現代史教學研討會〉，《史學彙刊》，第
7 期，1976 年 7 月。

123.孫功奇，〈河南大學" 潭頭慘案" 考略〉，《河南大
學學報》（社會科學版），2022 年第 2 期。

124.馬汝珩，〈試論清代雲南回民起義的性質〉，《教學
與研究》，1958 年第 3 期。

125.馬勇，〈50 年來的中國近代歷史人物研究〉，《近
代史研究》，1999 年第 5 期。

126.馬穎生，〈杜文秀歷史疑案真相大白於天下——我國
史學界 50 餘年討論杜文秀對外關係問題評述〉，《回
族研究》，2009 年第 1 期。

127.郝振楠，〈吳相湘與民國人物傳記研究〉，上海：華
東師範大學中國史碩士論文，2015。

128. 夏德儀遺作，〈執教臺大歷史系的回憶〉，《傳記文學》，第 95 卷第 3 期，2009 年 9 月。

129. 陳立文，〈李守孔〉，《國史研究通訊》，第 6 期，2014 年 6 月。

130. 陳弱水，〈臺大歷史系與與現代中國史學（1950-1970）〉，《臺大歷史學報》，第 45 期，2010 年 6 月。

131. 張力，〈李定一〉，《近代中國史研究通訊》，第 4 期，1987 年 9 月。

132. 張玉法，〈袁世凱的仕宦階梯，1881-1911〉，《近代中國歷史人物論文集》。臺北：中央研究院近代史研究所，1993。

133. 張玉法，〈中國政黨史研究〉，中央研究院近代史研究所六十年來的中國近代史研究編輯委員會編輯，《六十年來的中國近代史研究》，上冊。臺北：中央研究院近代史研究所，1988。

134. 張玉法，〈國民革命史研究的回顧〉，《第一屆三軍官校基礎學術研討會邀請演講論文集》。高雄：陸軍軍官學校，1994。

135. 陸善儀、汪榮祖，〈懷念瀟灑名士劉顯叔〉，《漢學研究通訊》，第 39 卷第 2 期，2020 年 5 月。

136. 陶希聖，〈法務漫話：夏蟲語冰錄（三八）〉，《法令月刊》，第 13 卷第 10 期，1962 年 10 月。

137. 陶英惠，〈吳相湘〉，《近代中國史研究通訊》，第 1 期，1986 年 3 月。

138. 曹世昌，〈河南大學之文學院與文史學系〉，國立河南大學編輯委員會編印，《國立河南大學校誌》。臺北：國立河南大學校友會，1976。

139. 曹世昌，〈母校四年兩遷記〉，董霖總編輯，《學府紀聞：國立河南大學》。臺北：南京出版公司，1981。

140. 許倬雲，〈序言〉，傅樂成編著，《中國通史》。貴陽：貴州教育出版社，2010，書前。

141. 章育良、曹正文，〈近百年來李鴻章研究著作述評〉，《湖南社會科學》，2007 年第 1 期．

142. 現代學苑資料室，〈中國歷史學會積極推行會務〉，《現代學苑》，第 3 卷第 11 期，1966 年 11 月。

143. 現代學苑資料室，〈中國歷史學會舉行會員大會〉，《現代學苑》，第 5 卷第 4 期，1968 年 4 月。

144. 添，〈中國歷史學會第十一屆會員大會〉，《史學彙刊》，第 7 期，1976 年 7 月。

145. 傅啟學，〈國民革命史序〉，李守孔編著，《國民革命史》。臺北：中華民國各界紀念國父百年誕辰籌備委員會，1965。

146. 傅樂成，〈追念玄伯先生〉，收入傅樂成，《時代的追憶論文集》。臺北：時報文化出版事業公司，1984。

147. 程光裕，〈學海風雲錄──張其昀‧胡適‧歷史學會〉，《中外雜誌》，第 58 卷第 1 期，1995 年 7 月。

148. 程光裕，〈史學家黎東方（下）〉，《中外雜誌》，第 66 卷第 6 期，1999 年 12 月。

149.黃培，〈吳相湘先生與民國史研究〉，《民國肇建與在美華人國際學術研討會論文集》。臺北：中央研究院近代史研究所，2011。

150.黃培，〈留學生時代的回憶〉，《華美族研究集刊》，第 3 期，2002 年 2 月。

151.舒習龍，〈全面抗戰時期的中國史學會新探〉，《河北學刊》，2021 年第 4 期。

152.楊金華，〈郭廷以與吳相湘緣何走向對立〉，《傳記文學》，第 116 卷第 1 期，2020 年 1 月。

153.桑兵，〈二十世紀前半期的中國史學會〉，《歷史研究》，2004 年第 5 期。

154.翟志成，〈集體記憶與歷史真實：「平型關大捷」的建構與解構〉，《中央研究院近代史研究所集刊》，第 51 期，2006 年 3 月。

155.劉宜慶，〈姚從吾：從學者到政客〉，《名人傳記（上半月）》，2015 年第 4 期。

156.劉超，〈蔣廷黻的得意弟子們〉，《社會科學論壇》，2013 年第 10 期。

157.劉鳳翰，〈論太原會戰及其初期戰鬥——平型關作戰〉，《中央研究院近代史研究所集刊》，第 15 期下冊，1984 年 12 月。

158.蔡登山，〈金梁與《近世人物志》〉，金梁原著，蔡登山編，《近世人物志：晚清人物傳記復刻典藏本》。臺北：秀威資訊科技公司，2014。

159.蔡登山，〈【導讀】掌故大家徐彬彬和《凌霄漢閣筆記》〉，徐彬彬原著，蔡登山主編，《晚清民國史事與人物：凌霄漢閣筆記》。臺北：獨立作家出版社，2016。

160.鄭國源，〈記中國現代史教學研討會〉，教育部、青年工作會編印，《中國現代史教學研討會資料彙編》。臺北：1976。

161.霍甫幽，〈吳相湘被開除黨籍〉，《新聞天地》，第771號，1962年11月4日。

162.薛恆，〈民國議會史研究述評〉，《近代史研究》，2004年第3期。

163.戴玄之，〈盛宣懷與東南互保〉，《大陸雜誌》，第21卷第7期，1960年10月。

164.戴海斌，〈" 中國近代史 " 學科史之一頁：郭廷以早期學行述略〉，上海市社會科學界聯合會編，《中國百年學術路——古今中西之間：1911-2011：上海市社會科學界第九屆學術年會文集（2011年度）青年學者文集》。上海：上海人民出版社，2011。

165.蘇雲峰，〈劉崇鋐教授傳〉，國立臺灣大學歷史學系主編，《遨遊於歷史的智慧之海：臺大歷史學系系史》。臺北：國立臺灣大學歷史學系，2002。

166.關志昌，〈余又蓀（1908-1965）〉，《傳記文學》，第50卷第6期，1987年6月。

三、報紙

1. 《大公報》（天津）。
2. 《工商日報》（香港）。
3. 《中央日報》（重慶）。
4. 《中央日報》（臺北）。
5. 《中國時報》（臺北）。
6. 《青年戰士報》（臺北）。
7. 《徵信新聞》（臺北）。
8. 《聯合報》（臺北）。

四、網路資料

1. 古偉瀛，〈懷師雜憶〉（2014 年 3 月），載「臺大歷史學系李守孔老師紀念網站」
   homepage.ntu.edu.tw/~history/public_html/leshku/leshku.html
2. 李君山，〈守孔老師與我〉（2014 年 4 月），載「臺大歷史學系李守孔老師紀念網站」
   homepage.ntu.edu.tw/~history/public_html/leshku/leshku.html
3. 李達嘉，〈懷念吾師李守孔教授〉（2014 年 4 月），載「臺大歷史學系李守孔老師紀念網站」
   homepage.ntu.edu.tw/~history/public_html/leshku/leshku.html

4. 李黎（鮑利黎），〈李守孔老師的晚年〉（2014 年 4 月），載「臺大歷史學系李守孔老師紀念網站」

  homepage.ntu.edu.tw/~history/public_html/leshku/leshku.html

5. 胡平生，〈永懷守孔師〉（2014 年 3 月），載「臺大歷史學系李守孔老師紀念網站」

  homepage.ntu.edu.tw/~history/public_html/leshku/leshku.html

6. 唐啟華，〈李守孔教授與東海歷史研究所〉（2014 年 4 月），載「臺大歷史學系李守孔老師紀念網站」

  homepage.ntu.edu.tw/~history/public_html/leshku/leshku.html

7. 陳慧宏，〈一套收藏於美國的中國近代史掛圖：臺灣戒嚴時期歷史教育之政治意涵與疆域概念〉（2021 年 9 月 16 日），載「歷史學柑仔店」

  https://kamatiam.org/ 一套收藏於美國的中國近代史掛圖

8. 劉景輝，〈只留清氣滿人間——悼念李守孔師〉（2014 年 4 月），載「臺大歷史學系李守孔老師紀念網站」

  homepage.ntu.edu.tw/~history/public_html/leshku/leshku.html

史家薪傳 03

研教兼優的史學家：
李守孔先生傳

Lee, Shou-kung:
An Outstanding Historian

作　　者　胡平生
總 編 輯　陳新林、呂芳上
執行編輯　高純淑
封面設計　溫心忻
排　　版　溫心忻

出　　版　 開源書局出版有限公司

香港金鐘夏慤道 18 號海富中心
1 座 26 樓 06 室
TEL：+852-35860995

民國歷史文化學社 有限公司

10646 台北市大安區羅斯福路三段
37 號 7 樓之 1
TEL：+886-2-2369-6912
FAX：+886-2-2369-6990

http://www.rchcs.com.tw

初版一刷　2022 年 10 月 31 日
定　　價　新台幣 450 元
　　　　　港　幣 116 元
　　　　　美　元　17 元
I S B N　978-626-7157-65-7
印　　刷　長達印刷有限公司
台北市西園路二段 50 巷 4 弄 21 號
TEL：+886-2-2304-0488

國家圖書館出版品預行編目 (CIP) 資料
研教兼優的史學家：李守孔先生傳 = Lee,
Shou-kung: An Outstanding Historian/ 胡
平生著 . -- 初版 . -- 臺北市 : 民國歷史文化學社
有限公司 , 2022.10

　　面；　公分 . -- (史家薪傳 ; 03)

ISBN 978-626-7157-65-7 (平裝)

1.CST: 李守孔　2.CST: 傳記

783.3886　　　　　　　　　　111015372